厲揭齋學思集

姚榮松著

文史哲學集成
文史哲出版社印行

國家圖書館出版品預行編目資料

厲揭齋學思集 / 姚榮松著. -- 初版 -- 臺北
市：文史哲, 民 101.06
頁；公分（文史哲學集成；619）
參考書目：頁
ISBN 978-986-314-040-5（平裝）

1.漢語文字學 2.臺灣文學 3.文集

802.07 101011837

文史哲學集成 619

厲揭齋學思集

著 者：姚 榮 松
出 版 者：文 史 哲 出 版 社
http:// www.lapen.com.tw
e-mail：lapen@ms74.hinet.net
登記證字號：行政院新聞局版臺業字五三三七號
發 行 人：彭 正 雄
發 行 所：文 史 哲 出 版 社
印 刷 者：文 史 哲 出 版 社
臺北市羅斯福路一段七十二巷四號
郵政劃撥帳號：一六一八〇一七五
電話886-2-23511028・傳真886-2-23965656

實價新臺幣五六〇元

中華民國一百零一年（2012）六月初版
中華民國一百零二年（2013）三月增訂再版三刷

ISBN 978-986-314-040-5 00619

厲揭齋學思集

目　　次

永不止息的心靈探索

—— 姚榮松教授和他的學術研究（代序）

國立中山大學中國文學系
張屏生教授

姚榮松教授，台灣雲林縣人，1946 年生，畢業於國立台灣師範大學國文系、國文研究所，獲文學博士。曾任國立台灣師範大學國文系助教、講師、副教授、教授、台灣文化及語言文學研究所所長（2004-2007）。中國聲韻學學會秘書長、理事長，台灣語言學會理事，世界華文教育學會理事、教育部國語推行委員會委員（2001-2006）暨國家語料庫及辭典建構計畫，閩南語常用詞詞典計畫總編輯。現任台灣文化及語言文學研究所教授，台灣語文學會會長（2006-）。

老師從 1965 年進入台師大國文系以來，就對語言、文字等相關學術產生濃厚的興趣，碩士論文以《切韻指掌圖研究》作爲題目，進入博士班之後，更把研究的焦點轉向現代語言學的相關理論，在 1977 年以博士班研究生考取教育部公費留考，赴美康乃爾大學從包擬古教授研修漢藏語言學之後，才開始轉向漢語同源詞的研究。1982 年就以《上古漢語同源詞研究》爲題，獲國家文學博士（1982 年 11 月）。據我所知，這年 10 月王力先生名著《同源字典》才第一次出版，而老師的博士論文早在七月通過校內口試。

一、全方位多元化的學術研究

從老師的著作目錄來看，老師每年所發表的論文至少有三篇以上，研究領域跨越古代漢語和現代漢語，研究課題涵蓋傳統文字、聲韻、訓詁、語音、詞彙、語法、語義、詞典編纂學，還有其他和教學的相關課題，除此之外老師近十年來年年都有國科會補助計畫，可以看出老師擁有旺強的學術活動力。審視老師的學術研究大致可以分成兩個主要的面向來敘述：

（一）古代漢語詞源研究

這一部分是博士論文的延續，因為博士論文雖然總結了近代有關詞源研究的成績，但是對於章太炎《文始》一書還沒有全面徹底的展開研究。於是便開始撰寫《文始詞源理論述評》，並以相同的專題獲得美國王安電腦的研究補助獎。而後擴充為《古代漢語詞源研究論衡》（1990 年出版，目前由學生書局再版中）一書，本書的前兩章是通論性質，但對於理論意義，則多從語言學觀點來分析，三、四、五章是用《文始》的探討，展現近代詞源學的具體內涵，並批評了章氏在學說和方法上的不足，並指出今後學界研究的方向，這個方向主要是側重在「立體式綜合法」和新材料的運用。這本著作足以反映老師十幾年來在詞源研究的心路歷程。

（二）現代漢語方言研究

老師是先研究閩南話文獻語音相關問題，例〈彙音妙悟的音系及其鼻化韻母〉、〈廈門話文白異讀中鼻化韻母的探討〉、〈渡江書十五音初探〉，後來則逐漸轉向漢字、詞彙等相關問題的鑽探，例〈論音轉學在閩南語本字考定上的應用及其限度〉、〈漢語方言同源詞構擬法初探〉、〈贛方言特別詞〉、〈閩方言特徵詞層次試探 — 兼論考字與求源〉。這部分其實也是和詞源研究相關的延伸，特別是在閩南語「本字」的考索方面，另外也針對閩南語漢字書寫檢討與文字化方向等相關課題提出獨特精闢的見解。這是因為在 1990 年代以後，鄉土語言要在中小學課程的實施，為了教材編纂上的需要，使得方言書面化要求的呼聲不斷的提高，然而想要知道某個方言詞彙正確的書面形式，是目前推行母語教育者很急切的願望，讓原先關在象牙塔中的學者也不得不走出來呼應民眾的需求。因為民眾常常通過「望詞生義」的推想，然後「想當然爾」的認為，自行推定某種「寫法」就是該語詞的正確書面形式。老師認為「在求詞源的過程中，如果不嚴格遵守音變的可能規律，則將流於諧音或聲訓，講得再動聽，充其量只是流俗詞源。……今天一般使用台語者，……每從《康熙字典》中任意擇取所需音義，即以為找到正字，並沾沾自喜不肯放棄，……」，因此老師也發表了一系列關於閩南語書面語使用漢字的文章，例〈閩南語書面語使用漢字類型分析 — 兼論漢語方言文字學〉。近年來更把研究的觸角伸向詞彙學方面，例〈從詞彙體系看台灣閩南語的語言層次〉，材料上也擴增了閩南語歌仔冊，例〈台灣閩南語歌仔冊的用字分析與詞彙解讀〉。在學術構思上為了和詞源取得聯繫，因此也考慮從不同方言的比較，來論證同源的可能性。所以也開始從事閩南語、客家語及國語常用詞彙的對譯研究。台灣目前從事雙方言研究的學者並不多，原因是台灣的語言環境不像大陸有許多不同類型的雙方言現象；另外是研究者本身必須要對不同的方言通懂到相當的程度，才能從調查的材料中發現能夠反映問題的焦點。台灣的研究者分工比較細，閩南話和客家話的研究者大都只對單一語言做研究，所以也造成國內學者關於「雙方言課題」研究的限制，這部分可以算是老師新開發的研究領域。

（三）語言文字學的工程師

老師在數十年的學術生涯中，始終沒有離開過中文系的語言文字專業，在學術領域上，可以稱得上是語言文字的通儒，這可以從他擔任的課程及參與撰寫的教材，以及擔任相關學術團體之工作印證。老師早年在國文系開授的課程有國語語音學、聲韻學、訓詁學、台灣閩南語概論（本系及通識），在研究所主要開設漢語方言學專題，並與漢語詞源學專題與中國語言學史專題輪開。從1985-2002年老師在華語文教學研究所開過「現代漢語詞彙學」，並曾開過「漢語方言學」與「國語與閩客語的互動」，並指導若干篇論文，這個時期老師從海峽兩岸的語言文字的差異，到閩南方言用字的差異均有論述，並撰寫多篇兩岸詞彙比較的專論，1991年在第三屆世界華語文教學研討會發表〈海峽兩岸新詞語的比較分析〉（見《國文學報》21期），是國內對這個問題較早的一篇力作，此後陸續發表〈台灣外來語的問題〉、〈海峽兩岸縮略語的比較〉、〈論兩岸詞彙差異中的反向拉力〉、〈從兩岸三地新詞的滋生類型看當代漢語的創新與互動〉。這些論文大約完成於十年前，正是兩岸互動最頻繁的九○年代初期，姚老師每年至少到大陸參與中國音韻學、中國語言學及漢語方言學三個學會的相關學術會議，這是他關懷現實語文及應用語文學的一面，也是他的論文多元化之因，詢及爲何能兼通古今語言研究，他說我活在當下，就不能不關懷現代語言學的發展，他認爲國文系的傳統仍太偏重古典而忽略現代（不管文學，或語言學），現代大家看到對外華語教學的熱度及應用中文系的林立，才知道過去太貴古賤今，幸好因爲老師長期對方言學的關注，才使得台師大國文所一直仍是國內語言文字學的重鎭。

老師在語言研究上的宏觀視野，一方面表現在對於學術社群的領導或投入，例如在擔任聲韻學會理事長（2002-2006）期間將《聲韻論叢》改爲期刊形式，建立嚴格審查制度，使該刊由會議論文集形式轉型爲研究型期刊，並曾獲國內語言學專業期刊第四名之評價。九○年代積極參與每三年一次的世界華文教學研討會，由論文發表到專題引言，從不缺席，並長期參與國內兩大語文教學期刊（《國文天地》、《華文世界》）的編輯工作。另一方面，老師盱衡國內語文教育環境，積極投入鄉土母語的教育，每年參與國中小母語教師的培訓工作，2003 年九年一貫語文領域中的第一次閩南語暫行課綱即是由老師召集研定的。民國 1995 年台灣師大成立國內第一個華語文教學研究所，老師親自參與設所計畫的規畫與推動，民國 2003 年，台師大成立「台灣文化及語言文學研究所」，是國內第一個整合型的台灣研究所，分文化、語言、文學三組招生，老師他是幕後推手之一，2004 年老師接掌所務，該所成立已閱五年，今年增設博士班，根據未來發展的計畫，該所期望向下紮根，成立台灣語文學系，這也是一個語文建設的工程師在多年前所畫出的藍圖，我祝福老師的心願能早日達成。

語言學是新興百年的整合學科，已是當代的顯學，姚老師由傳統國文系出身，從古代漢語專業的探討到現代閩、客語的專題研究，兩者兼顧，而且能不斷創造議題，都要歸功於他的語言學背景。據說 1977 年初到康乃爾大學語言系，他堅持補修大學部語言學的基本課程，包括語言學概論、語音學、語法學、語意學等，因此由 Chomsky 革命產生的新語言學，他幾乎已了然於心，只因爲從事古今漢語研究，必須更樸實的面對兩重語料：即文獻語料及現代語言調查語料，因此比較少進行理論的探討，反觀新成立的語言學研究所，自來以西方語言學理論爲馬首是瞻，近年雖也能結合本土語言的調查，但對於缺乏當代理論詮釋的論述，每每不屑一顧，這是語言研究的兩極化，中文系所具的歷史語言學背景，往往不受重視，遑論進入歷史比較語言的工作。近年老師在台文所講授台灣語言通論、台灣閩客語言比較研究專題、閩客語漢字專題、漢語音韻學與閩客語言變遷史，都朝向宏觀的語言比較研究，這正是我們立足台灣，建立自己的語言史的一條大方向，我個人自台師大畢業也完全投入全台閩、客語調查，若說十年小成，也須歸功於老師無時無刻的啓發。

二、與人為善，有求必應的人格特質

也許是老師不太會去拒絕別人對他的期待，所以總覺得他像救火員，哪裏起火，他就火速趕到。記得有一次我從屏東搭自強號火車到新竹去參與董忠司老師指導的碩士班畢業生的共同口試，足足坐了五個鐘頭的火車，口試之後又得搭車回屏東，來回就要十幾個小時，坦白說我心裏老覺得浪費時間，那種不太樂意的神情可能在我的臉上表露無遺，被姚老師一眼看穿，他就對我說：「有時候人不能太計較，董老師一定是找了其他的人了，如果找得到別人，還會找你嗎？你的狀況他很清楚，這表示你就是他最親近最不需要擺禮數，也最信得過的人！人總會有路走窄了的時候，你現在也要指導學生寫論文了，這種要拜託學術同行來考試的事你遲早會碰到！我可是每個禮拜要來上課，上兩個小時的課，包括坐火車來回也要將近六個小時，坐車可以休息或者看點東西，並不一定會浪費時間，我早已做好思想準備了！」聽了老師的話，我心理頓時舒坦許多，也因爲他這種「平易近人，與人爲善」的個性，所以經常被邀約去參與各種學術活動，當然相對的也會剝奪他從事學問研究的時間，然而他總有辦法克服這個困境。我從 1990 年認識老師，每次看到他，他身上總是背著一個沉重的大背包，手上又拎著一個手提袋，裏面裝的都是書籍或論文，我心裏想著背這些書出去，到底有沒有時間看？有沒有心情看？我們都很清楚做研究的時候最好就在一個固定的地方，因爲要參考的書籍材料隨時可以從書架上找到，要不然也可以透過電腦網路查找；而且還得要求自己進到這個環境，要把自己的精神調整到做研究時的專注狀態，讓它變成一種天長地久，永不改變的老習慣。所以一旦離開了自己熟習的工作環境，要寫東西總是不順手。但是老師已經習慣不管到什麼時候、什麼地方都可很快的進入狀況，他始終精力旺強，面對細碎瑣事，也能從容不迫，盡量保持心境上的悠遊自在，似乎沒有什麼煩心的事可以困擾他。在 2001 年 6 月，教育部國語會有一個「閩南語常用詞辭典」的編纂計畫，因爲我之前已經和董忠司老師合作編纂過國立編譯館委託的《台灣閩南語辭典》，對於辭典編纂相關事物有一些初步的經驗，所以老師向曹逢甫先生推薦我參與。我想這部辭典是以後在教育部國語會的網站上可以隨時登錄查找，可以發揮的影響力無可估量，雖然對自己的學術研究會產生排擠效應，但是它卻是一個可以落實我對辭書編纂理想的機會，也可以在這個事業上找到自己的榮譽，所以經過內省深思之後，我就應承了這項工作。當這部辭典開始編纂作業之後，卻發現公家機關的作業流程繁煩瑣碎，讓你必須時時刻刻和冗長的程序以及拘泥死板的規定奮戰，這種感覺就好像坐火車的時候沒有買到有座位的車票，暫時坐在一個沒有人坐的位子上，但心中老是忐忑不安，火車每到一個停靠站，就會擔心有人拿著車票，請你讓出位子來一樣。我想這是從事辭書編纂工作者必需經常體驗的苦惱，特別是這本詞典的編纂體例和內容在預設理想之外持續的添磚加瓦之下，不斷的衍生出意想不到的困難。編纂這段期間我像是用高速檔在行駛，不管做什麼，都是快馬加鞭，深怕自己沒有按照規限的工作時程而影響了其他人後續的步驟。當然期間工作小組也曾因爲某些個人工作上的理念不同而消極沉淪。而老師在工作態度上是傾向於「慢工出細活」，對於事情的考量總想要「照應周全，面面俱到」，但是卻常常忽略了時間的壓力。由於全心投入的結果，造成我的心境經常和辭典編纂的進展浮沉同步，在求好心切的情況下，不免多所埋怨；有些時候甚至按捺不住自己失控的情緒，但是老師總是毫無怨尤地承擔所有的責任，並且一再的寬讓我的情緒波動，讓我還有勇氣能夠繼續做下去，完成這個理想。

三、一個永不知疲累的學問追求者

老師還有一個很重要的特點 — 樂於接受新的事物挑戰，面對不同領域的學問，他都會像「海綿吸水」般的盡力學習，所以在老師任教期間曾經兩度出國深造，一次是在 1984 年在哈佛大學燕京學社研究一年，另一次是在 1993 到法國社會科學高等研究學院東亞語言研究所研究一年。也許老師覺得「食魚食肉也著菜佮」，意思是說「吃飯的時候，配菜不能只挑魚、肉，也要搭配蔬菜。」同樣的，我們研究一樣東西，也不能就一直研究那樣東西，如果感覺沉悶了，就應該暫時擱開，做做別的研究，等到過一些時候，再拿起來做，那時候就可以得到一種新的見解、新的發現，否則單調的往一條路走上去，就會鑽進牛角尖裏去，永遠鑽不出來。平常開會的時候他總是埋頭苦幹的記寫別人發表的意見，他的會議資料上總是密密麻麻的筆記。我們研究語言的人，用的材料不能只侷限於書面材料。有些材料，可遇而不可求。有時候是在偶然的機會聽人說的，或者是從書上看到的，都要隨時隨地把它記下來，否則事過境遷，想也想不起來，找也找不到，這叫「勤筆免思」，這一點老師就是最佳的示範。記得有一次我和老師一起到宜蘭去擔任全國母語比賽的評審工作，當評審工作告一段落之後，老師想到「台灣戲劇館」去參觀，其實是想去收集資料，而館方原本就有一些出版品要贈送給相關的學術機構，所以無心插柳的情況下，也讓他有意外的收獲。我不認爲這是老師「無心插柳」，而是一種長久以來養成的一種習慣。現在的老師每天有做不完的研究，別人不管工作時間的長短，也還有休息的時刻，研究學問的人卻像 7-11 一樣，全年無休，也難得有機會到宜蘭去一趟，所以這是老師個人在學術生活中所蘊釀出來的一種積極態度，「既然來了，就去看一看吧！就算沒有找到自己想要的材料，也不會損失」。他在工作的時候，會不斷地想其餘還有什麼事可做，好讓自己保持忙碌，所以他的腦子裏充滿者各式各樣的學術構思。這也可以從他歷年來所做的國科會計畫，以及歷年來所指導的博碩士論文題目看出。一直以來我總會每年把自己發表過的論文，或者方言調查的材料編纂成冊，然後請老師「檢查作業」。有一次我想要找老師某一篇文章，一時找不到，我就向老師建議，是否也將老師自己過去寫過的論文，揀選若干篇，編纂成冊，讓我們方便引用。但是老師覺得一個用功的學人，絕不能滿足於將過去的論文和單本著作隨便彙集起來，成爲個人的論學集。這裏牽涉到因爲時間的推移和個人的學術進步而引起對舊作的重新評價問題，所以還得從長計議。

四、學問的追求是期待接近真實的一種假設

因爲和老師一起編纂辭典，所以我們有更多交換意見的討論機會。他總是先聽我的想法，然後從反對者的角度來質疑我的作法。我不知不覺被牽引到「學術攻防的演練」當中，這是一種特別的學術訓練，因爲這時候討論問題就是真槍實刀的硬幹，各有堅持，絕無冷場。就好像打網球運動，因爲打網球有對手，有競爭，而且變化多端，打起來興味盎然，而人生也應該多變化。有時候我被逼困在一個無法迴旋的窘境，我等著老師的致命一擊，結果他卻說：「我也沒有更好的解決辦法，我只是覺得你這樣做會

產生什麼樣的情況，我們應該要怎麼應對？」事後我才瞭解，很多問題他瞭然於心，雖然他有自己的想法，但是表達的時候總是很含蓄，也不太堅持。可是當我和他討論的時候，他對自己的主張總有一些論述的依據。他的「不太堅持」其實是一種「建設性的模糊」，就是因爲很多看法是見仁見智，「討論」只是彙集各種不同意見，然後揀擇出一個適應範圍更寬廣的暫時性說法，絕對不是「僅此一家，別無分號」。

老師也經常勉勵我們「做學問就像登山家一樣，目標明確，但不是每次都能順利攻頂成功，然而下次可以再來」。我們的思考要充滿理性，富有想像，更要有挑戰未知的可能性。「好學生」就該在老師已經走過的路上走出自己的路。

原刊於《國文天地》24卷4期，2008年9月，頁107-111。並收錄於張屏生著《駑馬齋論學集二》頁1-6。

從家鄉到台北

濁水溪南、阿里山前

本篇節錄自〈五十自述〉(未定稿)有關故鄉地理環境一節。

一、

由縱貫鐵路南下，車過濁水溪，林內站一過，平曠的綠野便急速地把中央山脈的稜線推向極目遠處，和近處村舍外整齊的檳榔樹列，形成遠近的兩道屏風，車窗外就是綠油油的絨氈，除了一碧萬頃的稻田外，就是靠近溪埔沙質地上的蕃薯、花生或甘蔗園，台灣西部的第一大穀倉 —— 嘉南平原，應該就是從濁水溪兩側開始向南延伸而成，車過斗六，十分鐘內又到斗南，這兩個「斗」字，俗詞源學家還編造兩地爭設縣治以秤土重解決紛爭的故事。如果以這兩站的直線做底線，往遠處山稜下找到一個小山鄉「古坑鄉」做三角頂點，我的故居就在從古坑到斗南的(三分之二)的三角形右側邊緣上的小村落，叫溫厝角，行政區劃上屬斗南鎮將軍里，圖示如下。

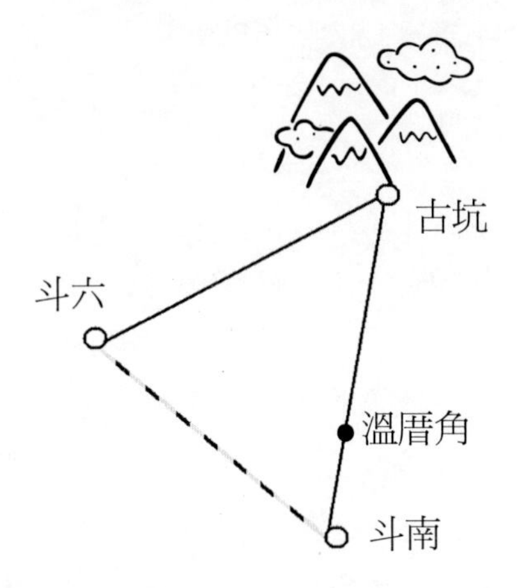

倘若讓時光倒退百餘年，就說曾祖父的幼年時代，出生在這片綠野仙蹤的平曠里的村夫村婦，通常就會在那幾條連接鄰近村莊的木麻黃綠蔭覆蓋的鄉間小路穿梭一生。除了村邊那條孕育穀倉文化的溪流維持從太陽出來的那頭流向落日的方向這個事實沒有變化之外，事實上，半個世紀的滄桑已改變了所有人文景觀，以致於讓失落異鄉的遊子，不知如何重新擁抱那曾經是最熟悉的家園或認同那塊地目上屬於自己的土地，擁抱鄉土竟然如此迷惘？

正如大多數台灣光復後出生的「舊住民新生代」，我們是來接收太平、承襲歡樂的，我的童年就在四十年代典型的台灣農村中度過。打赤腳是那個年代的專利，我童年發黃的相簿中，仍留有一張國小六年級著制服打赤腳的同窗合照，在校門內側兩排椰子樹中間，沙石地上並排著光腳丫子。至今我常向子女炫耀自己的童年，總不忘提起「中年級」時，中午不帶便當，常一個人溜回老家廚下自己做了午飯吃了，不等父母從田間回來就自行返校繼續午課，孩子並不能體會我的驕傲的樣板。

二、

我的童年活動的範圍不出「溫厝角」這個小村落方圓數里，最常去的是一里外的斗南街上，跟著大人轉過幾條大街，到新舊兩個市集去採購。至於較遠的出遊，無非是遠房親戚家裡的婚喪喜慶。當然媽祖誕辰，「六房天上聖母」出巡在我們鄰近幾個村落都會經過，獨漏掉我們村子，足見溫厝角的興旺是晚於屯墾初期的。其他鄰近的市鎮有：縱貫線北上的斗六，縱貫公路北側是西螺，向西過虎尾溪搭台西客運半小時車程到虎尾，那裏有遠近馳名的虎尾糖廠及一處空軍訓練基地。再往西就是雲林縣的西部海線。我的家鄉在縱貫線左側屬山線一方，騎腳踏車到斗南只需二十分鐘。上初中以後，每天清晨通學的前半段就是騎車上街，我通常只需十三分鐘就到了火車站，再搭十分鐘的火車到斗六。

五〇年代，斗南鎮只有五個國民小學，我的母校重光國校就在溫厝角的莊頭，操場外圍即由甘蔗園隔開公墓，這也是日據時代「公學校」的遺留（按今年 3 月 30 日重光國小歡慶九十週年）。「重光」的規模很小，每個年級一至二班，都是來自周圍四個里的小朋友，我村得天獨厚，校園就是假日的遊樂場所，平時的文化中心。中廊的黑板上，常用粉筆寫著一週國內外大事，還有一些有關時事的壁報。所以我從上學的第一天起，就帶著幾分驕傲的心情，花幾分鐘就到達學校，放學後還可以逗留一下，對學校的一草一木，也就格外熟稔，包括管敲鐘的老張養了幾隻母雞都清清楚楚。我之所以迫不急待描述我的母校「重光國小」，是因為我前半生都生活在校園內，沒有別的舞台，而「重光」是我文化生活的起點，上中學以後，多少個假日晨昏，我常回到校園內踽踽獨行，或者高聲朗誦剛學過的國文或英語，我青澀的少年時期文學細胞遂與日俱增，或許與那份消遙閒適脫不了關係。

滋潤我童年心田的還有那條自古坑山鄉蜿蜒數十里的不知名的溪流，不大不小地繞過校門外馬路的外側，由平行而放寬成一個袋狀，出了村尾又恢復平行。村尾有一座唯一的水泥橋，過了橋通往阿丹里，本區的警察派出所就在往阿丹的半途，又是日據時代的舊址。從派出所到國校都因襲日據時期舊地看來，我幼年時代長輩們恐怕都還生活在改朝換代的迷思裡吧！

地平線的另一端

— 某年某月某日，重回母校的告白

我此刻從「地平線的另一端」，步履蹣跚地走向舞台，面對一群一絲不苟的靈魂，對莘莘學弟妹們說一聲「早安」，四十五年前，我就和各位一樣，在台下做一名「受眾」(聽眾的傳播學術語)，「受眾」意味著「接受者」，我把一生的經歷濃縮成二十分鐘的「講話」，不管你們想不想聽，一股腦兒宣洩出來，美其名爲「經驗分享」，這就是當今流行的知識傳播術。

你們知道從我第一句話就在做「隱喻」，英文叫 metaphor；隱喻本來就是譬喻的一種。我直接說出被比方的事物，而不加上「比如、好像、相似」，就是日常說話中的隱喻，比方說「我累得像一頭豬」那就不是隱喻，因爲豬是豬，我是我。可是啊，我開頭說：

> 我此刻從「地平線的另一端」，步履蹣跚地走向舞台，面對一群一絲不茍的靈魂。

我的意思是我本來是消失在地平線外的人，如果不是「斗六高中校友會」把我從地平線的另一端呼喚回來，我幾時會回到自己畢業了 45 年的母校（我是高初中均第 14 屆，高中是 1965 年－民國五十四年畢業的）。爲什麼說「步履蹣跚」呢？因爲我嫌自己老了，孔老夫子不是說「四十五十而無聞焉，斯亦已矣」嗎？但我慶幸斗中的人沒有忘掉我，是我忘掉了母校，這不是很慚愧嗎？我是責備自己「你爲什麼姍姍來遲啊！」而講台下的這些知識饑渴的「靈魂」或者說「信眾」，最親切的稱呼是「學弟妹」。

選擇唸斗中，通勤六年

我家住斗南鎮將軍里溫厝角，在斗南到古坑之間，我們隔壁村子叫「枋橋」，屬於斗六鎮三光里；我們村子有一所「重光國小」，學區包括斗南的三個里及斗六的三光里。我最慶幸的是從家裡到「重光國小」只要五分鐘，我猜想這就是我從小學一年級開始功課好的主要因素，因爲別人每天走路（那時候沒有人坐車）上學至少半個多小時，來回一小時，有時還會遲到，我卻 5 分鐘就到校，早自習、晚自習都沒有負擔。國小我以第一名畢業，輕易地考上斗六中學初中部，當時老師爲我們報名斗中和虎中（虎尾中學），後來卻捨棄搭小火車到虎尾，選擇搭大火車（臺鐵縱貫線）到斗六上學，單程搭車時間只有十分鐘，卻是每天要從家裡騎十幾二十分鐘腳踏車到斗南車站，再搭火車到學校。在火車上每天可遇到許多陌生人，也會跟某些不同校的通勤學生認識，看起來通勤上學很有趣，可是我一向是我行我素，既不看外校的通勤女生，因爲我喜歡在火車（慢車）隆隆的噪音中大聲朗讀英文單字或課文短句，一點也不干擾別人。下車排隊到校，也最愛走排尾，一邊背單字，且樂此不疲。這是我六年通勤生涯中找到的樂趣。

初中三年孝班，我拚到第二名。第一名叫王文伯，福建人，出身公務員家庭，家住斗六市鎮上，下課後可以到數學老師的補習班上課，我卻必須每天搭火車回斗南，再騎車回家。因此我無論怎麼拚，卻拚不過王文伯。其實我那時也感受到他的外省囝仔的氣質，一臉聰明相，不像我這農家子弟有點土裡土氣，一年看不到兩次電影，卻聽說斗六街上那些同學，經常上國際、大觀兩家戲院。我卻相信，以我的勤勞（因爲一年到頭很少有時間休閒，幾乎都在做作業或準備大小考），一定可以趕上他們，因爲他們條件好卻還有時間玩。他們就是兔子，至少我不是烏龜。

由於成績差強人意，加上學校鼓勵直升。我們班的第一名王文伯考上台中一中，我卻選擇直升高中，而且直升特別編在一班，是高一各班的龍頭，班上又有一半是女生，覺得生活頗不單調，但是卻是由師大畢業未婚的地理老師（張麗鶴）當導師，她帶了我們三年，我祇顧唸書卻從不知張老師何時結婚，祇記得他要求我們學地理必須能繪地圖，而且必須尊重班上女生，不可以想談戀愛。（後來我才知道班上同學互相欣賞也不少人，祇是我從沒有想過給女同學寫一封信，難怪我到高三也能當選全校模範生，因爲全班的美麗天使都替我拉票，女生出手比男生容易獲得支持。）

我簡單說了在直升班的感受，由於我從小喜歡閱讀報紙副刊，因此國文表現不錯，從背書到作文、考試我皆能得心應手，所以到選組時自然是社會組，考大學選志願時，我便想考中文系，國文老師也鼓勵，偏偏英文老師（張遠清）認爲我英文基礎不差，鼓勵我考英語系，說將來也可轉行爲外交官等等。最後仍選擇了台灣師大國文系爲第一志願，果然也高中了「系狀元」，踏上了我的文學心路歷程。我聯考總分 438 分，因英數均在 60 分以上，所以當年是可以上台大法律系的成績，我家其實是貧窮的農戶，幸運的是不必下田，到底是「人窮志短」還是長輩的「自由主義」，我竟然以公費的師大爲第一志願，我不想爲學費再勞累老母親，記得考上師大那個晚上，我的母親在臥房內流下辛酸的淚水。

國學浩如煙海，台灣師大名師雲集

我們不能忽略從高一到高三的國文老師曾俊良先生，師大國文系 43 級的學長。他教我們精準的面對每一個漢字，包括形音義，每句文言的翻譯顯然都經過字斟句酌，你才知道翻譯其實是一種古代語言的再現或改寫，長期下來，你會發現漢字的奧妙及深層文化意涵，他也教我們看他的同學皮述民的小說《熱與力的年代》。所以當年（民國 54 年）我們班上有三位上了台大，分別就讀中文、社會及法律三個系。班代叫黃順二，他是我班上永遠的第一名，我始終屈居第二，他上了台大中文，我上了師大國文，另一位女生的文豪蔡秀娥上了文化中文系，一班出了三個中文系，你可以想到曾俊良老師的影響力。後來黃順二轉社會系、蔡秀娥卻因血癌病逝，中文系只剩我一位堅持走曾老師的路。

我愛好語言文字學，除了曾老師給我打的底子外，我從大一開始面對中國文化的浩瀚，首先是國學概論，開啓了經史子集四部的視野，史記選讀使你進入司馬遷的上古人物的世界，記得台大的「大一國文選」就是孟子和史記，師大卻也由國文教學法專家章微穎先生另開「史記選讀」，教我們更細緻的章法，一篇項羽本紀，打開了你對古代歷史的全方位的鑑賞；大二詩選他也教吟唱，打開了古典詩的新律動，一部文學史、一本說文解字、一門樂府詩讓你進入本科的核心。然後是國文文法，散文選及習作，子部以選修的方式逐年增加。例如：淮南子、韓非子一般放在一二年級，荀子、墨子放三年級，老、莊放在四年級，經部則也由淺而深。我把大一到大四四個年級的課程做成兩個表：

	大一	大二	大三	大四
一 經	論語	孟子	大學中庸、左傳、禮記	易、詩、書
二 史	史記選讀			
三 子	韓非子、淮南子	呂氏春秋、荀子	墨子、管子	老子、莊子
四 集		樂府詩	李、杜、蘇、辛、楚辭	文心雕龍

上表是專書選修（但論、孟、學庸是必修），除了這些經典外，還有許多通論及語言文字學基礎課程（文字學、聲韻學、訓詁學、國文文法）如下：

五 通 論	文學概論 國學概論	語言學概論	文學批評 哲學概論 （魏晉玄學）	（近現代文學） （佛學概論）
六 鐵三角		文字學／國文文法	聲韻學	訓詁學
七 專 史		中國文學史		中國思想史
八 寫 作		散文選及習作 詩選及習作 新文藝及習作	詞選及習作 曲選及習作 修辭學	應用文

唸完了這些（還包括共同科目及教育學分）才能當一位國文老師，你就可以知道一個科班老師的十八般武藝，更重要的是你面對每一位儒雅的大師，操著南腔北調、講的口沫橫飛，所以你就會寫文言文、作詩、塡詞，也來一兩篇新文學，這是我的養成教育。現在的中文系，雖然不脫這個基本架構，由於中文系以古典文學爲主軸，有些中文系比較現代化，新生代的專業已與我們當年老師的古樸大不相同，分工愈細，愈守文學專業，愈沒有國學的宏觀，專家易得，通儒難求。

我自己在講師時期，講授了好幾年外系的大一國文、國音學、四書，博士拿到後才有機會教訓詁學、聲韻學，最後在研究所開了漢語方言學專題、詞源學專題、中國文字綜合研究、中國語言學史、現代漢語詞匯學（華語文教學研究所）、台灣語言通論（台灣文化及語言文學研究所），也開過閩客語漢字專題、漢語音韻史與閩客語變遷史。

以上勾勒我的學思與應用的輪廓。

「語言學」之於人文社會學科相當於「數學」之於理工自然科學

我從未修過「微積分」，但它是大專數學的入門，自然組的學生必修的方法學。人文社會科學雖然沒有共同必修的科目，在我看來，只有語言學堪稱這種跨領域的前沿學科，它是百餘年來發展最爲神速的一門前衛學科。

我的專長是語言學，我現在申請國家科學委員會的研究計畫都屬於語言學門，我拿的最高學位是文學博士，但卻變成語言學家。原因是我由中文系的「語言文字學（philology）」走到新興的「語言學（linguistics）」領域。我在大學時代，比較醉心於聲韻、文字、訓詁這三門代表中文系的「語言專業」，跟當時的啓蒙的老師有關，大二時上文字學的老師是古文字學家魯實先，他沒有大學學歷，卻是一代宗師，他用段注本《說文解字》當文字學教材，每次上課就是翻《說文》，隨文分類解說，一年貫通「六書說」，他標榜《說文》有「五闕五誤」並說一生學問只佩服太史公（司馬遷）一人及半個許慎（因爲《說文解字》仍有缺點），並且精讀二十五史，在當時真爲國文系的學生指出治學一個方向；大二同時上了許世瑛老師的「國文文法」。大三時繼續上他的《聲韻學》，由現代語音學入門，先講國語音系，上溯元曲語言（中原音韻），再到中古《切韻》，上推先秦古韻，《說文》諧聲系統，相當於一部古今語音史，許老師的京片子使人聚精會神；我因爲喜歡外文，就利用大二暑假上了教育部歐洲語言中心的速成法文課程，對大三的聲韻學更加心領神會，並受先生鼓勵，期末考了大滿貫，開始期許自己做一個聲韻學者，因此大四暑期才會有機會參加台大文學院主辦的李方桂先生「上古音研究」專題講座，我記得那時系裡出席的有陳新雄、鍾露昇老師，鍾老師還隨堂做了錄音，整理講稿，刻鋼版印成講義。由於我對聲韻學的深入，旁及方言及歷史比較語言學理論，慢慢也認識到「語言學」才是真正的方法論。

我在大學畢業後，先到北市弘道國中實習一年，服預備軍官役一年，60 年九月回師大國文研究所就讀碩士班，兩年完成碩論《切韻指掌圖研究》，針對一本等韻專書，指導老師陳新雄，1969 年他是國文所第七位「國家文學博士」(輪到我 1982 年博士畢業，已排名第 60 位），在他指導下，我更想再上一層樓。碩士畢業後順利留所服務，想考國文研究所博士班，當時國內「現代語言學」的研究正方興未艾；我自然也追趕流行，因在國文所當助教之便，也到英語所旁聽一些基本課程，於是在 1976 年，博士班第三年，考取公費留學，決心到美國康乃爾大學語言學系研讀一年，這在當年的中文系是創舉，不過中文人在海外攻語言學的已有不少人，主要是台大人，如：鄭錦全、鄭再發、薛鳳生、丁邦新等，師大的有鍾露昇先生，可惜，鍾老師卻因故滯留美國，我就成爲國文系裡首位赴美研讀語言學的老師。

語言學從語料出發，注重田野調查，與一般社會科學無異，語言又是根於天賦的本能，許多先驗的普遍原則，必須達成「語法」的觀察上的妥當性與記述上的妥當性，並體現爲語法理論，具有說明上的妥當性。記得！當代的語法不只是一些規則，而是一套詮釋系統。

1977.7-1978.7 我在美國東岸紐約州北部的綺色佳（Ithaca）的康乃爾大學語言系修習一年研究生課程，學費一年要 8000 多美元，除了一些語言系基礎課程外，專門修習著名漢藏語言學者全名「尼古拉・克利夫蘭・包擬古」（Nicholas C. Bodman）先生的三門課：漢語音韻史、漢藏語言學概論及閩南語比較專題。這一年苦讀，讓我找到博士論文的方向《上古漢語同源詞研究》，1982 年 11 月我通過教育部的國家文學博士學位，距離 1971 年就讀碩士班，已經 12 個年頭。博士學位（1975-1982），修讀了七年。其中有四年擔任講師，在校內教共同科目。

七年之癢 — 每隔七年出國研究進修

1984 年，我才擔任第二年副教授，剛巧內子林麗月新獲博士學位（歷史系講師）入選爲美國哈佛大學燕京學社（因庚子賠款而設立的促進東亞研究單位）的訪問學者，哈燕社提供住宿及行政支援，因可攜眷，我於是向系裡請求出國進修一年，之前獲得哈燕社的邀請，不過不提供補助，必須校內留職留薪，才能維持我出國的一年的開銷，當時系主任黃錦鋐教授十分支持我再出國充電，於是我在民國 73-74 年到了世界知名學府哈佛大學訪問研究一年，一家三口同行，兒子四歲不到，也去讀幼稚園。這一年全家出國經驗，與七年前第一次留學完全不同，除了聽課之外，主要是參加各種學術演講及利用美國東亞研究（中、日、韓）收藏第一的哈佛燕京圖書館進行研究，並與哈燕社來自東亞的學者交流，現在任教美國的比較文學博士劉禾教授，是當年由山東大學出訪的學者，後來她留在美國攻讀了博士學位。畢業於台灣師大歷史所的江勇振正好在東亞系修博士，還有輔大教育心理系的夏林青與鄭春棋夫婦也在教育學院攻讀學位，中文系出訪者還有台大的柯慶明（夫人張淑香也在東亞系攻博士）、中央研究院的何大安。在哈佛東亞系任教的知名漢學家有楊聯陞、杜維明、趙如蘭，人類學系有張光直，我實際上只和楊老先生談過幾次話，趙教授則爲名家（趙元任）之後，因此也去旁聽他講授「中國話的文法」（趙元任名著）。我還在語言系聽過日裔教授 Kuno 的課，並和大安兄一起旁聽語言哲學家 Putnam 講課，也去 MIT（麻省理工）聽一門杭士基教授當紅語法：「管轄與約束理論」。此外，我也試圖在哈佛不同的圖書館尋寶，當然哈燕圖書館是最主要的，但是其他館的舒適，有時也讓人流連忘返。

波士頓是美國東北的古城，人文薈萃，哈佛廣場的表演藝術，哈佛書店的琳瑯滿目，波士頓市區的古蹟及景點，都令人回味無窮。

落拓巴黎行 — 敦煌寫卷／西學的高峰

1993 年，距離 1985 年第二度出國進修已過了八年，七年只是一個指標，如：教授每隔七年可休假一年。我的「七年之癢」仍敦促著我快去申請補助，我想圓一下少年花都之夢，緣於大學二年級暑期的法語課，當年同班上課（每週一、三、五晚上的密集課）的蕭行易先生，此時已從法國學成歸國，並且在師大三民主義所（現在政治學研究所的前身）任教，擔任過所長。

老天有眼，我以「法國漢學研究」爲專題，申請一年的旅法研究，由於認識曾在清華大學任教的法國語言學者沙加爾，自然就申請他所在的高等社會科學研究院（EHESS）東亞語言研究所，並獲得貝羅貝所長的同意邀請函，於是我在師大法語中心又去重溫了法語課，擬啓程前往花都巴黎，國科會通過我的申請，作爲第十九屆科技人員出國進修的一個成員，我此行有兩個任務，一是探討法國漢學研究的現況，其次爲利用法國國家圖書館東方收藏部的敦煌切韻殘卷的收藏，一窺原卷並做校勘，我選了編號 P2011（P 代表伯希和）的王仁煦本切韻殘卷（簡稱王一），並進行逐字閱讀，找出與日本「二玄社」的影印本有出入之處，即做筆記誌其差異，後來寫了三篇《校記》發表後，未能續撰。

巴黎一年（1993-1994），不但欣賞花都的景物，尤其利用捷運系統，即可暢遊近郊的森林公園及古堡之勝，由於法國政府的文化政策，我獲得使用免費參觀公立博物館的優待卡，因此多次進出羅浮宮及凡爾賽宮，是我平生最得意事。一年內，我因結識法國漢語教師學會秘書長畢戎，曾到其任教的波爾多爾第三大學訪問，又因旁聽巴黎第四大學（索邦本部）施博爾教授的「道教研究」，因此透過他的介紹，也到荷蘭的萊頓大學訪問一週，並遊歷阿姆斯特丹及海牙等名城，順便遊布魯塞爾（比利時首府）。當年任萊頓大學東亞系主任的伊德瑪教授（中國戲曲專家），目前已任職哈佛大學東亞系，今（2010）年五月重返哈佛參加第 18 屆國際中國語言學研討會，見到伊教授一面，也有天下夠小，無處不相逢的感慨。當年在東亞語言所的研究員如羅端、沙加爾、貝羅貝，2008 年由該所主辦 17 屆國際中國語言學會而得重逢。

1992 年我升等爲教授，七年後 1999 年及又七年後到 2007 年我共獲得兩次休假，當時熱心推動本土語言（閩南語）的教學，擔任較多師資培育課程，因此已不像年輕時那麼熱衷出國，也就不再周遊列國，在台灣一樣有做不完的語文教學的實務，看來只有退休才能給人喘息的機會。

擔任學術社團幹部，推動學術發展

我的社會服務經驗就是擔任學術社團的秘書長及理事長。包括中華民國聲韻學會秘書長、理事長及台灣語文學會理事、理事長等。學術團體不同於政治團體，是以學術社群爲中心組織起來的「服務性團體」，我在剛入「行」（研究所）時，中文學界最主要團體爲「孔孟學會」及「中國文字學會」，這兩個團體的成立與師大關係密切，主要有陳立夫先生及林尹、高明兩位國文所的教授，據說當年中國文字學會的發起人爲潘重規先生，一群人以反對台灣推行簡體字並批判中共簡化漢字爲宗旨。這是我最早參加的兩個團體，都沒有積極作爲。民國七十八年左右中國文字學會重新登記，由師大國文所長王熙元任理事長，十二月舉辦第一屆中國文字學術研討會，並於 1991 年 6 月 21 日舉辦「中國文字的未來」學術研討會，這場會議由「海峽交流基金會」贊助，會後論文集《中國文字之未來》（1992.8 月）由個人擔任主編，並由海基會出版，因此 1991-1993 年許談輝教授任理事長，個人擔任中國文字學會秘書長。以後也擔任過理事。我追隨指導教授陳伯元（新雄）先生，參與發起中華民國聲韻學學會（民國 77 年），長期擔任學會理事，二十幾年從未間斷，1991 年學會創刊“通訊”，即由我主編，1996 年由學生書局出版的機關刊物《聲韻論叢》第一輯，也是由我主編。同年由何大安教授任第五屆理事長，個人以常務理事兼秘書長前後四年；2000 年何理事長任滿，個人被推選爲第七屆理事長，兩屆四年，秘書長葉鍵得君，尤其辛苦。迄 2003 年五月，我投擲在聲韻學會的日常業務長達八年，每年舉辦一次研討會，由學會與大學合辦（每兩年一次國際研討會），每年在會中頒發「中華民國聲韻學會優秀青年獎」一名，「大專學生聲韻學論文優秀獎」若干名，後者並頒獎金，均由學會理監事捐款，聲韻學年會迄今第二十八屆，《聲韻論叢》出版了 16 輯，聲韻學會成了國內語言學的先進團體，後來陳老師又創立《中國訓詁學會》，我也擔任幾屆理事，在這同時，我也是世界華文促進會的忠實會員，參與《華文世界》的撰稿與編輯，也擔任過理事。解嚴以來，本土意識的高漲，我自 1985 年旅美回國後，也積極參與本土語言教育的推展，除了在校內開設「閩南語概論」的 通識課程外，1991 年與好友洪惟仁、董忠司等發起組織「台灣語文學會」，獲得國內語文界的支持響應，最明顯的例子是第一屆會長爲清華大學語言所的曹逢甫教授，我被推舉爲副會長，並在 1993 年 6 月在師大主辦第一屆台灣語言國際研討會，獲得教育部、文建會及太平洋文化基金會的贊助，網羅國內外台灣語言的專家學者，論文包括南島語 6 篇、閩南語 26 篇、客家語 5 篇，包括大陸學者七位，知名南島語者土田滋（東京大學）、李壬癸（中研院）及台灣語言學者鄭良偉（夏威夷大學）、黃宣範（台大語言所）在會中作了主題演講。會後並於文鶴書局（1994）出版了論文選輯。1995.6 台大語言所接辦第二屆國際研討會，也出版了論文集，第三屆由清華大學語言所主辦。此後本人也一直擔任「台灣語文學會」理事。2006 年 5 月，我接任第八屆會長，迄今四年兩任，今年 10 月即將任滿，台灣語文學會也出版了機關刊物《台灣語文研究》(2003 年創刊)，迄今出版 5 卷 2 期，這是國內少見的語言學專業刊物，完全由學會經營。在過去一年內，我努力推展每年二期的正常出版計畫。除了這個刊物外，我也擔任國內唯一的國文教學月刊「國文天地」的編輯顧問。由於投入在這些學術社群的服務，我變成了一位「推車手」，雖不免影響個人學術著作的質量，我卻是一位樂此不疲的園丁，現在聲韻學會及台灣語文學會均面臨轉型，我們一群老園丁，正在尋覓年輕一代的接班人。

參與規劃兩個新的語文研究所

由於因緣際會，我在國文系的研究領域，除了傳統的語言文字學外，就是漢語方言學及現代語言學，我一向覺得中文系太重視古典而忽略現代，不論當代文字學與現代語言學都是中文系的邊緣學科，這完全不符我當初投入語言學的初衷。我一方面想改造中文系的體質，至少應該強化現代文學及當代語言的全方位研究，但這樣的主張只能在國文系的教師分組「語言文字組」來談；同時我也長期參與國文系「國音教學研究會」，參與了兩次國音學教材的翻修（東大圖書及中正書局）。民國 87 年以來，語言文字組的課程，曾做過較大幅度的調整，例如開設歷史語言學、漢藏語言學、詞源學專題、中國語言學史及把閩南語概論及客家語概論列為國文系選修科，均屬創舉，我也主張開設「華語文教學研究」課程，以拓寬學生的出路。1984 年台灣師大成立第一所華語文教學研究所，2002年成立全方位的「台灣文化及語言文學研究所」，本人參與了這兩次籌設計畫的撰寫。隨著漢語學習的國際化，台師大本有歷史最長的「國語中心」，在中心主任李振清（曾任教育部國際文教處處長），當年師大文學院長施玉惠等語言學家鼓吹之下，教育部同意籌設這個指標性的研究所，是鑑於過去對外華語教學均只考慮教材教法，沒有全盤考慮師資的培育，且招考的華語教師也不具語言學專業，因此，我們規劃的華語文教師必須具有專業化、學術化與國際化，並研究「以中文作爲外國語」（Teaching Chinese as a second language）的教學理論和方法，發展全球華語文教材及測驗，發展最新的華語教學科技與媒體，這樣的規劃書，主要由任職國語中心的葉德明教授與本人參與撰寫，並經文學院通過提出教育部申請。目前這個所已進入第 16年，有博士班，並且改隸師大新的國際與僑教學院。

2000年綠色執政，陳水扁政府持續李登輝時期的九年一貫的課程改革與推動，並強化了台灣本土研究，當時最大利多爲開放大學台灣人文系所的設立，在課程方面，九年國教的語文領域中，規定國小一年起實施每週一小時必選的本土語言教學，配套措施包括教育部緊急辦理母語教學支援教師的認證。同時在課綱方面也進行微調續修。個人有幸均恭逢其盛，2000年就投入台灣閩南語課程綱要的草擬工作，前後十年。最慶幸的是2000年師大擬由國文系提出設立台灣文學系所的規劃，主持人爲最關懷台灣主體性的莊萬壽教授。由於平日的理念交換，他也認爲台灣語文教育刻不容緩，因此邀集同事許俊雅（專長台灣文學）及本人（負責台灣語言）與他本人（負責台灣文化）共同研擬申請增設「台灣文學研究所」計畫書，經過評估，以師大的條件，應在文學院下成立一個綜合的（三合一）的台灣文化及語言文學研究所，舉凡課程、師資、入學條件及未來發展等，均由三人拍板敲定，先獲得校內支持，並經教部核准，終於在2002年通過設所，莊萬壽教授也順理成章擔任第一任所長。國內目前約有十幾個台灣人文系所，其中「台灣文學研究所」佔了大半（如台大、政大、清華、成大、中興、中正、彰師大等國立大學），其中成功大學由於地利及發展策略，成立第一個全方位的「台灣文學系」。2000 年先設系，2001 年招碩士，2003 年成立博士班，幾所師院體系的台中教大及花蓮教育大學（現併入東華大學）也分別成立台灣語文系及台灣文學系，有些教育大學如台南大學語教系即轉型爲台灣文化系，（國立高雄師大台灣語言教學所、國立台北教大台文所及原花蓮教大鄉土研究所也都轉型爲台灣文化所），唯一成立台灣語言研究的所只有新竹教育大學（語教系仍轉爲中文系）。我任職的台師大「台灣文化及語言文學研究所」（簡稱台文所）是唯一分三組招生的整合型研究所，2008 年開始招收博士班，2010 年將招收大學部，並改名爲「台灣語文學系」。長榮大學也設有包羅萬象的「台灣研究所」。

隨著社會的變遷及大學自主的機制，台灣的大學在數量及質量上均與十幾年前大不相同。以各大學遍設中文系（師範大學保留國文系之舊名）來說，近年新設者多爲應用中文系（如銘傳大學），應用華語系（如中原、文藻、台師大），華語文學系（台東大學）；加上各公私立大學的台灣文學系（如成功大學及真理大學）多數由中文系教授轉換跑道成立的「台灣語文學系」；或比較熱門的「台灣文學系」，近年也活絡了台灣研究的市場，雖然在師資及教學資源普遍不足下，目前與中文系、應華系鼎足而三。如果各位同學對於「中國 vs 台灣」的文學文化有濃厚興趣，你們的選擇性增加了，你不但可以考中文系、台灣語文系、台灣文學系、應用華語（或中文）系。應用中文系是中文系的現代化，最初是要培養秘書人才，應用華語則培養教外國人的中文老師，台灣文學系則主要研究台灣文學與文化，台灣語文學系（如中教大、中山醫大、台師大 2010）則兼重語言訓練，台語文學的創作與鑑賞也都列入課程，對未來台灣多元文化的貢獻是可預期。我個人由傳統文化的教學者轉入台灣語言文學的教學，代表了個人思想世界的成長與轉化，2004-2007 我曾擔任三年師大台文所的所長，並提出博士課程的規劃，舉辦大型台灣文化或台灣語言學的國際研討會，看到全球化下的台灣應該走出自己的路。台灣語文的研究，是紮根的工作。如果沒有真正的台灣文化，我們還有什麼理由跟對岸爭「一邊一國」呢？

小　結

本文回顧了個人的學術生涯中比較突出的一些記憶，希望通過短文，可以看到個人生命的執著及散發出的一點微微亮光，我並沒有寫出個人在學術上的重要創見或對台灣文化的貢獻，我相信每一位國民都認爲台灣是一個獨一無二的地方，對地球有一定的貢獻，但我們也有許多困境。我生長在冷戰時代，小學時曾經歷戒嚴時期的反共教育，在升旗之後例行的喊口號：「打倒蘇俄強盜」、「消滅共匪漢奸」、「實行三民主義」、「拯救大陸同胞」。但是就在上個月（8 月 25-31 日），我出席北京大學中國語言文學系一百周年系慶系列主辦的「中國語言學發展之路」的國際學術研討會，我看到北京的繁華與髒亂並陳，兩度夜遊「王府井大街」寬敞華麗的人行步道上，欣賞中國人的時髦與休閒文化，看了一星期的中國電視節目，你猜我對中國的未來與台灣的出路，有甚麼樣的看法呢。我猜，我猜，我猜猜猜，這就是我目前的結論。

2010年9月9日　完稿

編按：本文係應母校斗六高中校友會之邀請，於99年9月11日（星期六）上午9:30與母校應屆高三生（第60屆）進行經驗交流座談而撰寫的學思歷程及相關體驗之小傳。感謝校友會于同年4月3日斗中64週年校慶暨校友大會上頒贈98學年度（第八屆）傑出校友獎座與表揚。

兩代之間

祖母站在磨座邊，外貌顯得老態龍鍾，但手裡的勺子從桶中掏出浸蝕的米拌蘿蔔絲，朝掙扎的磨嘴一送，那麼輕捷；她壓根兒沒有老。兩隻眼雪花亮地，揪住我沉甸甸的一付近視眼鏡，我是那麼年輕，不能不對這種缺陷感到靦腆，最怕她絮絮叨叨地說你左也不是、右也不是了。

石磨是曾祖父的傳家寶之一，靠在後院棧房，少說也有三代，而今後院破落，早就成為六畜興旺的大雜院，惡氣雜出，陣陣逼人，我有氣無力的吭氣。要不是忌諱老人家那句「懶鬼吞口水」的口頭禪，我真不願幹這種婦人家底鬼差事！

「阿松！別裝成這麼委屈啦，你以為感冒就是藉口麼？出汗就是良藥。你們啊，飯來張嘴，一個個是懶鬼。」第一句就沒好話。

「大街小巷用電磨，這種土磨法早就該廢啦，費時費力，給老人家消磨時間還可以，我沒有這股勁！」我沒有好氣地反唇，著實是委屈。

磨糟緩緩流動著乳白的米漿，從糟口注入接桶，像在風中顫動的一根麵線，很美。眼神費了好大的勁，才瞪住推手上的腕表，好容易分針才移過一格。我有些喘氣，平時跟不上的時間過得特別慢，莫非整個世界都隨著石磨遲滯了下來了？

「你看村裡那一家不這樣磨？難道今年鹹糕吃不成了？好好一墩石磨不用了多可惜，一定要跑到街上花錢討麻煩嗎？」祖母咄咄逼人，但也是事實。

「這種臭氣要熏死人了，也不太衛生，只有老年人受得住，誰看了都要嘔三天，還不肯換個位置嗎？」這倒是事關大體的。

「好啊，你們讀書就只知道衛生，阿孫，要知道石磨不可以隨便亂動啊，放這兒有好幾代了，平安無事，萬一沖犯了那門邪，可划不來的。」她降低了嗓門，說得又神祕又嚴肅，像真有那麼回事。

我笑了起來，有點古怪，老人家臉上布滿問號，反正她認爲下一代愈是不可理喻了，我想一時說不過她，不如把話題挪開。

推了半晌，覺得不如想像那麼吃重，只是慢得不耐煩，索性逐漸加速度，存心考驗祖母的技術。

「憨孫仔，慢慢推就好了，太快會擠出一身汗的。」她立刻看出瞄頭，真精靈。

「瞧這一大桶，磨到什麼時候？早上看書是看不成了，唉！一刻値千金呢！」邊說著，又加快起來。

瞧哪，推架的前鈎緊扯住磨耳，急速地旋轉著，正像四十五轉的唱片，針架停在某一點在飛舞，祖母仍舊迅捷地趁隙出手，那勺子就是花針，穿梭其間，是人與磨的快板旋律，多美妙的組合。

「年輕人就是這種急性子，慢慢推半點鐘就完了，要是不聽話，等一下推不動，就欲速不達了。」

「誰相信這麼快？別哄我了，起碼也得一個半鐘頭！」我吼著，反而更快了，我要祖母瞧年輕人多麼不同，證明她的思想已經不合時代要求。

「瞧著好了，看讀書人會算，還是我這隻『瞎馬』算得準。」祖母蠻自信地說，顯然她有些生氣。

接著我猶豫了，推快實在不好受，說不定真的磨半小時磨完了，推慢了我沉不住氣，準是她看準我的弱點，老人家真是意想不到的鬼聰明，我重新在臉上打量一番。不行！我必須慢慢磨得久一些，那就得決心犧牲幾千金的時間，反正留點面子。於是我另尋話題，免得他洞燭我的心機。

「咦？大概奶奶這手本領是穿針補縫訓練出來的吧！」我近乎揶揄，他老人家卻變得興奮起來，說：

「當然囉！俗話說：『熟能生巧，只要功夫深，閉目也穿針。』這磨子和我正是老相好，過年過節，春播秋收，碰上你娘嬸們添丁，那一年不磨十次九次，唉呦，都快五十年啦。」她裂開閃亮亮的假牙一笑，眉飛色舞，彷彿這一剎那，她拾回了石磨裡磨去的青春。

「難怪我們一個個都礙手礙腳的呢！」

「唉！現在的年輕人樣樣都不行，祇知道享受。我要有一次不叮嚀三四回，你的娘嬸們那一次炊得像點樣？不是軟得像狗腦漿，可以行船啦，就是硬如石塊，半生不熟。要她加水適量，火勢要溫和，就說我嘮叨煩死人，天曉得呀！連蒸籠都燒壞了，我用了幾十年都好好的，唉，長眼睛沒處看，時代變了，少年人都走樣了。」她臉上已不是笑容，卻是嚴肅與憂戚，好像在控訴無法管束下一代，她，是一個滿腹委屈的老人。

「奶奶！現在是科學時代，你太冤枉年輕人啦，從前做一天工作，現在用機器只消幾分鐘，又快又精細，連吃的都不必自己動手呢。」我極力辯駁，沒有一絲的同情。

「嗯，科學……」奶奶喃喃念著，好半晌，才被腦神經擒住這兩個字，若有所悟地，她眼睛亮了起來。「科學給你們好運，比起三四十年前，差得太多啦，唉，那時候天未亮，我們就成群結隊挑蕃薯到嘉義去賣，叢樹蔓草，那有什麼大路，喘著氣趕了兩三個鐘頭，誰敢叫苦。舂米的時候，全家動員，從白天到夜晚，挑燈夜戰。誰敢吭氣，吃飯就得看你曾祖父的臉色啦！」奶奶換了一口氣，「四腳仔時代，警衛隨時給你一巴掌，罵你巴格野鹿，再不然就摔得你鼻青眼腫。遇見公學校老師，都得行鞠躬禮，家長他都敢揍呀，唉，誰不忍氣吞聲！現在你們都神氣啦，全不顧大小啦，奶奶的話一句也不中聽了。」她老人家歎了好幾口氣，一切痛苦的記憶鎖住她的眉頭，雖然這些血淚的控訴，從孩提時代我們就聽膩了，我仍舊無動於衷地聽著。

「奶奶，這些都過去了，還那麼痛恨嗎？也不要老是叫四腳仔的，真難聽啊！」

「噢！你這沒有吃過苦頭的東西！都不想一想，戰爭吃緊那年頭，蕃薯簽拌鹹菜干吞嚥，苦罪受盡，那些人還作威作福，連禽獸都不如，能消恨麼？」祖母氣得講不下去。直到這一刻，我才猛然覺醒，四億七千萬的上一代中國人，得自東洋鬼子的荼毒，並不是勝利後成長的下一代所能體會的。我是光復那年才降臨的，好像爲迎接勝利而出生，在幸福自由中成長，竟沒有一點國仇家恨的感覺，這就是老一輩的人所指的麻木、頹廢、自私的年輕人嗎？沒有經歷國仇家恨，是不瞭解什麼是仇恨的，正如不入樊籠的鳥，不知道對海闊天高頌歌一樣。我耳根在發熱。

「你們啊！一點都受不了苦，真不該這樣放縱你們，不是巴不得你們也受苦，只怕這樣下去，天地還得了嗎？」祖母仍沒有忘記教訓別人。「像昨天啦，喊你到街上取農藥，騎腳踏車都不肯出門，非等到摩托車不可，這還像什麼體統？早知道這樣，你父母不該替你生四肢，什麼科學，害死人啦。」

我只顧著臉紅，暗自喝采：奶奶罵得好。還有什麼話說，昨天正在編織我的作家夢，無意地藉口推掉了老人家交給我的差事，竟成話柄。不過，惰性也許是現代人的毒瘤。

「奶奶，不要再生氣啦，我發誓以後改掉！」

「嘻！好孫子，要做懶鬼就得吞口水囉。」

笑聲剛起，米漿也磨完了。七、八升米只磨掉三十五分鐘，我不能不吃驚，剛才已經推得很慢了，不但感覺不出絲毫酸痛，反而有不過癮的難受；想到剛才和祖母嘔氣抬槓，更加臉紅。

奶奶洗淨石磨，我從沉思中醒過來，感到無比興奮。真想拉著她老人家跳一場豐收舞，以酬謝奶奶給我每一句深含哲理的教訓。像這樣的淺薄、武斷、浮躁、偷懶，聽不進老人言，就是我這類年輕人的典型。要不是祖母逼我磨石磨，要不是上了這堂有意義的課，我簡直不敢相信，我會這樣糟糕透頂！

「奶奶，你瞧！磨掉一時三十分零秒，分秒不差。」我揚起手中的錶，存心誆她一下。

「憨孫仔，又來這一套啦，值得認真嗎？奶奶那裏當它一回事啊，唉，少年人，非勝不可。」又是當頭一棒。

現在我全然醒了，我坦白認輸，並且歎服祖母的神機妙算。我說少年人實在一無是處，祖母說：「有的是衝力。」然後笑得好開心。

我想著自己曾用怎樣不屑的口脗，和長輩爭論是非，是多麼無知。老一輩的思想固然封建了一點，並非和我們格格不入，他們或許固執，而我們武斷得好笑。現在我終於明白了爲什麼我們社會裡，年輕的一群曾經魯莽地向長輩吵著「交出棒子」而沒有結果，只是兩方面都彼此瞭解得不夠透徹罷了。

本篇原載於 1966 年（日期待查）的中華日報副刊，並編入 1966 年度在師大國文系講授「新文藝習作」課程的謝冰瑩老師編選的《青青文集》，台北市：台灣文源書局印行，1967 年 11 月，頁 395-400。

需要一支歌

如 松

唱一首「這是什麼時代」的悲歌吧！丹丹，想妳的時候，就有一肚子慷慨激昂的話要說，就有妳卓越的見解，流自那犀利的舌尖，帶著一種撫慰，澆息我胸中的一半怒火，然後，像一個因受騙而哭泣的孩子，得到大人的安慰，戛然中止了哭聲，拭乾眼淚就天真地笑起來了。

但是，這次我不再像那哭泣的孩子那麼單純，不會那麼容易滿足了。（這是一個驚人的發現吧！）想起一次又一次要妳分擔牢騷，我都要笑傻了，那些膚淺而又太年輕的問題，對妳該是一種有趣的調劑吧，而只要那一朵笑容浮起，那鎮定得不是妳那年齡應有的語氣，就會給我一股清新的空氣，一股無形的推力，足夠使我像孩子對大人所有的信賴，重新雀躍起來。

那年，我在決定志願的時候，妳再三對我分析興趣的重要，並鼓勵我念文學。而我也很自負，沒有走錯腳步，總以爲自己對文學已經相當虔誠了；但不然，當我面對汪洋浩瀚的海，才開始興歎，現實的冷漠，帶進夢裡的只是曹雪芹的世界，杜甫的山河，不再是諾貝爾文學獎了。奇怪的是，心頭的陰影還沒有形成以前，就被揮散了，啊，當然是妳的傑作，丹丹，我不敢忘記妳的寄望，霜天裏的絕巖，要的是挺拔的蒼松；但想起此刻我的心仍然不安定，我無法不慚愧萬分。

現實的壓力逼著使人扭曲，我總盡力伸直自己，每天抬著頭在校園裡的小徑上，來回穿梭好幾次，總以笑容迎接笑容，但總有那麼多蒼白迷惘的神色，總是笑得不灑脫，彷彿那神色裏面還隱藏什麼。我們的校園實在夠小了，小得有摩肩接踵的感覺，使心開朗不起來。丹丹，妳不是說這樣無形中可以拉近同學的距離嗎？我也盡量這樣想。事實上，除了彼此同病相憐，可能彼此都是未來的「人之患」這一點外，心靈的距離遠得無從測度，也許是太倉皇於四年一瞬的短暫，自然無暇顧及與他人的距離，這是什麼都不暇管的年代。

但今天我就不期然注意到一件事：在暗淡簡陋的教室，我常要把眼鏡上推才能數清板書的筆劃，在苦難的年代將就這一點點也無所謂；可是，丹丹，我却在無意中承受一種令人窒息的空氣，不管年輕或年老的教授，同樣以一種沒有起伏的旋律，把講臺下的空氣凝滯著，我不知道何以突然有此感覺，當我不經意地用目光搜尋課堂中的伙伴，我嚇呆了，許多個側影支腮枯坐，少數把頭埋在自己的書上怡然自適，有幾個對天花板發愣，一種淒清得不忍再睹的畫面，牢不可破地佔據我的方寸，我對這被遺落太久的事實感到吃驚，那驀然一瞬，不是什麼「悠然見南山」的物我相契，却是一種突然看到手術臺的戰慄，我遂讓目光逃向左腕，用每一滴答來淹沒心臟變速的節奏，淹沒教室裡那沒有變化的音浪，期待那一聲聲叮噹的解脫。

哦，丹丹，我沒有過甚其辭，也無意要嚇唬妳；可是別忽略講壇下都是蠕動的「文學細胞」啊，有的是甚受拘囚的心，不是任何聲音就能束縛耳殼的呢！我怕太多活躍的細胞會被古典高原來的冰山給凍斃，太多幼苗會因氣候不適而被摧折。這一代學院派的文學鬪士，一個比一個需要更多的陽光，更豐富的雨露，還有一首歌，一首需要很大的肺活量才唱得出的歌。丹丹，妳一定能唱得出。

我沒有絲毫輕蔑古典的意思，我更需要在舊文學中浸潤以獲取養料。文學只有時代性，不應有新舊之分，辭騷不盡出自於詩經，起碼也是乾兒子輩。唐詩宋詞應該是血統最複雜的「大家子」。時代愈晚，滋養愈豐，就愈能脫胎換骨。如此，我們的現代文學應該算是「優生子」了；可是，丹丹，妳却說還太貧瘠。任何時代的文學，橫的影響沒有今天這麼大，這是不可抗拒的，我們必須面對西方文學給我們提供加倍的養料，從自己的血液中尋找自己，兩者不可偏廢；因爲世界的精神文明也正在泯滅國界，我們自己的文學也要讓人類共同來品鑑，因爲我們的時代性正包容在世界性裡，我們五千年的血液同樣可以供應「西方市場」。丹丹，這話難道會說得太早嗎？雖然我們可以自豪可以嘲笑李太白，爲了我們的營養有古人的幾十倍，我們的天地遼闊得很，可是在我們的文壇，卻感受不到源源不絕的創造力，有的只是所謂「野花蔓草」，這不應該汗顏嗎？我是說，有的人在忽略他的時代使命，在時代的壓力下使心靈僵化，失去他應有的創造力。丹丹，這能說杞人憂天嗎？

這原不是我要妳分擔的問題，我原來不過想告訴妳，我此刻還在爲自己尋出路，爲思想找通道，替心靈覓曠野。這是一次大狩獵，把獵區從圖書館、書攤擴展到藝術館、教堂、殯儀館、法院、咖啡廳、野柳……，妳不會認爲我在學壞吧，確實有一些兒捕獲呢！偶然，我發現一個學習歐語的機會，引起我學習第二外語的興趣，就趕集似地去報名。就在擺長龍陣裡，我又獵取一樣新鮮的事，其實一點也不新鮮啦！一位操濃重鄉音的媽媽，從排尾一直擠到報名桌前。

「先生，我的孩子高二可以報名嗎？」聲音焦慮地。

「…………」

「啊！為什麼一定要高三，反正學語言又不限年齡嘛，我是想讓孩子早日學通，免得考不上大學沒事做。先生，你不能通融一下？成全我的孩子的前途吧！」

聲音近乎沙啞地乞求。

啊，前途？不就指的簡章最後「畢業後可免試簽證申請……」那幾行字嗎？天！我屏住氣衝出來，我何忍再看那正在替孩子安排前途的母親，她是無辜的，我媽千萬不來！哦，傻孩子，媽那有閒工夫跑那麼遠？啊！可憐的媽，我記起妳到過最繁華的街道是二十里外的嘉義。遊覽車都不曾坐過；可是，那晨雞曉啼，擣衣笑語，溪鴨戲波，蛙鳴牛喝……媽的世界已夠喧鬧了。此刻她一定匍行在禾伍春泥間，惡「稗」亂「稻」，斬草除根，想到四個孩子五穀都不分，真有本事替自己開創前途？有沒有本事都管他去，只有眼前的佳肴可以貢獻孩子，這一串老田蛙夠炸成一小盤，中午教最小的心肝寶貝歡呼，兩口袋子的田螺，在淨水缸讓它吐兩天泥，後天早晨可有兩大碗清鮮開脾的「鮮螺薑花湯」，讓另外兩個吃便當面黃肌瘦的老二、老三開開胃。

丹丹，我想說的，其實就是這點想媽的情懷，媽很自得，因為她身兼雙職 ── 農夫農婦，媽也憂愁，因為孩子都面黃肌瘦，想到這，眼睛有酸溜溜的感覺，不能不想，就想我將執教鞭，要把固有文化的精萃傳遞下一代，足以自豪；但想到不免要替下一代孩子「製造前途」，我就戰戰兢兢。孩子們原來個個都很有希望，把「沒有前途」的帽子戴在他頭上是殘忍的扼殺，我無異於臨深履薄……啊，丹丹，總覺得這個時代特別不同凡響，特別需要一支歌，一支能鎮壓疑懼，廓清視界，喚醒夢魘的歌，唱出妳的胸臆、輕鬆、爽快、激越……我相信。

原載謝冰瑩編選《青青文集》頁 207-211，文源書局，民國五十六年。

兩個銅板的故事

堯　遠

這是一則曾經發生在金門島上的真實小故事。不，它只不過是個生活小插曲罷了；故事的主角是二十五年前在金門前線服兵役的一位預備軍官，也是眾多古亭小朋友家長中的某一位，他究竟和兩個銅板之間發生了什麼曲折離奇的事件呢？請聽我娓娓道來。

那是民國六十年二月間，我剛從師大畢業之後，當完實習老師一年，按規定要入伍服兵役，那時候的大專畢業生都當少尉「預備軍官」，軍官的待遇當然比士兵好得多，好神氣哦！按照我的專長，我被指派爲「政戰官」，並且隸屬於「心戰總隊」，先在台灣接受四個月的訓練，然後被送到金門前線去對敵人作戰（心戰），那個年代的家長，對孩子去金門當兵說起來有點怕怕，自從民國四十七年金門對岸的共軍對金門瘋狂砲擊，我英勇守軍抵抗了四十四天，使中共進犯金門不能得逞，這就是有名的「八二三砲戰」。中共被迫停止砲擊後，仍不放棄定期打「砲宣彈」過來，散布傳單來擾亂我軍。我們國軍也還以顏色，同樣定期將我們的傳單打過去，或者透過空飄汽球或海漂，或者利用廣播宣傳台灣的進步繁榮來瓦解敵人士氣。我那時是一位少尉播音官，就在小山挖成的坑道內對敵播音，也要寫新聞稿，工作緊張，每天清晨五點到七點，忙完了第一段播音工作，是我最輕鬆的時刻。

有一天早晨，我下了第一班播音後，像往日一樣走出坑道和碉堡，來到廣播電台後方的一片相思林，例行性的進入公廁去報到。戰地的公共廁所通常十分簡陋，可是我卻只見到陽光普照，由於島上沒有高山，雖然已是初春三月，仍然覺得有些春寒料峭，但陽光灑在禿禿的相思樹枝，使我倍覺綠意盎然，簡直是鳥語花香（其實呢，枯枝上沒有半隻鳥，地上野花兒還未見蹤影），但我感覺自己就是在風光明媚的「香格里拉」，腦海中的仍盤旋著晨間從我們的電台播出的「快樂頌」或「春之聲」等名曲，我已在簡陋的公廁內蹲了十幾分鐘，好像不覺其中的臭味，……

正當我辦完這件「例行公事」後，站起來正準備走出公廁，突然聽到石板舖成的地面發出兩聲清脆的ㄎㄧㄣ！ㄎㄧㄤ！兩個一塊錢銅板竟同陀螺一般地滾到糞坑裡，等我意識到那是我身上的零錢時，已經來不及去搶救它們，這時，我腦中的旋律突然也中斷了，等我回頭向下一探，才知道糞坑並不深，那兩個亮晃晃的銅板，正好是並排貼在金黃色的的糞上頭，透過一絲陽光向我眨眼，我開始感受到廁所的那股惡臭的濃度，我心裡竟有一點「物以類聚」的快感 —— 讓那一身銅臭找到歸宿吧！我趕緊以輕快的腳步，吹著口哨準備返回坑道內，這時腦海中竟浮起山外街上的電影院，「一張票價兩塊五」，我竟放慢了腳步，如果繼我之後，有人來「報到」，下面的情節也許便不會發生。但偏偏公廁空無一人，外頭的空氣又特別清新，我隨手折斷一枝相思樹枝椏，覺得應該有所行動，以免愧對父母，他們是如何省吃儉用，拼死拼活，才把我送進大學的，我居然對兩塊錢毫不吝惜，可羞可恥啊，我什麼時候變得這般浪費？內心的騷動，強迫我再返回廁內多看一眼，並不自覺把細枝對折成一雙筷子，很快就把其中一個銅板夾上來，順勢丟在地上，另一個卻不經意溜到坑里，消失得無影無蹤，我也放棄了努力，仍掉手中那一雙樹椏，信步地走回電台。

經過這番折騰，我心中有了些安慰，好像已經完成了一件轟轟烈烈的大事，也就沒有想到再去處理那個被棄擲在牆角沾污了的銅板。第二天早上，小朋友猜猜看，那個一度蒙塵臭銅板居然不見了。但願它長了腳跳進某人的口袋裡，物盡其用。而我已經講完了這個耐人尋「味」、吐舌頭、捏鼻子的故事，對不對？

姚榮松　師大國文系教授

本文原載古亭國小家長會企劃，陳銘磻編《小朋友性靈生活勵志書》，旺角出版社，民 86 年，頁 125-131。本文最初以同題散文發表於民 60 年 2-3 月間金門日報副刊，本篇改為「小學生活館」系列，部分文字由主編調整並潤飾，有畫龍點睛之妙。

記憶裡的幽香

從蘭記書局的語文圖書看光復初期國台雙語共存之榮景

一、蘭記出版品以語文類庫存較多

蘭記長達 70 年的經營史上，前 30 年由黃茂盛先生所經營，後 40 年則由其次媳黃陳瑞珠女士所掌理。讀蔡盛琦〈從蘭記廣告看書局的經營〉一文，欣見她指出「蘭記除了經營者換手外，也因不同時代的變遷，經營手法與內容有所不同。」(《文訊》255 期 75 頁）

蔡文並指出蘭記最早的出版品應是一套八冊的《漢文讀本》，這與黃茂盛的私塾教育背景有關。並指出這是黃茂盛在進口商務印書館《國語科教科書》獲准後又被禁的挫折下，才走上自力更生之路，針對被取締內容，著手改編適合本地人的內容，終於先後完成兩套（包含初級與高級）《漢文讀本》各八冊，成爲日治時期蘭記的代表出版品。更有趣的事實是戰後國府百廢待舉，民國 35 年台灣的許多學校開學，在沒有教科書之情形下，暫以蘭記出版的《高級漢文讀本》、《初級漢文讀本》權充課本，還有其他種種因素，到民國 36 年，蘭記的《國文讀本》仍替代著不夠的「國定本教科書」使用[1]。

《文訊》總編輯封德屏女士當初約我看的資料以蘭記出版的《初級台語讀本》(一)(二)冊，《台語手冊》、《國臺音萬字典》、《閩南語發音手冊》、《蘭記臺語字典》爲主，顯然希望我從台灣語言教育的觀點，檢視蘭記在本土語言運動這個潮流下，也沒有缺席的事實。我卻也同時被黃茂盛（或黃松軒）編的一大串《中學程度高級國文讀本》(八冊)、《初級必需漢文讀本》(八冊)、《初學適用國文讀本》(4 冊) 及黃森峰編《國音標註中華大字典》及另外一本《國語會話》(黃茂盛編)、《注音字母北京語讀本》(邱景樹編）所吸引，我認爲蘭記書局的定位可以從日治與國府兩時期來觀察。戰前蘭記圖書目錄及廣告可以作爲台灣知識啓蒙及漢文閱讀史的一個縮影，其中牽涉到的漢文教育的轉折，從黃茂盛至黃陳瑞珠兩代人的教育背景、知識取向、語言認知等的對照，可以發現漢文讀本是黃茂盛的學養所寄，而台語字典、台語手冊則是黃陳瑞珠的才華之發揮，由姨表姪女吳明淳女士的談話印證了這一點。以下我先把脈絡整理出來：

（一）從《文訊》提供的蘭記書局遺留的圖書目錄（當指庫存的最後清冊）中，其第十二類是「蘭記出版品」凡 1042 本。編號共有 62 種，除有四個編號不算童蒙教材外，其他都是童蒙讀物或語文教材、工具書之屬。這四種書是：

1.黃松軒編《大笑話》(民 36 年 9 月 10 日初版)

2.陳江山著《精神錄》(民 18 年 1 月 25 日初版，50 年 12 月 30 日 6 版)

1 以上並見蔡盛琦《從蘭記廣告看書局的經營》，《文訊》255 期，頁 75、76。

3.吳鳳康樂區建設委員會編《臺灣偉人吳鳳傳》（民 36 年 11 月 15 日出版）

4.綠珊盦主編《蓮心集》（昭和五年，民 19 年 7 月 20 日初版）

其餘存書可分兩類：

1.**蒙學類**：含《三字經》、《三字經注解》、《千字文》、《千家姓註解》、《四書讀本 —— 上論》、《朱子治家格言》、《居家必備千金譜》、《最新弟子規》、《新撰仄韻聲律啓蒙》、《歷史三字經》（未著撰人，民 34 年 10 月 10 日出版）。

2.**語文讀本及字、辭典類（含台語）**：書目已見前。台語類圖書中，除了《國臺音萬字典》爲二樹庵、詹鎮卿合編之外，《初級台語讀本》、《蘭記臺語手冊》、《閩南語發音手冊》、《蘭記臺語字典》皆成於黃陳瑞珠之手。

這些庫存的最後存書，本版多屬語文類的原因，大概因當年曾一再出版，供應量大，才有庫存，其他戰前出版的文集如《崇文社文集》、《祝皇紀貳仟六百年彰化崇文社紀念詩集》或《無師自通日文自修讀本》、《パソ字入實用書翰辭典》等，戰後已無再版之需求。

（二）黃陳瑞珠女士畢業於靜宜女子英專，所以英文程度還不錯，漢文在長期耳濡目染下，想必也具一定修養，而她的英文根柢使她更容易掌握台語的音標，在蘭記結束營業的民國 80 年，正是本土意識高漲，台語研究蔚爲風氣的年代，蘭記原來出過的《國臺音萬字典》及《台語讀本》都曾暢銷過，黃陳女士對台語情有獨鍾，心心念念的是要編訂台語字典。並在蘭記結束營業後，還有每週固定去嘉義華南商職教授台語課，並且在民國 84 年才又重新出版《蘭記臺語字典》、《蘭記臺語手冊》，並獲得其弟陳崑堂的協助，我們彷彿看到兩代人由公公黃茂盛將漢語文化的薪火，遞交媳婦陳瑞珠接手跑到終點的美麗傳奇。《蘭記臺語手冊》扉頁上，陳女士烙下美麗的印記（如圖一）；第二頁則登出蘭記台語叢書 5 種，並以大字書寫：「嘉義蘭記創業七十六週年紀念」（如圖二）。

黃陳女士克紹箕裘的心路歷程，在這最後一版書的告白上，宣露無遺，令人感佩。我們也可以想像，黃陳瑞珠女士在晚年整理蘭記史料，並面對自己一心想修訂的《國臺音萬字典》，是何等文化人的使命感，她的傳奇一生應該更值得立傳。

二、蘭記臺語叢書五種簡介

（一）台語三字經

這是最通俗的台語入門，每字按讀書音標注ㄅㄆㄇ。列爲臺語叢書第一本，理所當然。

（二）初級台語讀本

存目中有兩種名稱，一爲《初級台語讀本》，僅見第 1 冊及第 2 冊，民國 17 年 9 月 30 日初版，民 83 年 4 月 10 日改訂台語注音初版。第二種爲《初學台語讀本》（一）（二），庫存各有 55、57 本。看起來初級、初學並非兩種版本，只是不同時期印書的差異，或出於無心或變換花樣，以吸引讀者，尚不知真相。個人看到的這兩冊《初級台語讀本》是民國 83 年 4 月 10 日改訂台語注音初版，發行人黃振文，台語注音：黃陳瑞珠，出版發行改爲「蘭記出版社」（原名蘭記圖書局），封面上有「ㄅㄆㄇ台語注音，大

蘭記臺語手冊

獻給

敬愛的先翁

黃茂盛 先生

（字 松軒）

稟承您發揚本土文化，推廣母語之宗旨，編成此書，以示景仰與懷念之忱。

84.5.

媳

瑞珠

謹上

（圖一）

嘉義蘭記

創業七十六週年紀念

84.5.29.蘭記出版社

特別推出

Lan's

蘭記臺語叢書

Lan's 1 台語三字經

Lan's 2 初級台語讀本

Lan's 3 閩南語發音手冊

Lan's 4 蘭記臺語字典

Lan's 5 蘭記臺語手冊

（圖二）

字版插圖」字樣。書前有「初級台語讀本原名初學必需漢文讀本」;「初版於民國十七年嘉義蘭記圖書局發行(取材自大陸教本)」,並說明「初學適用台語讀本分為1至8冊,每頁插圖,由淺而深,詳加編輯,適合初學者及兒童學習台語之用,日據時期,被當時之私塾、漢學堂採用為台語漢文教學之課本,使不少失學民眾,得免成文盲。

這段說明耐人尋味的地方,即所謂初版於民國17年嘉義蘭記圖書局發行(取材自大陸教本)」指的是最早發行的《初學必需漢文讀本》,這套署名黃茂盛編著,存目第一冊記發行日期確為昭和三年(即民國17年,1928)9月30日,其內容 與民國34年重刊的《初學適用國文讀本》(手中僅有1、2、4冊影本)內容完全一致。即所謂初級台語讀本,版權頁上注明「民國八三年四月十四日改訂台語注音初版」,足見由原名《初學必需漢文讀本》到《初學適用台語讀本》,只是書名的改易,內容完全一致,理由是日治時期,私塾、漢學堂所學的漢文本來即以台語發音。其後日人亦編輯不少口語台語教材,採用假名注音,適合日本警察、教師及行政人員使用,如存目 6-21 有台灣總督府編的《臺灣語教科書(全)》,出版日期為大正11年12月15日,厚達397頁。

與傳統只教漢文音讀的漢文讀本大異其趣,另外以教會羅馬字為主體的白話字,也出現了四書五經及應用文書的標音本,如大正13年(即民國13年)劉青雲已出版了《羅華改造統一書翰文》,內容為尺牘,共分34大類,應有盡有,加上戰爭末期,日人一度禁止漢文學習,因此將原有漢文讀本易名《台語讀本》,其實有一定的必要性,或者是藉以遮掩私塾教育漢文的苦心,而傳統漢文的音讀是用十五音的「八音呼法」,不假音標或其他注音符號，正是因為這套完全沒有標音符號的「漢文讀本」，才能在民國 34 年重刊，改名為「初級國文讀本」，以應光復初期，國語文課本青黃不接時中小學之用。存目記載《初學必需漢文讀本》版次繁多，例如全套有昭和九年十版，第三冊有昭和十五年重印，第四冊又有昭和十二年重訂諸版，可見該母本是一印再印，所以黃陳瑞珠在民 83 年改訂台灣注音初版的版權頁，才又註明「民國卅四年十月廿日廿版」，所指的是未加注音的台語原本（或者即指漢文讀本的版次）。因為「漢文讀本」何時改名「台語讀本」，從存目的有限資料，已無從查考。但是可以確定的是不論叫「漢文讀本」或叫「台語讀本」，在戰前使用者都是用台語漢音誦讀，學到仍是民初的淺近文言文，並不代表「台語」的口語，因為教材中的日用詞語都是以北京話為主，若直接念字音，就不像「台語」，而只是北京話對應的台語文讀。例如：人有二手，一手五指，兩手十指，指有節，能屈伸。

讀音：人 有 二 手 一 五 指 十 節

語音：人 有 二 手 一 五 指 十 節

讀音：伸 我 你 門 草 牛 羊 吃 大

語音：伸 我 你 門 草 牛 羊 吃 大

課文內採用漳州讀音，然後把個別字語音列在每頁課文欄頂上，個別字的泉州音讀則列在欄框下方，作天地對照。

教材以圖取勝，相連兩頁敘一主題，沒有課次及標題，呈現自由想像空間。如第一冊第 4 頁為「我來、你來，來來」，第五頁為「去去，同去，同行」，排列成回文式，頗具巧思。第 20-21 頁課文：右頁（P20）河上架橋，橋下行船。左頁（P.21）竹簾外，兩燕子，忽飛來，忽飛去。

（三）閩南語發音手冊

本書爲黃陳瑞珠編於 1994 年（民 83），較《蘭記臺語手冊》早一年出版，書前有三頁序（又見於《蘭記臺語手冊》），詳敘台語的源流，同時也聯繫了南洋華僑的閩南子弟，認爲台灣母語的教育，同時也爲海外台僑之需要，他們要的是簡易的學習手冊而非字典，因此她著手編著《閩南語發音手冊》及《蘭記臺語手冊》是有針對性的，例如這兩本手冊完成後，親友、教師輩都希望有大家熟悉的ㄅㄆㄇ注音符號，因此加以增訂後，或者注音符號與台語羅馬字並行的工具書，這無異擴大了服務的對象。

本手冊分爲二章，首章爲台語ㄅㄆㄇ注音法，包括符號說明及範例，另有台語八聲之記號及發聲法。第二章台語羅馬字發音爲拼音法，另有三個對照，即ㄅㄆㄇ拼音與羅馬拼音對照；讀音與語音對照；潮州音與泉州音對照。最後還附了常見同音字表，稱爲〔引音查字〕。

台語注音符號包括符號三十一個，記號三種。三個記號分別爲「△」促音記號，「°」半鼻腔記號及「·」不發音記號。這三個符號的「·」是黃陳女士的發明，她認爲韻尾的 p.t.k 並不一定發音，即只有作勢，或即語音學上的唯閉音，如 ap 作「ㄚㄅ·」這樣的標示對初學者正音有一定的幫助。本書扉頁上題詞以此書獻給「敬愛的先母劉順女士」等感念字句；並由兄妹三人瑞堂、崑堂、瑞珠署名敬上。日期「1994.7.27」，這是對陳家的感懷，與《蘭記臺語手冊》扉頁之獻給先翁黃茂盛先生相映，表現出黃陳瑞珠女士的慎終追遠，把自己的成就歸諸上一代的教化。

（四）蘭記臺語字典

本書的前身是《國臺音萬字典》，由二樹庵、詹鎮卿合編，民國 35 年 12 月 5 日初版發行，36 年 1 月 20 日再版，36 年 2 月 10 日三版，發行所蘭記書局（嘉義市中山路 213 號）。從三版的版權頁上找到另一廣告：詹鎮卿編英漢學生辭典。至於二樹庵爲何許人，未見諸記載。（編按：一說爲林茂生之別號）此書按部首橫排，版面爲袖珍型，左右兩欄，字首後用注音符號注國音（沿用老式四角標調法），後用教會羅馬字標台音，每字僅取一個釋義，均在一行以內，故版面很清爽，一字兩音則立兩條，以存兩義，精簡扼要，方便初學檢音。如：

三・ㄙㄢ　sam　二加一為三（此為陰平一讀）

三・ㄙㄢ・sam　屢也，如三思。（此為去聲一讀）

又如捻・ㄋㄧㄝ Liap 指執著也。

捻・ㄋㄧㄢ Niam 以兩指相搓也。

由於收字多，簡單的文白兩讀或異音別義，均在其中（如哩訓語餘聲，ㄌㄧ；又訓英里也ㄌㄧˇ），雙語對照字音，確稱簡易。

民國 84 年 5 月 29 日增訂初版發行，則改爲《蘭記臺語字典》標明「原國臺音萬字典，重新修訂增台語ㄅㄆㄇ注音」，其實，本書並非僅將原本字項下的國音注音改爲台語注音符號，由雙語的國、台音變成兩種台語注音的單語字典，即告完工，偶有增加音讀，如合字原有 Hap, Kap 二音，量名一條原作 Kap，今增列 Hap，使成二讀，另外也逐條增列書面詞語，如吁下增「吁嗟」，吶下增「吶喊」。

（五）蘭記臺語手冊

除序文外，總目錄共十項，即（一）台語發音（二）台語發音字典（三）常用國台音對照（四）以音查字 — 同音字（五）讀音與語音對照（六）漳音與泉音對照（七）台語常用語（八）台語常用成語（九）新聞社會用語集（十）相對字、相反詞。本書實際已綜合了她自己的「台語發音手冊」,《台語發音字典》即是按部首排列的閩語字音檢索表。國台音對照下列有同音字，無異是一個同音字表，其他文、白異讀、漳泉對照，擴大台語常用詞的注音及部首排列，大有擴充爲「臺語萬用手冊」之趨勢，這些都反映黃陳瑞珠女士對台語的實用功能及語言體用之掌握。作爲一本服務一般讀者的台語手冊，本書可以滿足部分讀者的檢索需求，在上個世紀的 80 年以來，台灣閩南語字辭典蜂出並作，已經到琳瑯滿目，加上網路詞典，語料庫之方便，黃陳女士這本 Lan's 5 也達到她個人學術的頂峰，有點像「萬用手冊」之類，雖然不能保證此書能喚起後人對她的記憶，但作爲蘭記 70 幾年風雲圖書榜的美麗句點，這本紅皮精裝的工具書，確實有一點重量。

三、從「上海圖書館館藏拂塵 · 老課本」之重出江湖，一窺蘭記《初級漢語讀本》、《初學適用國文讀本》（1946 重刊）、《初級台語讀本（一）（二）》（1994 改訂）三位一體

最近（2005 年 1 月）上海科學技術文獻出版社出版了三套 20、30 年代的老課本：《商務國語教科書》（1917 年初版）、《開明國語課本》（1932 年初版）、《世界書局國語讀本》（1930 年代），這三

套上海圖書館館藏，在塵封將近七、八十年後重新出土，每套有上下冊皆圖文並茂，是受五四新文化影響下，用白話文編寫的最早教科書之一。《商務國語教科書》出版較早（1917 年），其他兩套假若都在 1930 年以後，則黃茂盛的《初學必需漢文讀本》第一冊初版於昭和三年（民 17 年，1928 年），應該取材自商務本，其第八冊發行日期作「昭和四年 5 月 10 日再版」，可見 1928 年已出了全套八冊，第二年才有再版之說。《初級必需漢文讀本》表現得圖文並茂的也是頭兩冊，仔細與「商務國語教科書」對照，卻有幾分神似，尤其課文的精簡對仗的格式。例如：商務版第 49 課「合群」（P.66），課文如下：

群鳥築巢

或銜樹枝

或銜泥草

一日而巢成（共四行，原爲直行，右至左）

和上舉《台語讀本》第一冊（P.21）左頁：

竹簾外

兩燕子

忽飛來

忽飛去（共四行，配圖對稱）

商務版上冊第 47 課「禮貌」（P.63）：

門外客來

迎入室中

正立客前

對客行禮

台語讀本第一冊 50 頁：

父命我　出見客

我至客前一鞠躬

客握我手　問我年

問讀何書

商務版上冊第 50 課「愛同類」(P.68)：

一犬傷足

臥於地上

一犬見之

守其旁不去

台語讀本第一冊 29 頁

小白兔

草中走

我欲投石

哥哥搖手

課文內容各具巧思，主旨亦略異，後者可名篇爲「愛異類」。

有「課名」完全相同者，目前只找到一篇，然內容則重新改寫。即商務版下冊第 25 課「兵隊之戲」，課文如下：

兒童戲習兵操　削竹為刀

執木為槍　以竹筒為巨砲

使小犬曳之

年長者　持刀指揮

分群兒　為三隊

令行則皆行

令止則皆止

行列整齊　進退有節

初學漢文讀本第三冊第18課「兵隊之戲」課文如下：

溫課已畢。弟謂兄曰：「吾輩可遊戲乎？」

兄曰：「弟欲何戲？」弟曰：「吾輩有竹刀、木槍。習為兵隊可乎？」兄曰：「可。」遂率諸弟，為兵隊之戲。

同題，然內容詳略懸殊。筆者又發現「台語讀本第二冊」(初學適用國文讀本第二冊同) 第38頁，已有「兵隊之戲」之內容，並畫出一隊人擎槍前進之雄姿。課文如下：

一隊長　執刀前行

數小兵　旗影飄飄

開步走　鼓聲鼕鼕

整體來看，黃茂盛先生編輯這套八冊的初級教材，在圖文方面均受到上海出版的國語教科書影響，插圖雅致，應該也是此書能暢銷再版的原因，更重要的是課文的敦厚蘊藉，寓理託事，耐人尋味。商務版因每課有標題，不免流於公民道德，蘭記的漢文讀本，前兩冊不立標題，其實技高一著，但三、四冊以後，課文多見動植物及生活日用器物，每冊 50 課，主題之間缺乏單元安排、頗顯零碎，亦因強調實用知識，而令課文逾來逾乏文學性，當然是美中不足，但作爲台語地區語文教科書的先行者，已屬前無古人。至於八冊課文仍以文言爲主，完全承襲商務版國語教科書的風格，此種淺近文言文，其實是民初極爲盛行的書翰文主體，亦符合彼時書房 (私塾) 教育的胃口。到了 30 年代出版的開明本與世界書局本，則全以白話文主，如果黃茂盛先生能夠與時俱進，重新選一套白話文，對於光復初期的國語教育當更具影響力，可惜他這套改名爲《初學適用國文讀本》只有前二冊適合國小（白話文），後六冊只能適用初中以後，並不能滿足當時教學的需要是可以預期的。事實上，國民政府的教科書是完全走了官方標準本的道路，這也使得黃茂盛先生這系列（包括高中漢文讀本）教材，不久就被國立編譯館的版本所取代，而黃陳瑞珠女士雖然腦筋曾動到改編爲台語教材，但是由於業務繁忙，她又沒有找到可以合作的同好（或者她並未積極改編），而把精力投注到其他二部字典及手冊上去，形成她的 Lan's 五種，但台語讀本正式以加注注音符號出版的卻也只有 1、2 冊而已，這可能是她心中最大的遺憾也不一定。

四、兩本國語文學習的壓倉之寶

除了初級的三套讀本外，黃茂盛還用黃松軒的別號編了一套《中學程度高級國文讀本》八冊（民國 20 年 4 月初版，民國 34 年 12 月 10 版），也編過學日語的《國語會話》（昭和 19 年〔民 33 年〕第 10 版）。還出版蔡啓人編的《繪圖初級國文讀本》（現存二、四、七冊，民 34 年再版）。日治時期的「國語」指日語，光復後的「國文」指漢文。另外有兩部書，筆者認爲可視爲蘭記語文圖書的壓倉之寶，即：1.黃森峰編《漢字母標注中華大字典》（民 35 年 2 月 10 日初版）漢字母即國音字母，也就是注音符號。民國 93 年 5 月 10 日修整再版。2.邱景樹編《注音字母北京語讀本》（民 26 年，1937 年初版）

何以說這二種是壓倉之寶？因爲《中華大字典》與 1915 年中華書局出版的字典同名，前有編輯大意及民國 35 年黃森峰的序文。同一年由初版印到4版，應該是暢銷一時。依部首排序，每頁三欄，每字字頭下先標注音字母，接著出現反切、直音、聲調、韻目，常用字的釋義往往超過十項，應是據《辭源》、《康熙字典》等書，「審別去取，約得萬餘字」，排版小字頗爲美觀。釋義下引用書證甚詳，兼收科學名詞（或附英文原名），綱舉目張，夠得上稱《中華大字典》。尤其在民35年出版，政府開始推行國語，除了難得一見的大型詞典如康熙字典、辭源、辭海之屬，一般人需要繁簡適中的字典，個人覺得蘭記出版的語文工具書中，本書水準最高。

前已介紹的各套漢文讀本，都不是國語的日用會話，邱景樹的這本《注音字母北京語讀本》有1937年的作者自序。共有91課，全屬日常會話，課目有「朋友電話」、「查問旅館費」、「看望朋友」、「路上相遇」、「久別重逢」、「探問病人」、「同吃便飯」、「購買物品」等等，極其實用。相信在光復初期，政府大力推行國語，會是一本暢銷書，可惜未見出版頁，不詳版次。書內有「最新出版目錄」，而有一本《北京語會話》與本書並列；另有《實用書翰辭典》、《十分間演說集》各乙冊。本書排版爲注音國字，聲調卻是傳統的漢字四角加點，現在看來略不自然。但內容用語，或可代表 30 年代的一種北京話，但不是京片子，因爲罕見兒化的標幟。試舉二段課文爲例：

> 「現在甚麼時候了？」「差不多八點左右。」「當初你不是有學過官話嗎？」「我雖然學過，但是發音不大正確。」「剛才你沒見過他嗎？」「恰好我進來的時候，偏巧他又出門去了。」「我告訴你的那話，難道你還信不及（作者按：現代華語「及」作「過」解）我嗎？」「那是你太多心了，未必

如此罷！」（第4課）

「一向好嗎？」「很好，你哪？」「也好，多謝。」「許久不見，你到甚麼地方去帶著？」「我到上海去來著。」「你到上海作甚麼？」「我去參觀實業。」「你所看到的，可以見教一二嗎？」「沒有問題，在匆忙之間，那裡看得透徹，好像管中窺豹，只見其一斑，等到我脫稿了，才呈上斧正，自然也就知道其大略了。」（下略）（第37課）

現在看起來，這些30年代的舊式國語，還有一點生澀，但作者曾留學中國，在自序裡說他從中國回台後，每年在家裡開設的「官話研究會」及在一個叫「花果園修養會」擔任語學科，均以本書爲課本。

我手上剛好有民國37年11月正中書局台增訂初版的《實用臺語會話》，編者爲林紹賢，曾任國語推行委員，會話內容簡潔，看來是道地的台灣閩南語，試以第九課「坐車（二）」的前六句爲例：

甲：借問咧，這滿有落南的車次無？

乙：十點五十有一幫，是急行的。

甲：囝仔著車單亦免？

乙：六歲以上著，六歲以下免。

甲：行李，會使提上車沒？（「沒」當用「否」boo）

乙：細件的會使得，大件的著寄車。

這本會話注音用台語羅馬字，事實上，光復初期也許爲配合國語推行，使用「臺灣方音符號」（朱兆祥編）者更多，據張博宇編《臺灣地區國語運動史料》[2]，國語推行委員會爲實驗從方言學習國語，於民國 35 年 10 月 1 日成立示範國語推行所，派推行員三人，朱兆祥任指導員，到 36 年 8 月此項工作告一段落。該所曾出版編有《臺灣省適用注音符號十八課》、《國臺字音對照錄》（36 年 9 月）、《廈門語方言符號傳習小冊》（朱兆祥 37 年 3 月）、《實用國語注音、臺方音符號合表》（朱兆祥編，39 年 9 月）、《臺語會話》（陳璉寰編，39 年 8 月）、《臺灣方音符號表》（林良、39 年 9 月）、《注音臺語會話》（陳璉寰，40 年 4 月）、《國臺通用語彙》（朱兆祥，41 年 8 月）、《注音符號和方音符號》（何容，朱兆祥，43 年 2 月）、《標準臺語方言符號課本》（鐘露昇，44 年 4 月）、《臺語對照國語會議課本》（朱兆祥，44 年 1 月）等書，先後由省國語會印行。

光復初期，教部國語會曾根據全國國語運動行動綱領的理想，對台灣現實環境做了個假定，「假定臺胞在光復後，痛心於使用日語，在尚不能講國語時，會自覺的恢復使用母語 — 閩南話和客家話。當時希望這個假定和實際沒有多大出入，不過後來事實的答覆是，有多少人並沒有想到閩南話和客家話，也是文化上值得重視的一種中國語言，而影響其行動，以後的工作又因此多一枝節。」[3]由於各縣市國語推行所不久即遭撤銷，改由省國語會直接指揮，這裡不免也有路線之爭。換言之，透過母語的恢復來學習國語，有些人覺得沒有必要，但是那個方向本是正確的，其實還有原住民的母語問題，應該採漸進式以免欲速不達。張博宇也指出：「光復後的民眾補習教育政策，原擬計畫是先從方言入

2 張博宇編《臺灣地區國語運動史料》，台灣商務印書館，民 63 年 11 日出版。
3 同註 2，頁 152。

手，然後再從方音符號進到國音國字。這個計畫未能實現，各機關團體推行的都是直接學習國語，認識國字。39 年起實施的民眾補習班，從教學科目不難看出太偏重於知識的傳授，忽略了語言的訓練。課本只有一種，是國立編譯館的初級成人班課本（36 年修訂本）。」[4]

有兩件事似乎可以印證國語政策的執行，操之過急，才埋下後來被認爲刻意打壓方言母語的惡名。第一件自然是連民眾教育都不重視語言的訓練，教科書也沒有民間插手之餘地，難怪蘭記圖書局的「初級台語讀本」連注音符號本均沒有完成出版，到民國 83 年才推出一，二兩冊，想必是沒有市場的誘因，但是黃陳瑞珠女士不斷充實她手頭上的蘭記叢書五種，至少做了歷史的見證，證明臺語與國語教學並存共榮，是符合一般民心的。第二件是設計台灣方言符號的朱兆祥先生到民國 44 年還有「臺語對照國語會話讀本」印行，而始終採用這套符號來編字、辭典，還有台大的吳守禮教授，蔡培火也編了改良式的台語注音符號的《國語閩南語對照常用辭典》（民國 58 年，正中書局初版）、《國語閩南語對照初步會話》（民 65 年 6 月，正中書局臺初版）。後來朱兆祥先生離台赴新加坡，遠離台灣，大概與他主張的這個兼顧方言保存的路線也關。這已不是本文的焦點，故不擬詳論。

4 同註 2，頁 152。

五、尾　聲

本文最初只是想介紹蘭記出版社（原名圖書局）七十年滄桑中，對於台灣語文圖書的出版、規畫及其影響，由於發現兩代經營人對漢文與台語教育的推展各有獨鍾，才因此想一窺早期漢文讀本與後來的國語教育之間是否具有互動的關係，由於三套塵封上海的 30 年代的國語課本的出土，讓筆者可以追溯「漢文讀本」的取材及各本之間關聯，也因此牽涉到光復初期的國語政策與教材的問題。我的結論是在那個青黃不接的年代，蘭記的漢文讀本提供政府初期國文課本的急需，已是風雲際會中的盛事一樁，同時也凸顯了黃陳瑞珠女士對母語教育執著的外一章，以及本文第四節所看到的台語注音符號在國語推行中所扮演的角色。

註：以上並見蔡盛琦上引文，頁 75、76。

本篇原載于《文訊》卷 257 期，頁 71-79，又收錄於「文訊叢刊 28」《記憶裡的幽香 —— 嘉義蘭記書局史料論文集》頁 179-194，文訊雜誌社出版，2007.11。

七月流火

—— 序杜勝雄的《山高水長》

山高水長是勝雄親筆書贈玉雪的遺墨，時間是民國五十二年七月二日下午，阿杜剛從臺中一中畢業，玉雪爲他取下制服上的領章。現在我們把這四個字放在紀念集的封面，意義是多重的。

對勝雄和玉雪，這四個字等於寫了十二年，是兩個人的生命音符譜成的陽春白雪，也是兩人的生命色彩調成的詩畫，更是勝雄三十三年生命想詮釋的第一個真理:「愛是宇宙間獨立存在的一個永恆。」(民國五十六年二月五日日記)

對他們的孩子，涵清和逸嶸，山高水長就是他們的名字的詮釋，是冰清玉潔的情操，是父親期之於他們的，母親教之於他們的。

對勝雄的親屬、朋友、同事、同窗、學生，山高水長就是一張淚眼問花，望風懷想，高山仰止，密密麻麻而又疏疏淡淡的記憶的網了。勝雄勤畢生於織網，是的，生命的網他早已織就了，在去年七月流火，他的肉體焚成虛無，他的赤心躍升，凝成一個震撼人的實體。他愛過的世界仍可愛，在他和疾病作戰時，渺小和虛無一度從肉體的虛幻出發，他闡過佛，因我佛慈悲，他詮過蝴蝶，陶然忘機，忽然遷化。然而最初和最後的步履，卻踏實在儒行僕僕的仁義大道，在春風化雨裏，儒者的光采，奪目自那一窈深邃的眸潭，透鏡直射，挾排空盪氣的鋒利語勢，奔放絕足，是儒家莊嚴之美的體現，他合掌拊心。他探討孝道，擬「天倫樂」問卷，用生命踐仁。於是，儒家天倫建構的美，出現在他的養疴散記，成爲他哲學的春蠶吐絲。我們嗟歎，如果上蒼不急急要回去他踐仁的「能所」，我們社會不止多出一位史懷哲而已；我們瞭解，勝雄字裏行間說他是屬於花蓮的，屬於講臺的，其實何止；他更屬於花蓮之外，講臺之外，他更屬於古往今來的。

我們不願去肯定他什麼，因爲他的一切仍然鮮活，足以喚醒我們記憶之網的每根絲；而「山高水長」是這一面網的鋼，可以挈記憶的領，而後有源頭活水汩汩然來，復活的不單是勝雄，而是儒的生命。我們每人擁有對他的記憶，但傾我們全部所有，也塑不完全他的真實生命。所以，單從這本紀念集去認識他是不夠的，因爲幾萬言的日記，限於篇幅，割愛太多；五百封以上的情書，玉雪和着淚水抄出五十封，我們也只能展露其中的十六封；其他的函扎書牘墨跡，散落無數，我們只排印一些現成的，那些無法聚攏的，也無法不聽其湮滅。因爲對已完成的勝雄來說，這些只是成長過程中的外殼，而他是金蟬。

認識勝雄，是在五十四年八月的師大禮堂，新生訓練，一羣陌生的靈魂，陸續上臺，對每一扇半開的窗，放映他自己。勝雄頭一天就坐在走廊上侃侃而談，叫我聯想到蘇格拉底、恒河畔彈三弦琴的智者，或者披頭。待我獲知我們編在一班，連他自我介紹時的雋語我都不用心聽了，因爲我們來日方長。

新鮮的第一年，我有幸和勝雄同上 A 組國文，他總是批判和懷疑讀每一段文字，偶而我們赤裸的交換，他總教你欲罷不能。

他口筆俱健，但太多新奇事物吸引他，以至於他的作文常遲交，而且常是越凌晨才寫成，現在我才領悟，原來不是這原因，也不是爲了「語不驚人誓不休」「惟陳言之務去」，而是他天生的自然主義，他主張意到筆工，一氣呵成，不跟別人一起絞腦搜枯，而只打腹稿。這種天成的文章，常令我折服。就像他的談吐，每句話都不是預儲，只是順其機括，發於不得不發，他的許多問題教人不知如何作答。別人在探尋章句，他懷疑這是否大一國文的教學，他常逼得我們的文學細胞不敢內斂。於是當國文系的課程，不能滿足他的求知欲，他到處狩獵，他旁聽余光中的英詩，還有許多歷史或哲學的課。

臺大森林館每週夜間演講數次，勝雄是經常的聽眾，帶着演說者濃縮成兩小時的智慧，漫步回師大，一路上他仍發問。溫州街、泰順街、龍泉街的巷弄，今夜仍依稀迴響他的跫音。他的洪鐘震谷，從國一甲響到國四甲，從師大到花女，自高一響徹高三，前後九年，從學生到老師，人子到人父，逍遙遊到人間世，是一個過程之完成。他顯然不屑莊生的突梯滑溜，所以案牘勞形，嗟汝遘陽九，遂在七月裡焚化。

勝雄涵蘊剛健雍容之氣，因此生活在簡樸中顯得閒逸灑脫，這和他的藝術氣質相表裏。他寫一手遒勁的字，愛好一切美好的事物，待人至誠，夜談是他的一大嗜好，清夜捫心，才能交契得深，這幾乎是他的生活信仰。他的朋友都能和他擁有這種無價的歡樂。

勝雄自許爲「天生的教師」，這在他進師大以前就確定的。因此他曾先後考上世新和文化學院，都放棄就讀。五十八年七月師大畢業，我們不是留臺北就是歸鄉，獨勝雄隻身奔赴他的「海角一樂園」，這也是他多年前就選定的 — 勝雄總是走在別人前面，他貫徹地走一條路。

自勝雄去了花蓮，忙碌使我們書信減少，我對這位老友的關切只有賀年和平日打聽，當然對他這五年的學術造詣不免隔了一層。但對他教書的態度，仍時有所聞，比如教〈赤壁賦〉，雖遠在花蓮，仍要妹妹去故宮查看東坡題的款識。教《論語》，任何一本有關《論語》的小書都不放過，而且必定介紹給榮昌。他痛恨不讀書的教書匠。他把生命交給講臺，在學生的那篇「心聲」展露無遺。只求成爲儒家人物的信心，使他充滿喜悅。在貧病的壓力下，他對儒道的醉心與日俱增。他走一條「知及仁守」的路，這種成長是步步踏實的，這些都可從朋友寫的文稿中得到印證。我雖時常縈繞「何時一罇酒，重與細論文。」之一念，總覺得自己尙年輕，沒有火候；而勝雄在精神上本是先知先覺，加上這些年的身體力行，契道日深，更使我感到自己必須假以時日始可一夕長談。沒想到，勝雄却以迅雷不及掩耳之勢，猝然完成了他自己，這對我們這些未完成的人來說，痛何如之。或者竟如林健次說的，勝雄的早走，使我們有跌回虛無鄉的危險。

我們很榮幸能得到教過勝雄的師範大學國文系艾弘毅教授的慨允，爲這本書寫序。還要感謝杜家提供了勝雄全部的資料，也感謝直接間接爲本書出過力的每一位朋友。特別要致謝的是，莊伯和先生在百忙中義務爲我們設計封面，接洽排版。這本書也可以說是勝雄留給我們最珍貴的禮物了。

姚榮松　六十四年八月廿九日老杜週年忌辰
零四十九日　於臺北和平東路寓次

後記：

《山高水長》是已故花蓮女中國文教師杜勝雄先生的紀念集。杜勝雄是台灣豐原人，台中一中畢業，民國五十四年考入台灣師大國文系，同窗四年，他以好學深思，個性豪邁，有聲於同儕，民國五十八年師大結業即任教花女，他醉心教育、案牘勞形，踐履所學，學生孺慕春風，無不沉醉，惜天不假年，於民國 63 年 7 月以腎疾辭世，春秋 34。本書初版民國 65 年元月，由杜勝雄教育基金會出版。

66 年 9 月由河洛圖書出版社再版、封面由畫家楚戈設計，版面換然一新。

民國 102 年元月 10 日
姚榮松補記於雲河街 1 號

杜勝雄先生 1969 年 6 月畢業着學士服攝影於臺灣師範大學舊圖書館孔子塑像前側。

杜公勝雄佳城誌銘

杜公諱勝雄，福建晉江人也。世居豐原，少負不羈之才，讀書敏悟，兼長書法，爲文精警，雄健一如其人。弱不好弄，長實素心，爲人風義以清，傲岸而高，節慕夷齊，情寄陶杜，學則歸本於孔孟。公早歲遊學臺中一中，卓犖不群，有聲師友。洎己巳秋，始入師範大學國文系，爲學喜窮根究柢，一理不得，則辨難終日，常越月乃釋。惟公嶔崎磊落，豁達豪邁，固性情中人也，且詼諧閒適，嫻於辭令，在稠人廣座，議論鋒發，同年莫不驚爲稷下士。庠序四載，吐納英華，心存洙泗，以爲仲尼忠信篤敬，蠻陌何陋之教，非徒託空言。己酉夏學成，即講學花蓮女中。公駕馭經史，游息翰藻，日琢璞玉，大樂存焉。尤擅演繹論孟，剖理析情，戛然獨造，令諸生廢寢忘倦，如尊尼山。桃李芳妍，寒暑五易，正欲鵬萬里之舉，竟以腎疾，終於臺北。時甲寅七月十一日，春秋三十有四。夫人張氏尙遺腹一子，長女涵清，甫滿三歲。兄弟妹營葬公於豐原觀音山麓，同學鄉寅暨諸生感公平生，議撫其孤，咸認有以教其子女不忘乃父志節者，莫若立銘。其銘曰：

有斐君子，慕聖希賢，器宇淵曠，志節芳堅，負笈臺陽，寢饋琴編，經緯成德，文思垂風，宣鐸琨東，長才初展，擇善固執，典範杏壇，淚洒元亭，雪暗程門，千秌萬世，古道照顏。

中華民國六十三年七月

姚榮松撰文
秦貴修謹書

杜公勝雄佳城誌銘

杜公諱勝雄福建晉江人也世居豐原少
負不羈之才瞻書敏悟兼長書法為文精警雄
健一如其人弱不好弄長賓憂心為人風義以
清傲卓而高節慕思齊情寄陶杜學則歸本於
孔孟公早歲游學臺中一中卓華不群有聲師
友泊之已秋始入師範大學西文系為學書籍
根究底一理不得則辨雖終日常起月乃釋惟
公嶔崎磊落豁達豪適固性情中人也且訣詣
聞過憫於靜爭在稠人廣座議論鋒發心向年其
不篇為根下士庠序四獻吐納英學心孝洙泗
以為沖尼忠信覓敘響陌何陌之教非徒訣空
書之西夏學成即數學吞進文中公篤馱經史
洩息翰藻日琢璞玉大崇孝受七壇演繹論孟
剖理析特要然獨造爭諸生廢寢忘倦如尊尼
山桃李芬妍寒暑五易正欲賜萬里之舉竟以
脊疾終於臺北時甲寅七月十一日春秌三十
有四失人張氏尚遺腹一子長女涵清甫滿三
歲兄弟妹營葬公於豐原觀音山巖局學鄉寅
豎諸生恐公平生誠撫其孤感認有以教其子
文不絃乃心忠節者其吞立銘其銘曰
有斐君子慕聖希賢器宇淵曠志節芳堅
負笈臺陽寢饋琴編經緯成德文思垂風
宣鐸琨東長才初展擇善固執典範杏壇
淚洒元亭雪暗程門千秌萬世古道照顏
中華民國六十三年七月
姚榮松撰文
秦貴修謹書

松年大學實現了我的夢想

當我不識字的母親笑得合不攏嘴，捧著剛從松年大學帶回的一幀學士照，塗著過度鮮紅的胭脂的媽看起來比實際年齡（全班第二老）年輕二十歲，我說爲什麼塗得那麼紅，媽媽帶著又羞澀又無辜的笑容說是某某同學說一定要紅一點才「有夠少年」，讓我陷入長長的回憶。

在五十三年前，母親初爲雲林鄉間的美麗農婦，至少在愛作畫的農夫阿爸心目中必然如此認爲。有一天他竟把阿母的一張黑白半身照塗成脂粉胭紅的彩色照，後來用鏡框掛在老家的臥室約有十幾年，父親因爲無法追求藝術理想而一度成爲媽心目中「墮落的農夫」，母親也因著扶持破碎的姚家生計而成爲村中的模範農婦，她奔忙於農田、廚房、溪邊（浣衣）、赤腳醫生館（抱著發燒的我們兄弟）之間，不識字的母親簡直比識字的父親能幹數倍。二十年前我們四個兄弟泰半已上大學，我也因修博士學位而考取公費留美，不幸父親以五十七歲棄養，母親必須告別她耕植三十年的農村土地，跟台北的兒孫長期生活，她又辛苦地帶了十年的孫輩，直到四年前，受二弟新店鄰居的劉老太太玉鶯女士的鼓勵和介紹，媽才鼓起勇氣，報名入學爲第四屆學員，每週二、四、六上午八點出門，約伴同行，中午放學返家，四年如一日，第一年還獲全勤獎。起初她總感嘆自己不識字，以致講義看不懂，也不能記筆記，白話字（羅馬拼音）的英文字母也記不住。在同學及家人鼓勵下，她終於卸下了自卑，聽我們的話：「就算識了字也沒有大用，頂多搭車方便一點。」開始全心領會松年大學的眾位長老、牧師及講師的金言玉語，她竟然愈來愈像學生，每份講義都帶回家，每一次旅行從不缺席，不識字的媽竟然會寫毛筆字、竟然改變部分飲食習慣、竟然也學會禱告，把「天父上帝」誤說成「天地上帝」，與她原有的燒香拜拜，融合為一。

我的夢想是有一天成為長青班老人的義工，為他們講解我熟悉的漢字原理、白話字或台灣新文化。夢想雖未落實，媽卻已戴起方帽子，成為松年大學艋舺分校的學士。看來，幾年之後媽也將戴上博士帽，而她的博士兒子、媳婦也將放下教鞭，踏著媽走過的路，來一趟重修松年大學的新鮮之旅吧！

原載台灣基督長老教會《艋舺松大季刊》第二期，第七頁，1998 年 6 月 18 日。

先府君林明鐘先生行述

口述：林寶松
撰文：姚榮松

先府君諱明鐘，民國前八年十月十一日生於雲林縣台西鄉，爲先王父林能公之么子。先君七歲而孤，然穎悟過人，尤好讀書作畫，以祖業耕殖之外，兼營藥舖，先君耳濡目染，多識草木，博聞強記故也。入公學前，曾入漢文學堂一年有餘，讀畢四書，兼習算數。年十一，始就讀公學，以語文能力特優，常拔萃於同儕，越級而升班者凡二度焉。

民國十一年，先君將屆弱冠，脫然有懷，蓋不甘長於鄉曲以沒世不聞也，於是投考臺南師範五年制普通師範科，一舉高中，而鄉里側目。其時臺灣在日本殖民統治下，由於祖國民族革命成功之鼓舞，及新文化運動之推波助瀾，民族意識日益高漲，先君既沐浴祖國文化在先，更不屑以同化臺民爲「皇民」之師範教育，乃隱然以拯救漢民族文化爲職志，於是閱讀《臺灣青年》，涉獵祖國文物，並留意本地「臺灣文化協會」等活動。翌年，復隨天津人劉玉堂先生習北京話，其心向祖國已化爲實際行動；第三年，又與同儕沈乃霖、賴文良等六人組「七星會」，立志反日。嘗於學生日記中批評總督府施政得失，爲學級主任所勸阻。又於壁報中暗諷時政，爲校方所忌，其不甘爲異族奴役之心，至此已顯露無遺，乃於民國十四年，毅然放棄學業，潛赴上海，旋轉至廈門就讀中學。時國民政府成立於南京，先君目睹國民革命軍誓師北伐，氣勢如虹，乃投筆從戎，改入軍校，此爲先君軍旅生涯之始也。

民國十九年，先君從師團駐福建龍溪，結識龍溪縣西門黃公之女，即家慈黃蕙蘭女士。母氏蘭心蕙質，情志相投，乃結連理，先君至此情感有託，而軍旅驅馳，亦終有頓處。是年，偕家慈返台省親，旋返任所。民國二十二年，先君任陸軍第四十五旅第二百九十團第三營第九連上尉連長。次年任福建省保安隊第八團第三營副營長。自先君側身行伍，兵馬倥傯，足跡遍閩、粵、蘇、浙各省，而在閩最久，故兒女有三人在福建出生，幸賴母氏劬勞，先君終無後顧之憂。

民國三十五年，臺灣既歸祖國，先君度其少年反日救臺壯志已酬，乃萌榮歸故園之思，因於是歲七、八月間，攜女寶珠、男寶松偕家慈返故里。十月，先君供職新營臺南縣黨部，翌年，二二八事件爆發，先君蒿目時艱，又萌退志，明年返鄉里。自後妹麗月、弟敏常相繼出世，食指日繁，家計維艱，先君不脫讀書人氣骨，關懷失學民眾，奉准設立補習教育，教授國語文，間亦代作文書。然蠅頭筆潤，難以爲繼，乃亟謀教職。民國四十五年起執教虎尾農業職業學校，講授文史，談詩論禮，實亦傳承我中華文化於不墜也。

民國五十八年，先君年屆六十五，旋辦理退休，是歲有〈紀念孔子誕辰感懷〉詩云：「承先啓後固難辭，絳帳長施亦不宜，髮白徒彰誤人過，捫心無以對先師。」先君半生戎馬，性情鯁介，其反躬自律，往往如此，而嫉惡如仇，雖在教職，亦不忘針砭，如〈退休〉詩云:「原是清高偏不清，長吁短嘆困愁城，如今擺脫是非地，找個清流可濯纓。」自先君退休後，與家慈居虎尾，子女或執教鞭，或負笈上庠，未克承歡膝下，然先君寄情花卉，或吟詩弈棋，盱衡時局，不減當年，有〈感時〉詩云:「雨雨風風喪亂時，十家九室絕煙炊，蛇神牛鬼長當路，何日蒼生展皺眉。」而詠物小品，亦每見自適其志，如〈賞曇花〉詩云:「一現曇花世所珍，風高露重伺豐神，玉容欲展還羞澀，急煞癡心竚候人。」六十二年夏，妹麗月就讀師大歷史研究所，先君因移居永和福和路堤畔，闢樓頂爲空中花園，日蒔花以自娛，或行山而觀水，有〈種花詩〉云:「樓頭四季置花盆，解悶無須問杏村，疏密高低隨意剪，掌中彷彿有乾坤。」六十八年以後，妹弟相繼成家，寶松自七十年起即請調北縣任教，以便晨昏定省。七十一年夏先君嘗患輕度中風，半年後已漸恢復，散步澆花，一如往昔，七十二年有〈八十感懷〉詩曰:「樹木千年猶此然，人生剎那欲留難，不羨福祿如東海，只望壽元比南山。」前年，先君因白內障，乃先作左眼手術，大放光明，去歲五月再作右眼手術，亦告成功，先君復能閱報題詩，不啻喜獲新生。

先君之臥病也，去歲九月下旬初現便血，十月二日入臺北三軍總醫院急診，經兩星期診療，始確定爲胃潰瘍合併出血，於十月十九日施行外科手術，是後出血雖止，然體力大損，恢復緩慢，十二月上旬胃部恢復略有起色，然神智清迷不定，至十二月廿八日下午因腸部急性出血陷入昏迷，經醫師搶救罔效，於十二月卅日上午三時零六分辭世，享壽八十有四。先君住院醫療凡三閱月，其間兒女媳婦均侍左右，不捨晝夜。二姐寶珠天性尤純篤，擱置臺南家務，長守榻側，寸步不離。

先君育有子女五人，皆已成家立業。大姊寶真於戎馬之際，託人教養，故未隨父母返台。先君晚歲倍覺思念，有「老來益念親骨肉，夢裡輒呼我嬌兒」之句，惜乎天不假年，以遂其探親之願，此或先君最難釋懷於九泉者也。二姐寶珠，適生，勤儉持家，姊夫殿元任職臺南電信局，有子甡甦、甡華、女甡雯，或習藝術，或研交通工程，皆已就業。寶松曾在臺西國小執教十餘年，現任教土城鄉清水國小，妻月芳，賢德勤勞，子介士甫高中畢業，卓甫就讀五專。妹麗月，畢業於師大歷史研究所，獲文學博士，現任師大歷史系副教授，適姚，夫君榮松亦任教師大，有子配義、女景純。弟敏常，東海大學政治系畢業，旅居馬來西亞，從事成衣貿易，弟媳黃素環，亦學商事，有子尙俠、女芸婷。

家慈現年七十五，健順持家，相夫教子，勞而無怨，數十年如一日。今兒孫滿堂，枝葉繁茂，先君在天之靈，亦可以含笑往生矣。

長男 林寶松 泣撰

民國七十七年元月

姚母郭太夫人事略

先妣郭氏閨名世，民國庚申（一九二〇）年五月二日生於雲林縣斗六鎮下柴里庄。外祖諱啓芳，務農爲生，育三子而得長女，先慈是以備受疼惜。自幼工針黹，多得諸母教；稍長嫻種作，乃得之於兄長。年二十四，憑媒妁之言，歸我府君，實爲長媳，主中饋，奉翁姑，而吾家食指浩繁，田園或倍蓰於舅氏，勤勞亦倍蓰於往日。

先妣之來歸也，太上有先曾祖父諱怨在，曾任保正，治家惟謹且嚴，家風乃立；其次有翁姑，昏定晨省，不敢懈怠；下對五叔三姑，食指日增，而農事苦多。除草餉耕，不分內外，晨炊夜舂，夙興夜寐，數年如一日。時當二戰末期，物資匱乏，或空襲而驚慌；二房嬸婆，痛叔公之出征。民國三十三年，先曾祖謝世，越二年，初慶榮松之墜地，乃銜哀先祖父之繼亡。叔姑幼弱，幸先祖母葉太夫人節儉持家，先府君諱獻堂爲長子，實承一家之重，先慈一心一德，輔弼有方。姚家祖業幸免於顛墜者，皆賴三人同心，又能教育子女之功也。

民國三十九年三月，先府君分爨自立，吾家進入小康。其時二弟火力始初生四個月，先慈內外兼顧，仍不忘協助先祖母及諸叔，農忙耕植，仍與妯娌並肩，善待長輩，尤得二房嬸婆之疼惜。其後三子建賢、四子建標陸續出生，先嚴雖力田不輟，然撫育之重擔，多落於先慈仔肩。加之農作需時，先慈每席不暇暖，食不求甘，撙節持家，衣無綺繡，幸能溫飽。先府君性喜作畫，分家之後，早年爲祖業而荒廢之技癢，此時乃稍獲紓解。常因陋就簡，窗台几椅之間，即成畫作；或不講究素材，片紙隻葉，亦成佳構。雖未荒廢作穡，然往往倚恃先慈之多能而少分憂。

民國四十二年，榮松已入小學，先君子以不好農事，乃另行出外營生，先慈亦每日爲閭里代工協作，賺取微薄工資以養家活口。當時年少，不識家計已日陷窘境，先慈恆使吾兄弟能得溫飽，並嚴責諸兒黎明灑掃。兄弟與母相依爲命，乃漸能察及先慈操慮之深，唯知力爭上游以爲母解憂。兄弟漸長，費用日增，偶有較大花費或補習費負擔，先慈母與叔輩商借，諸叔皆慷慨解囊，幸解燃眉之急。先慈日後每憶及此，心中常充滿感恩。

先君子雖或苦中作樂，然對子女教育，則期待甚深，故巡田、種菜，或收瓜挽藤等輕可小作，二老亦不令吾等協助，以是知先慈雖未嘗就學，亦明理知教，皆所以成就子女之道。

民國五十四年夏，榮松以第一志願高中公費之台灣師大國文系榜首，爲里人所稱羨，先慈聞訊，當即涕泗縱橫，其長期之憂患乃告解除。三年後，二弟火力亦考取中正理工學院電機工程系，後數年，三弟建賢畢業於斗六高中，即入職場，四弟建標就讀文化大學會計系，其後各有發展。先慈培養子女不遺餘力之懿行，每爲鄉人所津津樂道，亦因此於民國七十二年獲選爲雲林縣「模範母親」。

民國六十六年，二弟任職飛彈勤務處已三年，先君子促其完婚，榮松則甫獲教育部公費，赴美留學一年。豈料六十七年夏，先君子竟以五十七歲棄養。兩年後，先慈北上與子女同住，將家中薄田委由二叔、四叔等耕種，其半生休戚與共之農耕，自六十歲而告退隱。

先慈初來台北，多與二弟、榮松同住，照料孫輩，操勞之餘，得享含飴弄孫之樂，亦稍解吾兄弟未能奉養之憾。民國七十八年底，四弟完婚，先慈繫念之大事多已完成，更可稍展眉頭。其後諸幼侄相繼出生，先慈又記掛照顧幼孫當一視同仁，然春秋已近七旬，兄弟商量無復勞動老骨，幾經勸說，才得釋然。十年前，因新店鄰居劉老太太玉鶯女士之引介，入學爲艋舺長老教會松年大學第四期學員，每週上課三次，聽講習藝，手腦並用。先慈循規蹈矩，四年之間，守時守分，罕有缺席，其好學精神，堪爲後輩典範。先慈之修習松年大學，不唯多識社區友人，尙得四處旅遊，放眼世界，先慈感受之喜樂，常不覺形諸眉宇。民國八十九年五月，先慈八秩之慶，子女於斗南舉辦壽筵，招待親友，以介眉壽。席間親友畢集，喜氣洋溢，先慈體健如昔，鄉人稱慶。

今年元月，先慈曾因感冒引起高燒，即赴三總急診，二日而出院，事經月餘，本已無恙，不意三月十九日下午三時，先慈因略受風寒，由家人陪同看診途中，竟於中和連城路行人穿越道上，爲急速轉彎之貨車撞擊倒地，旋就近急送板橋亞東醫院救治，因顱內出血嚴重，搶救無效，彌留三日而撒手人寰。其間孝男子媳及諸孫皆隨侍在側，全員探候，撫頰握手，一如內寢然。得年八十四歲。

先慈育有四子，皆已成立，並獲高等教育，立業成家。枝葉繁茂，四子各得二孫，皆承餘蔭，各有所成。長男榮松，獲國家文學博士，現爲台灣師範大學國文學系教授、新竹師範學院台灣語言研究所兼任教授，並擔任教育部國語推行委員會委員、國家語料庫編輯計畫「閩南語常用詞辭典」總編輯及中華民國聲韻學會理事長、台灣語文學會理事等職。長媳林麗月，獲台灣師範大學歷史研究所博士，現任師大歷史學系教授。次男火力畢業於中正理工學院電機工程系、政治大學企業管理研究班，曾任陸軍飛彈勤務處中校副廠長、陸軍汽車勤務處上校主任、行政院退輔會台北紙廠技術組長、第五處科長、專門委員等職，現任基隆市欣隆天然氣公司工務部經理。次媳翁明玉畢業於省立嘉義高工，自六十二年考入陸軍飛彈勤務處任聘雇技術員迄今。三男建賢，省立斗六高中畢業，任職大同公司二十五年退休。三媳鄭素華，畢業於實踐家專，現任幼稚園教師。四男建標，中國文化大學會計系畢業，曾任亞東證券公司經理、董事等。四媳羅美玲，豐原高商畢業，任職於金煜實業公司。長孫配義，現肄業於台灣大學政治學系政論組四年級。次孫文騰，就讀中國醫藥學院醫學系三年級。長孫女文涵，東吳大學音樂系畢業，現留學美國紐約市曼哈頓音樂學院攻讀碩士學位。其餘孝孫及孫女，或肄業高、初中，或尚就讀小學。又當先嚴在世時，即認同村陳深焉先生三女麗雲爲義女。麗雲妹光華商職畢業，自幼聰穎過人，善解人意，克盡孝道，力爭上游，現任職家具公司負責銷售業務。

先慈秉性淳厚，與人姁姁，口從不出惡言。教育四子，箠楚鮮加，待鄉里親友，則痌瘝在抱，有疾必探。生平勞碌不倦，備嘗人間甘苦，而今子孫滿堂，並皆有立，固可無憾。方期安養天年，榮登鶴齡，胡天不弔，奪我天倫。雖欲報恩，風木之思，昊天罔極，嗚呼慟哉！

長男　榮松　泣撰

民國九十二年四月

烔陽師兄與中華民國聲韻學學會

— 向本會林故前理事長致敬

一、向隕落的老園丁致敬

中華民國聲韻學學會成立於民國七十七年七月十一日，同時選舉第一屆理監事，林烔陽先生當選爲十五位理事之一，並由理事推選爲三位常務理事之一，第一屆理事長爲台灣師大的陳新雄教授，另一位常務理事爲中研院的丁邦新先生。理事中有八位爲陳伯元師之高足，烔陽兄年齡最大，出道亦最早，爲同門目爲大師兄或掌門人，因此伯元師即提名烔陽兄任第一屆秘書長。本會的主要事務皆由烔陽兄負責執行。然必須說明，伯元夫子雖承章黃遺緒，爲景伊林先生得意弟子，然伯元先生治學不主門派，唯真理是從，第一屆常務理事丁邦新先生，理事龔煌城、何大安、監事李壬癸、梅廣等先生多任職中央研究院史語所或清華大學，理事簡宗梧、應裕康等出自政大等，凡熱愛聲韻之學的一時俊彥皆入會共襄學術理念，藉以切磋學理，提昇教學水準。烔陽兄對本會的成立及 1-4 屆共八年的「理事會」有篳路藍縷的貢獻，堪稱老園丁。本會的發起人雖爲陳伯元師，但灌溉經營、奠定規模，炯陽學長實有汗馬功勞，萬事起頭難，伯元師任用得人，故本會成立十一年來，會務蒸蒸日上，炯陽兄由前四年秘書長到後兩屆四年理事長（民國 81-83 第三屆，83-85 第四屆）任理事職長達八年。近三年才放下仔肩，由理事長改任監事，可惜天不恤賢，竟爾讓老園丁一夕隕落、遽歸道山，去年（1998）第十六屆全國聲韻學研討會在彰師大舉行，炯陽師兄第一次擔任大會專題演講，講題爲「閩南語本字考訂的聲韻條件」，配合會議主題「聲韻學的傳承與開展」，與今年五月即將舉行的第十七屆研討會的主題「從科技整合看聲韻學的教學與研究」，亦遙相呼應，足見炯陽師兄不僅行政、會務之推動是第一流，其學術研究亦走在潮流之前端，只是惜墨如金，不草率成文，而天不假年，令人曷勝扼腕。

聲韻學會成立前後十一年，會員二百多人，是國內語文學領域最蓬勃的一個民間社團，本會設立的「中華民國聲韻學學會優秀青年學人獎」，從民國 84 年第十三屆研討會起頒獎，迄今爲第五屆，這項鼓勵聲韻學研究的年輕化的活動，即從師兄任上開始施行，所有審查委員由理事長任命，但不事先公布，因此，得獎人必須在閉幕典禮前的會員大會才出爐，喜出望外勝似本會的「奧斯卡」，這個辦法也受文字學會、訓詁學會的重視，並以本會辦法爲藍本而移植該會，即此一項，亦可見炯陽兄在提攜後進，帶動聲韻學研究的工作上，確實是一位不折不扣的實踐家。

成立只有十一年卻邁入第十七屆研討會的中華民國聲韻學學會，原委須追溯其緣起，（可參考陳伯元師〈中華民國聲韻學學會緣起〉一文，載《漢學研究通訊》七卷二期 pp.101-103 並轉載於《聲韻論叢》第一輯附錄 407-414）原來本會的前身，叫「聲韻學討論會」，第一次是民國 71 年 4 月 24 日，由陳新雄教授召集國內教聲韻學的同行，在台灣師大國研所特別教室舉行，那時陳癸淼先生都還在中興擔任聲韻學課程。伯元師自告奮勇，在那次會中作了「從蘇東坡小學造詣看他詩學上的表現」的專題演講，反應熱烈，第二年他就指定三位學生提論文，由高師院的林慶勳先生召集研討會（72.10.29），第三次會議則由東吳大學中文研究所林炯陽所長負責舉辦，地點在東吳大學城區部，承蒙當時東吳大學楊其鋆校長親臨主持，聲韻學討論會就有了比較正式的形式，如論文有主講人，也有講評人，丁邦新先生第一次擔任講評人之後，也願意促成這會，並且由政大的先生們表示願意接辦第四次的會議，這個會從發起到第三年，已大致確定會務的宗旨及努力方向，林炯陽所長扮演的正是沒有名義的秘書長角色，撫今追昔，「食果仔拜樹頭」，我們實在不能不向功成不居的炯陽師兄說一聲謝謝您了，什麼都沒帶走的老園丁。

二、邁向卓越、聲韻學會十七年的心路歷程

中華民國聲韻學會從最初的討論會開始，迄今（1999）有十八個年頭，到今年五月將舉辦的第六次大型的國際研討會，把國內研討會合併計算就是十七次。六次國際研討會中，有三次是在林炯陽理事長任內進行，分別是在清大的第三屆（1994）、在台灣師大的第四屆（1995）、在新竹師院的第五屆（1996）。在同一時段，國內跟語言音韻有關的社團，只有台灣語文學會（成立于1991），聲韻學本爲中文系的必修科目，它也是漢學研究的基礎學科，由於漢語音韻學已有千餘年歷史，聲韻學又具受外來影響較快較多的學科屬性，正因爲本會一向本著開放的理念，故能吸引

年輕的音韻學者參加，同時也有許多剛從國外攻讀語言學回國的，也不斷有人加入本會，成爲新的生力軍，林理事長主持期間，正是這一波熱潮的開始，本會會員殷允美、鍾榮富、蕭宇超、許慧娟、江文瑜等都是具有國外語言博士的音韻學新秀，加上本土語言如閩、客方言及南島語言的研究，正方興未艾，因此，從第三屆開始的國際研討會，探究當代語言音韻的論文比率日多，可以說聲韻研究的領域正在擴大，學科屬性更趨向整合，新舊理論的結合，新的音韻理論的引介，都成了本會向前發展的助力。林理事長在這方面可說爲本學會奠定了良好的基礎。

後記：

此文寫於 1999 年 4 月 11 日炯陽兄逝世不久；因來不及收入當年《聲韻學會通訊》第八期的「追思專欄」，乃藏諸卷宗。今逢研討會二十週年，炯陽兄棄世已三週年，謹以此文原貌載入紀念專輯，以誌懷人。炯陽兄對兩岸聲韻學的交流，貢獻亦多，可參考伯元師《中華民國聲韻學會二十年》一文。

榮松補記　2002 年 4 月 3 日

原載《中華民國聲韻學學會廿週年紀念特刊》葉鍵得主編，中華民國聲韻學學會發行，民國九十一年四月十二日，頁 143-145。

走過八年：迎向未來

一、早安，第廿二屆年會

各位會員先生，早安，我們即將在五二〇之前五天，在距離凱達格蘭大道的右側與愛國東路之間的台北市立師範學院公誠樓二樓第三會議室，舉行第廿二屆全國聲韻學學術研討會，爲期兩天，第二日（即五月十六日）午餐時刻召開會員大會，同時宣佈新當選的理、監事，所以請您務必撥冗出席，並在十六日中午之前完成投票，我們希望新的理、監事會充滿活力，迎向康莊大道。

本屆會議有兩個主題，一是多元語言與聲韻學，二是傳統聲韻學與現代方言。兩場專題演講就是扣緊主題，我們請到國內南島語言研究的權威，也是蜚聲國際的學者李壬癸教授（現任本會監事）主講──〈台灣南島語言研究之展望〉。另一場專題演講由大陸中國音韻學研究會魯國堯會長主講──〈有文獻可考的早期閩方言史初探〉。這真是充滿本土氣息的一次學術饗宴，如果您嫌本土味太濃，希望下一屆設計一個類似「鏡花緣與聲韻學」、「韻律音韻學與近體詩格律」之類的主題，來捕捉一下聲韻學的原味。我們正物色主辦學校，請大家廣爲宣傳，去游說一下您的系老闆！

二、聲韻學與原住民語言首次建立平台

本會組織章程第五條「本會之任務」共有六條，每條皆以「中國聲韻學」爲研究、討論、出版、講座、學術合作及獎助之對象，本會的英文名稱是 The Association of Chinese Phonology, R.O.C。（見聲韻學會通訊），定義中的「中國聲韻學」猶言「漢語音韻學」，前者爲三十年代的舊稱，如：林尹、馬宗霍、姜亮夫、潘重規等人相關著作。後者以董同龢（原名中國語音史）、王力（原名中國音韻學）、李新魁（1986，北京出版社）爲代表。前者稱大綱或通論，取其聲、韻、調及韻書爲主體，後者運用歷史語言學，構擬古代音系，使我們看到從舊名到新名，具有方法學上的發展。

聲韻學不僅分析音類、剖析音理、構擬音值、描述音變，還應該落實文學音律的美學鑑賞。分析的對象是文獻語料（含韻文、韻書、等韻圖等相關著作），旁徵的語料是古今漢語（主要爲現代方言），非漢語的台灣南島語，從來不是本會會員關注的語料，當然也不屬於聲韻學的領域，但是由於當代音韻學的觸角，是不受語言類型的限制，旁徵互證，本爲探究語言共性所不可或缺，所以在 2002 第二十屆研討會的議程上，首度出現了以南島語音韻爲對象的論文，即呂順結〈以兩種優選理論方法處理台灣中部的巴則海重疊詞〉一文的宣讀；次年（2003）第六屆全國大專學生聲韻學優秀論文獎第三名，也錄取了暨南大學中文系四年級謝苗琳〈巴則海語的音節結構分析與問題〉。當時我們考量的重點是優選理論爲當代音韻理論的尖端流行；而我們中文系四年級學了一年語言學或聲韻學就能把觸角伸到南島語，一如其他學生把研究

材料放在閩、客方言一樣，值得鼓勵。至於本會的資深會員，如李壬癸教授，終身奉獻在南島語研究上，何大安、楊秀芳、林英津等都有相關研究。蕭宇超教授的韻律與構詞及其他語言所或英語系諸語言學者，兼跨南島語者更不乏人。多元語言的研究與教學，已成爲台灣語言研究的主流價值之一，剛好原住民委員會副主委浦忠成，也是市立師院語教系教授；聲韻學會與各校合作的原則就是尊重主辦學校的特性。在原住民委員會的贊助之下，有一場原住民語言專題，發表三篇論文，加上李壬癸教授的專題演講國內各族群語言，成爲本次會議的特色；此舉不但擴大與會者研究視野，也使聲韻研究與國內各族群語言，都有互動的平台，這正是主辦學校匠心獨運的地方。

三、方言音韻研究與傳統聲韻研究的均衡問題

聲韻學在中文系與文字學、訓詁學鼎足而三，按照傳統的界說，音韻學作爲小學的一支，清代學者把他分爲古韻學、今韻學、等韻學三類（見《四庫全書總目・經部・小學類三》）。清末勞乃宣在《等韻一得・序》曾做過詳實的描述：

> 有古韻之學，探源六經，旁徵諸子，下及屈宋，以考唐虞三代之音是也；有今韻之學，以沈陸為宗，以《廣韻》、《集韻》為本，證以諸名家之詩，與有韻之文，以考唐宋以來之音是也；有等韻之學，辨字母之重輕清濁，別韻攝之開合正副，按等尋呼，據音定切，以考人聲自然之音是也。

把聲韻學一律按「韻」劃分爲古韻、今韻和等韻上，是取精用宏的一種基礎說法，實質上，它在歷史時軸上，只有兩個斷代，

上古和中古，在音理研究上則依附於韻圖，由韻文到韻書到韻表，確實折磨多少知音文人的青春，林燾、耿振生的《音韻學概論》對於「明清時代的實際語音，反而不叫『今韻』，而叫做『時音』」有一段精湛的詮釋，主要是清儒的厚古薄今的意識。到了 20 世紀，聲韻學這門古老的學科，由於受到西方語言學理論和研究方法的影響，在研究的內容和方法上都產生了根本的變化，大抵來說，20 世紀上半葉，由高本漢及早期留學生所帶來的歷史比較法，內部構擬法所開展的音韻學，基本上是現代音韻，由於語言研究領域的擴大，觀念的更新，在當代音韻學的材料和方法上，都不再衹注意文獻材料的歸納分析，相形之下，活語言的參證，卻成爲當代音韻理論的依據。同族語言的調查比較，域外對音的旁徵，都是別闢蹊徑的坦途，這種現象，也表現在現代聲韻學的轉型上，綜合來說，傳統音韻學工夫主要在分析音類，不太能探求具體音值，傳統音韻學不太重視方言語音的研究，已經注意用方音材料去證明古音，但僅限於有限音類；不太懂得全面去構擬音系，傳統音韻學研究範圍多侷限在文獻材料，韻文、韻書和韻圖是主要對象，不注意語音變化的歷史，因此靜態描寫多於縱向的聯繫。當代學生從語言學中學到音位系統，音韻變遷的理論，從而向活語言印證，這就是方言音韻研究普遍受重視的原因。

近年來，由於閩、客方言研究形成顯學，學生已對方言調查感到興趣，因此本會在研討會徵稿時，發現方言音韻課題的增加，有時隨著主題傾向當代，方言音韻的論文高居不下，引起部分同仁質疑，甚至有理事提議應限制方言研究論文的篇數比例，以免研究傳統音韻課題的投稿者受到排擠，因爲中國音韻學的主軸，應回歸到文獻的分析上。個人覺得文獻的研究，固然是中文系學者責無旁貸的，事實上，方言研究是中文系走入語言學研究的橋樑，本會會員由於具有聲韻學的基礎，因此在現代漢語方言研究上，比較容易取得歷史音韻的解釋權，因此，方言音韻的研究，如果僅停留在調查性的描述階段，並不屬於聲韻學。這一點在大陸明顯與台灣不同，大陸有獨立的方言研究學會，因此，聲韻學者雖兼跨方言，但主要的方言學研究，則由方言學研討會分工。台灣 1990 年也成立了「台灣語文學會」，至今也已舉辦五次較大的研討會，對台灣閩、客語的研究，也有全面的推動，未來兩個學會的分工與合作，似乎也有許多空間。我們覺得方言研究有多重目的，在歷史比較法的領域，聲韻學者並須藉助更多的語言調查和構擬。例如，台灣語文學會現任洪惟仁理事長，就是兼跨這兩個領域的學者，對於高本漢的中國音韻學與日本學者小川尙義的台灣語言研究，尤多精闢見解，最近提議由台灣語文學會與台灣語言學會及本會合辦「台灣語言學一百周年學術研討會」的籌備，時間是 2006 年，理由是小川尙義在 1907 年出版「日台大辭典」，其緒言就是一篇高水準的漢語語言學和閩南語方言學的著作，可以視爲台灣語言學的開篇之作。我們也從學術交流中，看到日本學者對漢語及台灣語言（包括高砂族語言）的卓越貢獻，就此而言，本會將緊急促成這個大型的語言學學術研討會的舉行。

四、走過八年，就此而言，未成關鍵時刻

聲韻學會已走過二十二個年頭，發起於民國 71 年（1982）4 月 24 日，作爲原始會員，個人很榮幸能在伯元師的指導下，一路走來，除了中間有兩年赴美、法研究外，對於每年一度的年會從

不缺席，缺席的兩次，就是在東吳大學舉行的第三屆（1984），這一屆丁邦新師及楊秀芳教授首次出席併加入會員，及在清華大學舉行的第十二屆（也是第三屆國際會議，1994），這一屆張光宇所長一口氣邀了十一位大陸同行，這個記錄至今未被改寫，而我因遠在法國社會科學高等學院，因此錯失了與徐通鏘、王福堂、申小龍三位學者見面的機會，迄今尚不相識。其他八位學者如王洪君、游汝杰、溫端政、鄧曉華等不容易在「中國音韻學研究會」見面的學者，也都在以後的交流中，在台灣見了面。兩岸學者在台灣的學術交流，一直都是本會努力的方向，從 1990 年 6 月 11-12 日伯元師與松超師在香港浸會大學舉辦「海峽兩岸中國聲韻學學術研討會」，這是歷史性的盛會，在大陸方面的幕後功臣是時任北大副校長的許嘉璐先生，事實上，同年三月 24-25 日在輔大舉行的第八屆研討會也是本會首屆的國際研討會，出席的國際學者有美、日、韓及港、澳學者，但大陸學者要到民國八十一年（1992）五月的第二屆國際第十屆全國研討會在中山大學召開，才初次有三位大陸學者陳振寰、馮蒸、李新魁與會，其中李先生還是會議結束後才趕到，但對於兩岸聲韻學術的交流已打開歷史的新頁。從 1992 年八月大陸中國音韻學研究會第七屆年會在山東威海的研討會開始，個人也每兩年出席一次對岸的年會，除了錯過一、兩次外，我參加了長春（1998）、徐州（2000）、石家莊（2002）三次盛會，對大陸音韻學的研究群，也算是熟悉了。中國音韻學研究會的前後兩任會長，北大唐作藩教授與南京大學的魯國堯教授也分別於第十七屆（1999，台大）及第十九屆（2001，政大）到訪本會。今年看來是台灣政治的關鍵年代，而成功大學中文系卻邀請到魯國堯會長到成大客座半年，去年第 21 屆年會才受邀到高師大的北京大學張渭毅教授，今年上半年也在實踐大學進行通識教育的交換教授，另一位精通《蒙古字韻》的知名學者照那斯圖先生，也到中央研究院語言所訪問半年（去年也出席本會第 21 屆研討會），併爲台灣學生講授八斯巴文字及蒙古語文。

福至心靈，實踐大學通識教育中心，有意藉兩位北大中文系交換教授與國內學者就中國文學與通識教育進行學術交流，在劉昭仁教授、鄭美華主任及張渭毅教授的規劃下，由本會參與協辦，個人推薦了本會年輕一代的傑出會員，李存智、王松木、吳瑾瑋、江俊龍，就歷史比較、等韻、當代音韻、閩客方言等方面五十年來的研究做一回顧，張渭毅則針對 1950-2003 年的大陸中古音，個人針對近五十年來的上古音研究共六篇，參與 5 月 29 日在實踐大學綜合大樓國際會議廳舉行的「中國文學與通識教育兩岸學術研討會」，每篇論文將有二位講評人，魯國堯會長將主持這場五十年聲韻學的回顧，本會會員鄭再發、何大安、楊秀芳、林英津、竺家寧、董忠司、金周生、葉鍵得、宋韻珊、黃慧娟等也都答應擔任講評之任務，衷心寄望所有會員先生與會，共襄盛舉。議程已見通訊十三期。

個人自民國八十五年七月擔任本會第五屆常務理事兼秘書長，在前任何理事長大安的領導下，做了四年兩任秘書長，八十九年七月又受理事會厚愛，接下理事長一職，本會在何理事長主持期間（85-89），無論在研討會、學術出版、學術獎勵三方面，都力求公平、透明、嚴謹，使會務蒸蒸日上，聲韻學會在國內語言學社群中、雖非老大（中國文字學會歷史最長），但比起後來出現的中國訓詁學會、台灣語文學會、台灣語言學會，我們在人才的的凝聚，經驗的傳承，學術的轉型力面，都有傑出的表現；每年一次學術年會，一屆全國，一屆國際研討會已成固定模式，近年來，除了一次研討會，每年辦一次全日型演講會，由一人主講，上下午共兩場，或由兩人各主講一場專題，到今年由五人合主「音韻綜述與回顧」的兩場研討（五月廿九日實踐大學），無非皆爲增加會員的活動。

在關鍵的後四年（1990-1993），個人連續主持兩屆（第 7-8 屆）理事會，持續推動本會各種轉型，以增加學術競爭力，兩項重大措施皆在前任理事長的規畫下延續未走完的路，即《聲韻論叢》自十一期起轉爲半年刊，由理事長組織編輯委員會。在三位主編吳聖雄、曾榮汾、宋韻珊的勞苦工作下，總算出了三期，但卻無法完成會員的付託，如期出版；另一方面，因應出版的難題，在前年會員年會上通過調整年會爲一千五百元，以使會員負擔論叢的出版費，但因此增加會員的負擔，又未能如期出版，使得這項改革，似乎面臨困境，需要會員大會來解套，我向全體會員告罪，以一位走過秘書長四年、理事長四年，即將卸任的老會員的心境，因爲我們都不再年輕，感謝所有理監事過去四年的支持及論叢編輯委員十位，過去四年的免費審查及無私的奉獻，感謝秘書處的每位工作伙伴，葉鍵得秘書長及程俊源秘書，還有前四年擔任本會秘書郭乃禎與舒兆民兩位會員。此外會員王榮正先生也爲論叢編纂付出不少的時間與心力。在這關鍵的年代，我雖爲學會服完光榮的八年役，因爲許多該完成的任務並未達成，我亦不敢逃避，我只能向自己說：走過八年，但非關鍵時刻，只有迎向關鍵的下一任理監事會。

原載《聲韻學會通訊》第 13 期，中華民國聲韻學學會，2004 年五月。

陳伯元教授榮退學術研討會賀辭

國立台灣師大校長
簡 茂 發

今天來到陳伯元教授的門下諸生爲老師屆齡榮譽退休所舉辦的學術研討會，感到十分榮幸，首先要以師大人的一份子向伯元兄道賀，恭賀他在人生旅途、學術生涯、教育工作三方面都臻至理想圓滿的交會點，才有這樣別開生面的慶祝或紀念方式，今天這個會可以說是師生共同發表會，上午第一場是陳伯元教授的「新書發表會」，十一點以後有四場學術論文研討會，與會者不但可以一邊欣賞陳教授最新出版的《古虔文集》、《伯元吟草》兩本詩文集，一邊聆聽國內外各大專院校知名教授也是伯元兄的高足所發表的學術論文，可說是金聲而玉振，洋洋乎盈耳，是一項別開生面的學術饗宴，所以個人能代表師大的同仁師生，來講幾句賀辭，備覺意義深遠。

首先要推崇的是陳伯元教授在作育人才方面的卓越貢獻，大家都知道伯元先生是本校國文研究所已故林景伊教授的高足，「其學傳餘杭章氏、蘄春黃氏之漢學正宗，上承乾嘉諸子，以接明末顧氏亭林之樸學精神，而直通許叔重、鄭康成之一貫傳統。台灣之有經學，蓋由林景伊、潘重規、高明三君而起，而林景伊之功獨多，三君皆蘄春黃門弟子也。」以上這段話是高齡九十一的前考試委員也曾任本校國研所兼任教授的華仲麐先生去年爲陳教授的新書《伯元倚聲・和蘇樂府》作序中的話，據個人所知，本校國文研究所成立於民國四十五年，上面提到的林、潘、高三位先生都曾在本校任教，而林尹先生主持國文研究所長達十三年，本校因此成爲全台灣經學的重鎮，經學以小學爲根基，陳伯元自進入師大，專攻經術、文字、聲韻、訓詁之學，而《古音學發微》鉅著爲博士論文，自五十八年獲國家文學博士，即受聘爲本校國文系所專任教師，講授聲韻文字課程外，兼及詩經研究、蘇東坡詞研討。記得去年十月二日在《伯元倚聲・和蘇樂府》的發表會上，我已指出伯元教授的學術淹貫，兼跨經學、小學、文學三個領域者，不但師大找不到第二人，在全國各中文系所中也很難找到。因此，伯元教授是師大的國學之寶，主要是因爲他教人不倦、有教無類的教學精神，據我所知陳教授三十年來所指導的博士論文約三十篇，碩士論文則多達七十篇以上，其中又多以聲韻學爲主，陳教授不但弟子滿天下，今天這二十幾篇論文，只是陳先生栽培學生中的一部分展現，然而個個都是國內外各中文學界的知名教授。據伯元教授的學生們告訴我，伯元先生教聲韻學是十分嚴格的，不但作業多，教學份量重，而人人反而趨之若鶩，不以爲苦。八十一學年度曾獲選爲國文系的優良教師，是學生票選的第一名。不僅如此，他在各大專院校開課，也成爲各校學子仰慕的名師，在香港浸會學院任教時，也得到「優良教師」的榮譽。從這些事跡看來，他今天以六十五歲退休，真是光榮，因爲他的教學成績，已經是中文界的「金氏紀錄」。因此從師大國文系來說，陳教授不再延長任教，看起來是師大的損失，但誠如今天我所見到的，陳教授是中文學界共有的「國寶」，退休並不減少他在作育英才方面的貢獻，所以要恭賀他。

其次要推崇的是陳教授在學術方面的貢獻，這個貢獻也分兩方面，一方面是有形的學術著作，從他的代表作《古音學發微》、《音略證補》、《鍥不舍齋論學集》、《文字聲韻論叢》、《古音研究》這幾本語言文字學方面的巨著，到他的創作《香江烟雨集》、《放眼天下》、《伯元倚聲・和蘇樂府》及《古虔文集》、《伯元吟草》都表現伯元先生學術及文學才華，乃是博大淹通，具備傳統學者通儒的格局。另一方面表現在他做爲學術社群的領導人的才華，他於民國七十一年發起中華民國聲韻教學研討會，七十七年成立了「聲韻學會」，迄今二十年，成爲國內最活躍的語文社團，八十二年又發起創立「中國訓詁學會」，迄今會務蓬勃，他都擔任創會理事長、常務監事，兩會對國內傳統語言學的研究與推動，貢獻十分卓著，現在又擔任中國文字學會理事長、中國經學會理事長，由於他的長期對學術活動的掖注和領導，同時也推行兩岸的學術交流，使得公元二千年的國際漢學界，不再視台灣爲文化沙漠，陳先生的灌溉是有目共睹的。

最後我要表彰陳伯元教授的立身行事。陳伯元教授是江西省贛縣人，曾就讀贛縣中學，十四歲隨其尊翁來台就讀初中，並考取建國中學，從刻苦環境中力學而成就其大學問，關鍵可說是「鍥而不舍」四個字，更重要的是他的「師道精神」，伯元教授受景伊先生栽成，而其感念師恩，終身不忘，見其詩文，情真意摯，又願將所學發揚光大，薪傳不絕，不失所守，這是我所敬佩的伯元先生的師道精神，因而成爲學生的典範，學生們亦以伯元教授對待老師的方式來慶賀先生的榮退，也是另一個典範的建立。我所知道的陳教授，是一位堅守淡泊，不務虛聲，校內公職、校外官職，從不染指，亦無動於衷的人。因此，他能把全部精神貢獻在作育英才和學術著作上面，並成爲學生的表率，這就是一個十足的經師與人師。他對國家、社會的一股熱切匡時的情懷，也見於其文集、詩詞集當中，尤其是「放眼天下」那本時論集。他長期在校務會議上面，知無不言，據理力爭的忠言儻論，都留給台灣師大無限精神典範。上面我已經把他在「作育英才」「學術貢獻」及「立德立言」的三個方面做了說明，希望所有與會者及學界後進都能了解他的卓越成就。因此，他的屆齡退休，正代表一種無比的榮耀，我除了祝賀伯元兄及家人外，也向在座的伯元教授的師友、學生道賀，更以師大人的一份子，感到無上的榮幸。最後，並祝福伯元兄，身體健康，伉儷情深，年年都有書畫新作發表會。

榮松按：本文係筆者代擬之書面稿，曾由簡校長在會議上致辭。

八十九年（2000）年七月四日。

陳伯元教授提倡聲韻學及推動兩岸語言文字學術交流的貢獻

臺灣師範大學退休教授
姚 榮 松

一、掉在建中花圃的一粒國學種子

每一個世代，都有一些聰明人，做了某個抉擇，因而影響整個時代的某種社會層面，比方說在民國三十八年（1949），有許多出色的學者，隨國民政府播遷臺灣，這些人接收或者寄寓當時臺灣的高等學府，比方說傅斯年、臺靜農、戴君仁、鄭騫、毛子水、董同龢、沈剛伯、方東美等成為臺灣大學文學院的標竿，在新成立的臺灣省立師範學院，也有梁實秋、傅心畬、潘重規、沙學浚、程發軔、牟宗三、許世瑛、高明、林尹這些知名學者。在那個風雨飄搖的世代，整個國學界、文學院是個需要澆灌的苗圃，種花的人有了，種子在哪裡呢？原來大學花園的種苗，來自高中的分組篩選和移植。

國學的大本營就在中國文學系，誰讀中文系呢？當然是被中國文學或者歷史文化吸引的熱血青年，或者充滿幻想或根植文學夢土的文藝青年。我的恩師陳新雄，自小跟著父母從江西來臺，小時候曾住過花蓮壽豐鄉，由於家學淵源，少年時就背了《幼學瓊林》、《古文觀止》、《千家詩》等，民國四十四年，他已是臺北市最好的高中—省立建國中學高三生，不像他的同班同學丁肇中（諾貝爾物理獎得主），一頭栽在多數人選擇的數理組，他卻天天看報，關心報紙上討論簡體字的問題，論戰的作者，一位是鼎鼎大名的羅家倫（時任考試院副院長），另一位是沒有聽說過的潘重規先生（時任臺灣師範學院國文系主任），由於潘先生挑戰權威，令伯元師心生好奇，欲窺堂奧，因此就立下宏願，報考師院國文學系，這當然就是第一志願，而且考了系狀元，因此有機會從當時許多知名學者如潘重規、林尹、高明、許世瑛、汪經昌、魯實先等學習。如果沒有報紙那兩篇文章，伯元師或許是另一個丁肇中，但一頭栽進國文系花園的結果是對的，他是當今臺灣中文界一位大師級的人物，他對國學尤其傳統語言文字學的貢獻，並不亞於他的同學丁肇中在科學上的成就，我們的大學需要陳伯元教授，並不下於一位中央研究院的院士。

二、萬丈高樓平地起，聲韻學開啓了浩如淵海的國學寶庫

伯元先生小學時代從舊式的吟誦古文與詩詞中，學到讀書的訣竅，同時也由於大學進入師院國文系，接受具有師徒制傳統的林尹教授的讚賞與安排，獲得較多的資源與口授，例如較一般人先接觸《廣韻》的反切，使他超越同儕，要熟悉《廣韻》各韻內容，必須進一步做許多功課，由於林尹先生是一代名師黃侃的入

室弟子，景伊先生需要得意門生來共同傳習舊學並將章黃學說發揚光大。一向仰慕潘重規教授的伯元先生，卻深受林先生影響，在大學四年中，你有機會每年上同一位老師所開的不同課程，伯元師正是這樣被景伊老師拉拔著，林先生教大一的國文、大二的詩選、大三的學庸、大四的訓詁學與中國哲學史，而這五門都是必修課，如果中文系只有一班，那就無所選擇，我在民國五十四年也同樣以系狀元考入師大國文系，當時國文系已招收三班，必修課至少兩位老師，通常甲、乙班一位先生，丙班另一位先生，有時是甲班一位，乙丙班同一位，後來國文系擴增至四班（包括僑生及外籍生），因此國文系成爲天下第一大系，這不同於在經濟轉型期的商學院，私校往往招收一百多人的大班。到後來，國文系專業教師多了，四班聲韻學就有四位老師，有老牌的，也有年輕一點的，四位老師每年換不同班，「好壞照輪」，有些學生爲了跳班，還傷透腦筋。所以伯元師算非常幸運，他說：「我與林先生投緣是從大一開始的，林先生教大一國文，教完一課，就要學生能夠背誦。我因爲能背書又會吟誦，很得先生的讚賞，記得在大二上詩選時，先生的友朋來相聚時，每每令我吟誦杜甫的〈秋興〉八首以及曹子建的〈贈白馬王彪〉，甚至於古詩十九首等等。先生看我能背書，爲打好學問的基礎，所以開始教我熟悉《廣韻》的兩百六韻的切語上下字，這一種工作，花的時間不多，但收效奇大，這是我一生學問的基礎，從此開始，乃走上研究聲韻學的道路，而無怨無悔。古人說：『莫把金針度與人』。我的老師林先生則常常把金針度與我，這一點，我也向他學習，把金針度與我的學生，所以在臺灣各大學教聲韻學的老師中，我的學生佔了一大半。」（師大五十年：我從事國學研究之緣起、經過與成效，二〇

○六年四月二十七日，師大大師榮譽講座）。由於接觸聲韻學早，悟力高又肯埋首作業，大四就能依林先生提示畫出黃季剛的〈聲經韻緯求古音表〉，並將二百六韻填入其中，甚得先生賞識，因此民國四十八年秋天，大學剛畢業，一邊在中學任教實習，一邊已擔任東吳大學中文系的聲韻學教師，才二十四歲。我們不得不佩服景伊師如何栽培造就一位專才。

說到專才，令我回想起師大國文所的教學目標是既要培養國學方面的研究「專才」，又要造就通經達變的「通儒」，怎麼可能？但是伯元師做到了，這又讓我們回到了當時的系主任潘石禪先生的耳提面命，伯元師提到「大學時代，潘先生上課就勸我們應該讀《資治通鑑》，因此，我就向一位同鄉老前輩借讀所藏的《資治通鑑》，在大學四年當中，把《通鑑》讀完，對我學問的進益，也是難以估計的。」讀《通鑑》時遇事有感，就仿寫一篇通鑑式的議論，四年下來居然稿積盈冊，也奠定了文言文的寫作基礎。通才博大，專才精約，伯元師的聲韻學卻是修許世瑛先生的課，因爲已熟悉廣韻的切語上、下字，學起來就駕輕就熟，故得到先生的特別照顧，詩英師又是王力之弟子，便「無私地」把珍藏的王了一《中國聲韻學》借給伯元師，同時「更把高本漢以來的西方學者治中國聲韻學的成績與方法，不厭其詳的教導我們，使我們能在原有的章黃學術基礎上，接受西方學術的薰陶，乃不至於坐井觀天而夜郎自大。」（同上）。從這裡我們也可以看到以章黃小學的根基加上高本漢以來的西方學術，是一條聲韻學的大道，後來伯元師的博士論文《古音學發微》，就是由林景伊、高仲華和許詩英三位共同指導，綜合王了一先生總結的考古與審音兩派，伯元師的古韻遠承戴震、黃侃的審音派，主張陰、陽、入三分，共得三十二部，分其所可分，酌古沿今，可謂集大成者，也給有清三百年的古韻分部，畫下了句點。這種總結工作，並非只是整理舊說，同時必須開創新說，例如早年撰《古音學發微》時，構擬自己的上古音系爲八個元音，而王力在《漢語史稿》中只用五個元音，李方桂先生《上古音研究》僅用四個元音，另有三個複元音。伯元師比較諸家擬音，最後認爲「元音系統最單純與簡單者，莫過於周法高氏〈論上古音〉一文所訂的三元音系統。」因此一九八九年先生發表〈論談添盍怗分四部說〉一文於《中央研究院第二屆國際漢學會議論文集》，從音韻結構比較李、周兩家元音與韻尾搭配表，認爲李氏 i 類元音的韻部就顯得非常不整齊，周氏在[e]元音行-p、-m 韻尾下留下兩個空檔，把添怗自談盍分開，這兩個空檔就填起來了。因此黃侃古韻部實際是三十部，伯元師改以自己的三元音的方式，重新擬音，結論見於晚期新著《古音研究》（五南出版公司，1999 年，頁 257～258、頁 380），他並且把這個新的韻尾與元音搭配表，放入新撰的《訓詁學》上冊（學生書局，1994 年，頁 139），作爲三十二部的讀法。

總結伯元師的古音學成就，就是在黃季剛古音學的基礎上，擷取民國以來古音學的精華，融貫爲自己的一家之言。不過清儒古音研究是爲通經服務的，近世構擬古音是要進行漢藏語的比較研究，目標和手段均有不同，因此上古音的構擬，也越來越多元。伯元師著重的是傳統的解經目的，因此並不刻意追求新的構擬。

三、聲韻學會的成立，改變了聲韻教學的生態，推動了傳統聲韻研究的現代化並且泯除了門戶之見

伯元師從二十四歲（1959）開始教聲韻學，數十年如一日。

事實上，先生在民國五十六年（1967）撰寫博士論文期間，才開始擔任師大國文系四年級的「訓詁學」，並於夜間部講授「聲韻學」，一九六九年獲得國家文學博士後，任國文系副教授，次年（1970）轉聘國文所講授「廣韻研究」與「古音研究」，同時應聘輔大中文所講授「說文研究」，文化中文所主講「廣韻研究」，一九七一年（36 歲）起又在輔大中文系講授「聲韻學」等課程，一九七二～一九七四年先後在文化、政大及淡江夜間部講授「聲韻學」等，也爲政大中文所開「古音研究」、輔大中文所開「古韻源流」等，先生在當時已成爲聲韻學名師，他的教學認真，要求作業嚴格，由於能深入淺出，並分析學生學習聲韻的好處，因此，在這些學校上過聲韻學的，都慢慢上軌道，有些人就覺得聲韻學是有條理的學問，而樂於撰寫論文，可以說，由於先生在這麼多學校兼課，讓聲韻研究，無形中變得熱門，可以說改變了中文系研究聲韻的生態，從一九七〇～二〇〇〇年，他在各校指導的碩士論文，已有六十八篇，其中五分之四爲聲韻學論文，每年平均指導二～三篇。博士論文三十篇，加上近年所指導若干篇，博碩士論文近百十篇。二〇〇一年四月十三日伯元師接受吳聖雄的訪談（載《聲韻學通訊》第十期），就提及國內大學教聲韻學有一半以上是自己的學生，可說伯元師已改變了臺灣聲韻教學的生態，聲韻學會的成立，正是伯元先生一個有心的創獲。伯元師指出：「聲韻學是有條理、有系統而且有趣味的一門科目，我們創立聲韻學會，主要是希望與教聲韻學的同仁們研究，如何讓學生不覺得聲韻學可怕，所以創辦之初叫做『聲韻學教學研討會』，但後來大家覺得既然要成立一個會，不限於教學，其他有關聲韻學相關的問題，都可以納入，因此改名爲『中華民國聲韻學學會』。」接著指出聲韻學會成立以來，達到一個理想就是打破門戶之見。中國向來有所謂學派，例如章、黃學派是傳統的，比較守舊的，從高本漢以來，到趙元任、董同龢先生，他們用新的語言學方法來研究聲韻學，就成了一個新的學派。正好伯元師從自己師承林、高、許三位先生的融會過程中，已找到調和新舊的法門，就是充分討論與溝通，先生說：

> 我把兩派的東西都看了以後，覺得他們之間並不發生衝突，而且如果能夠融會在一起，對聲韻學的理解，更能夠相得益彰。所以我當時成立這個學會，就主張：我們只論是非，不管門戶。這一點，從今天來講，我們「中華民國聲韻學會」已經達到了，大家都沒有什麼門戶之見。當然能夠做到今天這樣的局面，我對丁邦新先生是相當感謝的。因為他能夠捐棄成見，與我攜手合作。

先生能夠登高一呼，把教聲韻學的同行集在一起，具有專業的整合，又因爲指導的學生多，如林炯陽、林慶勳、竺家寧等人，均已在大學任教，並擔任聲韻學課程，因此研討會即可得心應手。回憶起民國八十二～八十四年前三屆的會議，都是一次比一次規模擴大，第三屆由東吳大學中文所主辦，在民七十三年（1984）十二月二十二日舉行，丁邦新、楊秀芳二位先生初次與會，丁先生並擔任論文講評人，從這次會議開始，有了比較正式的形式，會後丁先生也入會爲會員。雖然正式的學會要到一九八八年才正式立案。民國七十八年四月在靜宜女子文理學院的第七屆會議才是學會成立後的第一次研討會，如果把前六屆當作本會的籌備期，那麼本會正式籌備了七年，才宣告立案，放眼當時學術社團的發起和成立，都在一兩年內，可見伯元師推動學術社團的計畫之周密，真是「空前絕後」的典範，由於聲韻學會成功的經驗，民國八十二年（1993）二月二十七日中國訓詁學學會發起人會議第一次籌備會議，也在伯元師擔任發起人代表順利進行，並且擔任了二屆理事長，其推動學術社團，有目標有策略，使得國內的聲韻、文字、訓詁三個社團整個動了起來，文字學會是一個老社團，重新登記後，也準照聲韻學會的模式，每年開一次研討會，由於先生的高瞻遠矚，隨後他也曾擔任文字學會及經學學會的理事長，帶動學術的發展。這是臺灣傳統語言學研究的煥發期，任何人都會歸因於聲韻學會所帶動的連鎖效應。幕後的推手，正是陳伯元先生。

爲了泯除門戶之見，聲韻學會的第三～四屆理事長林炯陽任滿，第五屆理事長由中央研究院的何大安先生當選，筆者也由何理事長指定爲秘書長，共擔任兩屆後，到第七屆理事長改選，本人亦承理事們的厚愛，接任其後共四年兩屆理事長，二〇〇二年四月十二～十三日由成大中文系和本會合辦「第二十屆全國聲韻學學術研討會」，我們經過將近半年的籌畫，出版了《中華民國聲韻學學會廿週年紀念特刊》（頁 280），同時由本會創會理事長演講「中華民國聲韻學會二十年」，對二十年來本會的活動進行全面回顧，並有當代學人專訪及訪本會理監事談經驗的傳承，並舉行本會歷次會議文獻及出版品（聲韻論叢 1-11 輯，聲韻通訊 1-11 期）的展覽。同時頒贈本會第六位榮譽會員丁邦新先生。這項榮譽到二〇一二年第三十屆，共頒贈了十二人，而第五位陳伯元先生是二〇〇一年頒贈，二〇〇二年頒給第六位丁邦新院士。二〇一二年五月剛好是學會成立三十週年，爲擴大慶祝本會的成果，本年度頒贈了五位榮譽會員，包括日本的平山久雄先生，法國的沙加爾先生，美國的羅杰瑞先生及兩位中研院院士李壬癸先生及鄭錦全先生，羅先生及陳先生不幸于近兩月連傳噩耗。本會若沒有這些學術界的先進長期支持及參與，就不會有今日的繁花盛景，而最需感恩的是創會的發起人陳伯元教授無私無悔的長期奉獻，撫今追昔，不勝感慨欷歔。

四、香江講學，啓動兩岸學術交流的契機

民國六十五年九月，伯元師應聘爲美國喬治城大學中日文系客座教授一年，這是他第一次出國任教。民國七十一年（1982），先生四十七歲，四月二十四日召開國內第一次聲韻學教學研討會，在臺師大國文研究所舉行，由伯元師先作專題演講，講題是〈從蘇東坡小學造詣看他詩學上的表現〉，大家反應熱烈，並就聲韻教學作了一些交流，這就是中華民國聲韻學會的源起契機，是伯元師在學術史上的一塊豐碑。我的博士論文〈上古漢語同源詞研究〉也在伯元師與林景伊師共同指導下完成。由於教育部的口試只能有一位指導教授出席，十一月份口試時因先生在香港任教，便由林景伊先生出席。

同年九月，應香港浸會學院中文系高級講師（英國制）之聘，主講文字學、聲韻學、左傳、尙書等課程。由於香港的特殊環境，伯元師廣交學界及香港知名詩人詞家，時相切磋與唱和，因此詩作甚多，後集結爲《香江煙雨集》。先生自四十歲起，開始圈點王文誥編《蘇文忠公詩編註集成》，完成蘇東坡與陸放翁兩家詩之七律、七絕的分韻類鈔。四十一歲又完成元遺山與黃山谷兩家詩的分韻類鈔。以分韻詩抄作爲讀詩的工夫，這樣的工作持續數年，

包括李白、杜甫、李商隱、杜牧、王維等詩作均鈔過了。這是林老師指導他的門徑。次年（1983）6 月，景伊師病逝，先生經紀其喪，備極勞瘁，有輓詩二十七首。

從此，先生唱和倚聲，往往與港臺文友相激盪，另一方面，先生也揭起了兩岸學術交流的大纛。香港是初期交流的大本營，先生已得地利之便，就應邀參加香港大學舉辦的「章黃學術研討會」，於會上宣讀論文〈蘄春黃季剛先生古音學說是否爲循環論證〉，國內學者應邀出席者多位，如周一田師、龔鵬程及本人等，在會上認識了王寧先生，這是兩岸三地第一次的章黃學會議。次年（1990）六月十一～十二日，在香港浸會學院中文系與左松超主任共同主辦「中國聲韻學國際學術研討會」，兩岸學者歡聚一堂，增進交流，溝通瞭解，也是海峽兩岸學人第一次學術交流，意義至爲重大。七月先生初訪大陸，蒞廣州中山大學，與音韻學家李新魁教授相談甚歡，同年九月伯元師在師大國文所講授「東坡詩專題研究與討論」，同時當選連任聲韻學會理事長。

一九九一年十一月，先生首次率團赴大陸武漢市華中理工大學參加「漢語言學國際研討會」，並與知名漢藏語學者嚴學窘教授相晤，會後也暢遊黃州赤壁，登黃鶴樓、岳陽樓等。

一九九二年八月，先生應北京社科院語言所劉堅所長之邀，座談「兩岸語言學研究之發展」，臺灣學者尚有董忠司、李添富、本人及香港黃坤堯，日本瀨戶口律子教授等。同年八月，赴山東威海市參加「中國音韻學會第七次年會暨國際學術研討會」，國內出席的有林炯陽、竺家寧、姚榮松、孔仲溫、李添富等人，這是由林炯陽理事長率團與中國音韻學會做爲全方位的兩會交流，兩岸音韻研究交流日益密切。

一九九三年三月，先生當選中國文字學會常務理事，五月赴武漢參加「中國海峽兩岸黃侃學術研討會」，發表〈黃季剛先生及其古音學〉一文，並赴蘄春謁季剛先生墓，參加黃侃紀念館破土典禮，初識季剛先生哲嗣黃念寧、黃念華二君。由於先生爲黃門弟子林尹、高明、潘重規三先生的嫡傳，兩岸章黃學的研討，先生均爲主要學術代表，近二十年來，章黃學術的研究成果不斷被擴大，先生實功不可沒。正因爲先生以聲韻文字訓詁名家，均能發揚章黃遺緒，以弘揚師道自任，既已獨當一面，允爲一代宗師，因此，身受兩岸學者尊崇。

然而也正因此，受到部份挾西學自重的學者所誤解，尤其大陸近二十年來，學術環境變化甚快，新舊學術雜陳，有些人仍不樂見傳統語言文字學復活，刻意曲解章黃學派的現代意義，因此引發二〇〇一年十二月八日梅祖麟院士在〈有中國特色的漢語歷史音韻學〉演講中，批評王了一的古音研究與同源詞研究以及對段王章黃學術的質疑，並點名批判同行，伯元先生也受盛名之累，因而引發包括北大王門及臺灣章黃學者之反擊，其中郭錫良及陳伯元二老反應最爲激烈，咸撰文批駁，一時學界譁然。伯元師在臺師大召開「什麼是有特色的漢語歷史音韻學」研討會，大陸學者亦掀起一陣批評熱潮，伯元師撰〈梅祖麟《有中國特色的漢語歷史音韻學》講辭質疑〉（2000 年分別刊登於香港《語文建設通訊》及華中科技大學《語言研究》第十期）。旅美學者薛鳳生、大陸學者郭錫良、魯國堯、唐作藩、王寧、黃易青、孫玉文、耿振生、華學誠等都有專文，這些文章連同臺北研討會中曾榮汾、林慶勳、潘柏年、何昆益等四篇均收入商務 2009 年《音韻學方法討論集》之中，作了歷史的見證，也爲漢語音韻學史留下珍貴之史料，伯元先生的師道精神，更獲得同門的讚佩。至其大是大非，也將留諸今後學術史家之公斷。

個人認爲，大凡學術事件有許多內緣與外因，而學術的進展也非由絕對的語言科學論所支配，立足於西方學術生機論的主從邏輯，至少不能解釋中國語言研究的現狀與未來，有生之年，我們應該追蹤這個問題，直至水落石出，以告先生在天之靈。

本文原載《國文天地》第二十八卷第四期，《陳新雄教授紀念特輯》（2012 年 9 月號）頁 35-40，並轉載於同年九月二十八日文史哲出版社輯印之《陳新雄教授哀思錄》頁 251-262，2013 年元月增訂初版頁 255-266。

語言分享、分享語言

《切韻指掌圖研究》序

讀書莫先乎識字，識字莫先乎審音，小學之急務也。江慎修云：「六書之學。有形、有聲、有義，而聲音在六書之先。」（音學辨微引言），自韻書�出，而音學始暢；韻圖創制，而審音轉密則音理明，故等韻之學實與韻書相爲表裡。林師景伊曰：「研究聲韻之途徑，撮其要旨，凡有四端：一曰審音，二曰正名，三曰明變，四曰旁徵，蓋非審音不足以辨類別，非正名不足以糾異說，非明變不足以知通塞，非旁徵不足以考古今。」（中國聲韻學通論）此四者莫備乎等韻。今余董理切韻指掌圖者，蓋欲識途徑耳。

吾國音學，雖分古韻、今韻、等韻三科，其條理則一。自顧炎武以下，學者多致力於古韻分部，歷三百年而論定。王了一曾將往昔之古韻家分爲考古與審音二派；考古派純依材料之客觀分析，至多僅得王力早年之二十四部；審音派基於考古，復從語音之系統性加以分析，必至陳伯元師所訂三十二部而後可；戴東原、黃季剛等之有功於後者，審音之功也。然則語音系統之確定，乃漢語分期研究之目標，必統合各期之語音系統，精密之漢語史乃得建立，斯又今日研究聲韻學之新指標也。

韻圖本爲語音系統分析之簡表，由後世觀之，不同期之韻圖，即代表性質不同之音系，先秦無韻書與韻圖，故經三百年之探究而識其系統；後世韻書與韻圖，因時改作，故即一書一圖，可求其音系，比較不同之韻書、韻圖，音變之跡可尋。然前代等韻家，率多昧於通變，故每妄立門法，巧設名目，而囿方言，或蔽成見，強以臆說，令聲韻至簡之理。反成迷陣，所謂治絲愈紛者也。民國以來，學者運用語音學新知，對等韻門法及韻圖源流，皆嘗致力，前者如羅常培、董同龢之釋門法，後者如趙蔭棠之於等韻源流，高師仲華之於兩宋韻圖，應師裕康之於清代韻圖，其尤著者也。同門學長林慶勳之於切韻指南與切音指南，竺家寧之於四聲子音系，亦有創獲。若切韻指掌圖者，前代或奉爲等韻權輿，近人趙蔭棠、董同龢皆有專篇論述，然猶限一隅，未盡奧窔。如本書成書之根據，歸字併圖之原則，檢例之來由，版本之異同，音系之擬測，皆有待通盤考察。陳師伯元，既示余此志，復詳爲余分析音素，剖析毫釐，唯務折衷，必使疑竇冰釋，怡然理順，而後乃可。至若通塞之故，音變之條，則每由景伊林師所啓悟。是篇得成，倖不刺謬，則二先生督勵之功也，自忖才居中下，經營雖勤，而倉促成篇，斟酌猶恐未周，臆斷甯或不免，遑敢忝於述作，妄補韻學，蓋求毋捷徑以窘步也夫！博雅方家，幸垂教焉。

中華民國六十二年歲次癸丑端午

姚榮松序於國立台灣師範大學國文研究所

此係 1973 年台灣師大國文研究所碩士論文拙作序，論文收入《國文研究所集刊》第 18 號，頁 321-511。1974 年 6 月出版。

《古代漢語詞源研究論衡》自序

我國語言研究有悠久的歷史，長期以來，把古代語言研究統稱小學。所謂「小學」，在漢代就等於文字學，隋唐以後，範圍擴大，成爲文字學、訓詁學、音韻學的總稱。經清代近三百年樸學的全面發展，使中國傳統語言文字研究，達到空前未有的高峰。論清代學術，小學絕對是不可或缺的一環，一部中國語言學史的論述，清代小學幾可佔去一半以上的篇幅，這絕不是材料多寡的問題，而是從研究領域、研究方法、研究目的，也就是從量到質，都醞釀一種根本的變革。被視爲清代樸學最後一位大師的章炳麟，即認爲「小學」之名不確切，主張改稱爲「語言文字之學」（見〈論語言文字之學〉載於1906年《國粹學報》）這不僅僅是名稱的改變而已，而是反映當時語言學家在思想上、理論上對語言文字學有了新的認識，將它從「經學的附庸」獨立出來，視爲一門學科。這就標誌著傳統小學的終結和中國現代語言學的開始。

清末民初，隨著西方學術思想的東漸，中國語言學也受到新的研究方法的啓迪，許多原來陳陳相因的舊說，從「語言研究」的新角度來重新詮釋，比如中國語言文字起源的問題，從前只問文字創造的源頭是圖畫、書契、八卦、結繩等問題，此時已轉到語言緣起的問題，同時文字學上六書中的假借、轉注說，也賦予語源學的新詮，而「孳乳」、「變易」這類術語，也成爲語言文字發展次第的規律，古音學的主要課題已不再是古韻分爲幾部，古聲分爲幾紐，而是以古音通轉的規律來解釋語言文字演變的過程。標誌著這種新的研究方向的人，也是章太炎，他在《國故論衡・小學略說》中說：「余以寡昧，屬茲衰亂，悼古義之淪喪，愍民言之未理，故作《文始》，以明語原。次《小學答問》，以見本字。述《新方言》，以一萌俗。」可見章太炎是把語原、字原和方言的研究，視爲語言文字學的當務之急。而其成就最大的，就是《文始》一書。

《文始》一書代表章氏語言研究的總成績，也代表中國傳統語源研究走向現代語源學的過渡，它走出了訓詁學的章節，獨立門戶，成爲第一本有體有用、理論實踐兼顧的字族研究專論，它總結了從漢代劉熙《釋名》以來一千七百年間詞源學的理論，並提出他自己的詞源學體系。章氏於此書中驅策古音，駕馭《說文》，出入經典故訓，其理論和方法突破傳統格局，並帶有開闢榛莽的色彩；但章氏畢竟受到他個人學術背景的限制，其所接觸十九世紀西方語言學理論並非全面，致《文始》一書難免體大而思不精，因而瑕瑜互見、毀譽參半。加上《成均圖》的玄理氣象，《文始》行文的古奧，竟使此一名著出版七十年來，尚無人作全面的研究。摘其著作的片斷，妄加批評者則比比皆是，這未嘗不是中國語言學史上的一樁憾事。

筆者自民國五十四年就讀師大國文系以來，獨好語言文字之學，有關語言文字的統緒和方法，皆得諸本系師長的沾濡，如許師詩英之文法、聲韻之學，魯師實先之說文及古文字學，周師一田之訓詁學，繼續深造以後，復聞章、黃語言文字學之緒於林師景伊、高師仲華、潘師石禪三先生，又得陳師伯元古韻三十二部之說及廣韻研究之腮理。初則專攻等韻之學，繼則旁涉現代語言學理論，舉凡變形衍生語法理論及孳生音韻學，皆一度爲措意之所在，因有民國六十六年獲教部公費獎助赴美進修語言學，於康乃爾大學選修包擬古教授（N.C. Bodman）之漢藏語言學概論，始知同族語言同源詞研究之旨趣，七十一年即以「上古漢語同源詞研究」一題，撰成博士論文。該文雖然總結了近代有關詞源研究的成績，但是囿於見聞，仍未能全面檢驗《文始》一書。民國七十二年以來，從事訓詁學教學工作，泛覽更廣，海峽兩岸相關論著，無不搜羅，漸能補充前論之所未備，並將注意力轉到詞源學的發展，確定章黃學說在近代詞源研究上，已產生積極的指導作用，同時也發現我國訓詁學理論的核心，原來是建立在詞源研究的基礎上。

前年三月，香港大學舉辦首次「章太炎、黃季剛國際學術研討會」，筆者幸獲邀請，因撰「黃季剛先生之字源、詞源學初探」一文與會（該文修正後刊布於《國文學報》第十八期）。同年八月起，並以「章太炎《文始》的詞源理論述評」一題爲研究計劃，獲王安電腦公司中國學術研究中心 1989-1990 年漢學研究獎助。兩年以來，以全力投注於《文始》一書之研究，逐條梳理《文始》九卷中的初文、準初文及字族，研形、審音、定義，朝夕於茲，並作成逐字檢索之資料庫，擬以數年完成全書之疏釋。去年六月並撰〈從詞根轉換檢討《文始》的音轉理論〉，發表於香港浸會學院主辦之「中國聲韻學國際學術研討會」。

由於兩年來的整理爬梳，並廣泛研讀詞源相關論述，漸覺《文始》易入，對章氏所建立的音轉理論與詞義系統，亦稍見會通，而最易使人墮入玄想的《成均圖》，亦頗能撥雲見霧，完全以實證的科學態度來解說。至於是書九卷之字族系聯，孳乳、變易之次第，也不再具有其初看時有如「七寶樓台」之色彩，乃自忖能為此書做一全面的疏釋，疏釋的目的自不在發皇章氏學說，而在如何藉此研究，提出漢語詞源研究的方法，這種方法論應該繼承中國語言學的優良傳統及民族特色，自然有異於生吞活剝、抄襲西方的詞源學理論的做法。筆者自信透過對《文始》的批判、結合最新的古文字學及當代詞源學理論的指導，必可完成八年前已著手進行的古漢語「同源字譜」。有此一譜，則對章氏學說之價值評斷，其個別字族認定的是非，皆可以從純粹的詞源學角度，加以定論，目前要解決對《文始》之爭議性論斷，似仍言之過早。

本文的撰述，初以《文始詞源理論述評》為題，寫作「制作探源」一章（即本書第三章）時，即已發覺章氏的詞源學足以反映一部漢語詞源研究，既有批判又有繼承，為了正確評估《文始》的歷史地位，於是將撰述範圍，擴及一千七百年來之詞源研究，如此就可以充分對幾個基本理論如聲訓、右文、音轉等，作全新的檢討，同時也能綜合近十年來個人在這方面探索的心得。因此本書的前兩章，是通論性質，但對於理論意義，則多從語言學觀點來分析。後三章，則以《文始》的探討，展現近代詞源學的具體內涵，並批評了章氏在學說和方法上的不足，指出今後研究的方向。許多觀點皆近年所啓悟，總題曰論衡者，乃因有破有立，亦有矯時俗束書而妄議《文始》之陋者，庶幾亦能反映個人十年來在詞源研究的心路歷程。資質寡昧，成稿時日倉促，率爾操觚之譏，勢所難免。撰述期間，正值伯元業師，兩煩鶴弔、風樹增悲；論文完稿，竟無暇先獲陳師審訂，則書中可能的錯誤必更加多，但祈賢達先聞，不吝教正。

民國八十年三月十五日**姚榮松**序於台北羅斯福路車喧樓

寓鄉土文化於母語教材

— 方著《輕鬆講台語》代序

隨著台灣社會的轉型及政治現實的考量，教育部已決定在民國八十五學年度起將「鄉土教材」列入國民中小學的正式課程。這是教育史上的大事。不過，鄉土教學與鄉土母語教育之間的關聯與定位，朝野並無明確共識。例如爲了推動母語教育，由民進黨執政的縣市，早在二、三年前即陸續編輯出版母語教供國小三年級以上使用，但是教育部所增訂的「鄉土教材大綱」並沒有把「母語教學」列爲正式課程。換言之，許多人所期待的母語教學，迄今仍出現認知的落差，雖然有些縣市已率先以地方政府財力及人力，初步落實母語教材的編輯，並積極展開教學活動，但那畢竟是少數先進的課外教學活動，目前還看不出成績。在絕大多數的校園，教師既不知母語教材在何處，也不知從何教起，所謂“母語教學”仍不見風吹草動，這樣的教育生態的落差，將因政治生態的改變而大轉變。爲了彌補這種落差，方南強先生適時將他多年對兒童母語的教學實驗，結合他長年從事「閩南語教學」的經驗，於去（1993）年底推出《大家來說台灣母語 —— 閩南語篇》一書，並由教育廣播電台採用於「大家來說閩南語」節目中播出。方先生並應當前母語教學師資的需求，經常到各地中小學利用這本書作教學示範，使這本教材成爲跨縣市的一套實驗教材。此書出版不及一年，已廣受矚目且賣點可熱，因此鼓舞他編輯全套教材計畫的宏圖，這本《輕鬆講台語》作爲前書的續編，就在這樣的背景下完成。

《大家來說台灣母語》和《輕鬆講台語》兩集在內容和體例上是一脈相承的，我覺得它體現了下列五大特點：

1.它是一套從鄉土文化著手的母語教材，相當的生活化，在第一集的十二個單元介紹了天氣、年節、飲食、交通、動物、童玩遊戲、我的家庭、各行各業、讀書、我的身體、疾病與健康、青菜魚肉水果等十二個主題，完全取材兒童周遭的生活環境，這本“續集”則把主題延伸爲：台灣的產物、打招呼與應對、時間與數字、成長、婚姻、學校、鄉居生活、新年、戲劇、宗教、台灣地名等，社會關懷逐漸擴大，人際關係同步成長。由於是用多數兒童最親切的母語來討論自己生活的人文景觀，可說寓鄉土文化於母語教材之中，這是非常難得的創舉。

2.它是一套臺灣文化基本教材。編者充分掌握了兒童的學習心理，從最通俗的謠諺入手，每課包含的項目是（一）傳統唸謠；（二）課文（故事及通俗笑料）；（三）新詞；（四）國台語對譯；（五）句型練習；（六）俗諺；（七）歇後語；（八）謎語；（九）討論；（十）教學與學習要點。四十歲以上的母語讀者，可以喚起無數童年的回憶，不諳台灣文化的非母語讀者，可以從豐富的傳統唸謠和課文中，了解台灣文化的深層，早期漢民族移民社會的思想觀念、生活智慧，真是一書多用。

3.它也是一套老少咸宜、妙趣橫生的台語文學入門書。誠如書名「輕鬆講台語」所揭示的，它可以讓孩子發揮想像力，說說唱唱、時而笑破肚皮，時而陷入沉思，運用之妙，存乎一心。說它「老少咸宜」是因爲那些傳統唸謠，多數由採集選出，少部份爲作者模擬創作，皆可琅琅上口，可以教兒童唱遊，也可以作祖孫之間溝通的話題。說它「妙趣橫生」，是它的不忌俚俗，許多笑話、故事暨通俗酣暢，令人捧腹而又不失典雅。

4.最突出的特色是，本書具有逐句逐段的羅馬注音對照，又有國台語詞對照，句型練習、歇後語、謎語、討論等項，讓教師可以充分與學生對答，達到會話與句法分析的雙重功能。教師甚至可以國語、台語交叉使用，或讓學生雙語表達，達到所欲言的交融。在「教學與學習要點」一項，編者不厭其詳地指出本課教學的目標與重點，作爲教學指引，既可以怯除教師對教材的陌生感，又可以確保教學的品質。

5.它可以作各種初級母語的教材，也可以作爲現有各種「母語教材」的進階課程或補充教材。這一方面是因現有各種「母語教材」多半是以一個完全沒有台語背景的兒童爲對象，又受到篇幅限制，而沒有這本書的規模；一方面是本書編者是以一個母語教師的教材需要做起點，所有課文直接用全部漢字（雖然有些漢字用法尚有爭議），這不僅方便一般未學過各式拼音系統的教師，現學現用，也同時讓兒童有分辨國、台語表達方式不同的機會，如果運用得當，它對糾正孩童的國台語混雜，也有正面的作用。由於每課內容相當豐富，份量略重，教師在教學時可以視時間多寡自由選項搭配，而不必全部納入教學，一部分的笑話、傳說，都可以讓學生做爲閱讀補充教材。

本書具備以上五大特點，使筆者在初讀書稿時，即愛不忍釋，同時也對方先生對於兒童母語的使命感及其不眠不休的投注精神，不禁肅然起敬。筆者不僅期待他早日完成全套的教材，也深信這套充滿鄉土味，生活化、趣味化的教材，已經爲「母語教材」樹立了一個新里程碑，因爲它正確地找到了真正的著力點，那就是寓鄉土文化的學習於母語教學之中，這將是事半功倍，一本萬利的一個方向。這也是筆者願意不揣淺陋，大力推薦本書的原因。

姚榮松於台灣師大國文系所

原載方南強編著《輕鬆講台語 — 標準鄉土母語學習範本》頁 5-8，1994 年 12 月 15 日，開拓出版公司。

從望文生義到以音害義的台語文講起

— 序何典恭《由諺語學台語》

語言佮文字是人類活動所憑藉的兩件法寶，缺一不可。就整體來講，人類仰賴語言的時陣較濟過對文字，所以世上猶有真濟民族到今（tann）猶未有文字。咱的四角的漢字是和漢語音節的單音節密切相關的文字，伊不是拼音文字，自然較無法度準確記錄語音的信息，致使有所謂「音字脫節」、「有音無字」的情況出現，爲著彌補伊的不足，古早人已經就用假借字或者同音字的方式，來救濟伊的困境，例如：「有其父必有其子」，其中的「其」古早本來是指畚箕，「必」本來是必痕（裂痕），並不是代名詞「其」和副詞「必然」的意思，但是假借做同音字來書寫習慣了後，就取得正式的身份。咱台語的俗字，有的已經用了二、三百年，比如原藏日本天理大學的明代「荔鏡記戲文」第二出（齣）[菊花新]詞牌下唱：

> 今旦仔兒卜起里，未知值日返鄉里，夫妻二人老年紀，仔兒卜去，焉我心悲。

其中的「卜」是要，「未知值日」可讀做「m³ chai¹ taih jit⁸」，「焉我心悲」是「使我心悲」的意思，「焉」chhua⁷訓「使」是泉州話，伊另外有一个意思是「帶路」(悉路，假若雞母咧悉雞仔囝)。這三字：卜「beh」、值「tat, taih」、悉「chhua7」，頭二字是假借，尾一字是造字，古早人用慣，到今(tann)也猶有人用，毋過(m-koh)這種「本土字」傷（siunn）過濟，對咱母語的閱讀確實造成真大的困難，恁若試讀下面這段台灣舊歌仔簿中間的文字：(陳三五娘歌，竹林書局發行第六版，75 年 3 月)

> 即年 1 美貌兮 2 查某 3，袂 4 須 5 昭君兮面膜，想著腳浮袂行路，潮州所在恰 6 青蘇 7，行甲 8 只久 9 即 10 到位。

一段口白 35 字，其中 10 个所在用借用字，(1)即年讀做 chiah4 ni0，意爲「如此的」「這麼的」；(2) 兮 (he7, e7)，的；(3) 查某，女子；(4) 袂：音 bue，不會，俗作「獪」；(5) 須：輸的假借；(6)恰：較；(7)青蘇：生疏；(8)甲：到，得；(9)只久(tsi2-ku2)：此刻，現在；(10) 即：音 chiah，才。

這款用字就親像漢字變做完全的標音文字，不但無法度通「望文生義」，干焦（kan-na）靠讀音才會知影這幾句是咧講陳三佇路上對五娘美貌的想像，華語的語譯如下：「這麼美貌的女子，勝過王昭君的容顏，想到她不禁腳步輕浮不肯向前。潮州是個人生地不熟的地方，趕了這麼長的路才到達。」頂面十个借音字詞，如果勉強望文生義讀落去，「即年」可能誤作「這一年」或「今年」，「袂須」會看成「衣袂須要」。這種文字予人不忍卒讀。在我看起來，這就是本書作者何典恭所講的「以音害義」，對少年人想欲看寫台文，是一種無形的障礙，也就是看袂落去，寫袂出來，因爲個若家己揣（tshue7），家己用家己的借音字，也一定予別人全款看無，何教授認爲這是一種危機，伊講「台語的復興，不能光靠口耳相傳的方式，而須有適當的文字表記，才可以正確的傳承。」

因爲伊的危機感，長期思考這个問題，從日語漢字中得到啓示，掌握到「訓用」的好處，提（揥）出這本《由諺語學台語》的實驗作品，號做「望文生義的台文」，目標十分明顯，伊認爲現階段的台文愛好寫好理解的方式，就是盡量利用國語文共用詞，先寫出來才用台語去讀，每一个「訓用字」，伊的讀音就綴（贅）意義行，也就是「音隨義轉」。這種辦法確實有伊方便的所在，予少年人真緊就會得進入台文的天地，毋免經過太大的轉換。

徛佇臺灣語文的推行這个角度，我十分贊成何教授的方案；不過，世間的事通常有一好無二好，過份強調望文生義的用字，也有一寡不足的所在，下面分四點來說明：

有本字可用，就應該盡量接受。

在這本冊內所見的，知曉（chau^{7} iann^{2}）本字應作「知影」，音字不統一，往往造成選音困難，如在「不曉有孝豬狗牛」句中（見諺語 79），「不曉」是「be^{3} hiau^{2}」，但「知曉風篩即要來也」（第 1 則），「知曉」卻唸「chai^{1} iann^{2}」，應該直接寫本字，所謂「影」就是「影跡」（iann^{1} chiah^{4}），台語另有「無影無跡」一詞，足見「有影」佮「無影」是相對的，不宜寫作「知曉」。再如「媳婦」一詞（本書 37、52、82、93、99）應該一律寫作「新婦」（本書 71、75、84）用「新婦兒」專指童養媳，但是「新婦」連音多唸 sim^{7} pu^{7}，sin 變 sim 是語音的同化（受 pu 影響），可證明「新婦」是台語保留古音，不必寫作「媳婦」。「下雨」一詞，本書不寫作「落雨」（28 注 3）也沒有必要。仝款「下車」也應該寫作「落車」。

常用的否定詞應該愛有區別。

以「不」字來講，最常用的音是 m^{7} 或 be^{7}，讀作文讀 put 的詞較少，例如：「壞子不如無」（56）、「幸子不孝」（61），凡是讀 m^{7} 者可作「毋」或「伓」，讀做 be^{7} 者可作「袂」或「𣍐」，讀做 bo^{5} 可寫作「無」，不必完全寫作一个「不」字，例如 43「孩兒不（袂）堪得餓」、46「予子吵不（無）夠」、49「不（毋）驚你不（毋）富」、54「好子不（毋）免多」，76「有的驚子不（毋）吃」、79「不（袂）曉有孝豬狗牛」、33「雨下（落）到𣍐（袂）放屎」。總計本書「引得」在「台文解說」中 bo^{5} 寫作「不」的有 28 次，寫作「無」的有 21 次，其中作「有無動詞」的佔多數，寫作「沒」的 7 次，對初學者在選音讀字方面，有一定的困難，可能作者認爲遮的讀法真很容易掌握，卻沒有規律可言。

選字時應合乎語音演變的規律。

比如說「好業人」本書說也可以寫作「豪業人」，但豪是陽平（第五調）字，變調則作 ho^{7}，不可能唸 ho^{1}，因此「豪」字不可取。再如「胡別」的「別」不可能唸 peh，應該回歸到「烏白」一詞，訓用則作「黑白」亦可。

已經通行的俗字，可以適度使用，不必另起爐灶。

例如：本書 phainn^{1} 出現「壞」（好壞照輪、壞田、壞翁）、「孬」（孬款、孬過、孬講、孬種作）二字，完全不用俗字「歹」，其實「歹勢」已習慣了，不必改字。如果一律作「歹」更佳。其他如：呵咾（oh^{7} lo^{2}）本書作「阿娜」，gau^{7}（能幹）俗作「勢」，本書作「佼」（又作爻，本書誤作乂），俗用「查某囝」（女兒）本書作「諸婦子」顛倒不易望文生義，都是筆者不敢認同的。

頂面四个原則是個人對「台文漢字」的基本看法，如果欲共（be^{2} ka^{3}）漢字規範當作長期目標，咱的「工課」（khang-khue^{3}）猶有真濟，對台文的主張，自來就有真濟派。有個人把漢字當作暫用系統，因此，排斥本字，家己無佮意（khah⁴-i³）的字就改用羅馬拼音，並美其名爲「漢羅文字」，其最後目的若是欲廢漢字，咱這些功課也不是白做，因爲咱的做法，至少會用得證明，全部寫漢字嘛（ma⁷）會通，但是這个規範工作是比較久長的，不但要建立台文自己的漢字系統，不通（可）干焦停留佇佮北京語共用的階段，按呢就會妨礙着台灣語文本身的創造力了。

佇我這幾年在師大的台語教學中，漢字的寫讀是最大的挑戰，我也感覺著台語的傳承比什麼都較優先，佇這个前題之下，何典恭教授的想法佮做法攏真值得重視，假使伊對頂面所講的四點原則會當閣（khoh）共（ka³）考慮一下，做淡薄仔修正，我相信伊的方案會受著閣較濟人接受，對現階段的台語教育一定有積極的意義，咱真希望伊的做法會吸引較濟的「新台灣人」來加入台語書寫的陣營，按呢，咱推展台語的任務，就已經達成一大半。

透過同事莊萬壽教授的推薦，認識本書作者何教授，當我讀完這本實用而且流暢的台語文諺語教材，我不但予伊的用心和苦心所感動，而且對伊的創意更加佩服，「台語文字」的推廣予偌濟台灣人覺醒和沉迷，我相信咱攏是仝款的心情。所以，我已經給伊這套書寫法介紹予我的學生使用，我希望大家鬥陣來試用看覓咧。

本文原載於何典恭，《由諺語學台語》，圖文出版社，1999。

按：本文用字已依國語會公告之七百個推薦字，略作修正。

教育部《臺灣閩南語常用詞詞典》總編輯序

臺灣是一個多元文化的美麗之島，四百年前，葡萄牙人的一句驚艷之詞「福爾摩沙」，就揭開了幾世紀以來，這個「多風颱」、「厚地動」的海島文化的神秘面紗。原住民、先住民、新住民的絡繹於途，航海家、海盜、討海人、偷渡客、墾殖者、殖民統治者暨流民的銷聲匿跡，自然構成斯土斯民、海洋文化的新天地，論語言流衍，豈止千百種，數百年的融合，主體性逐步浮現，就是今天的四大族群的代表語：南島語、福佬話（俗稱 hō-ló 話）、客家語和華語共通語。

臺灣閩南語作爲漢語的一個支脈源遠流長。四百年來由於移民人口的優勢，它成爲島上的第一大語言，使用人口約佔二千三百萬人口的四分之三。因此，要探討臺灣近三百年蛻變的軌跡，臺灣閩南語的研究，是一個重要切入點。長期以來，它做爲下層語言，幾乎得不到官方的重視，外來殖民不管久暫，都消滅不了它的生機。

解嚴以來，由於臺灣本土意識的高漲，有志之士面對本土語言消失的危機，及時發起「還我母語」的運動，以爭取母語的生存權與教育權，將母語的傳承納入體制，因而有鄉土語言教學，作爲國民中小學鄉土教育的一個環節。直到八十八年六月四日，教育部公布小學到國中的「九年一貫課程綱要」草案，以七大學習領域取代傳統學科，而語文領域中的三種鄉土語言自九十年度起，從小學一年級開始教學，五年級起學習英語，「語文領域」的多元化取代了近百年的唯我獨尊的「國語文」政策，也開啓了語文教育的新紀元。

個人有幸參與「九年一貫課程綱要」閩南語組的起草工作，也觀察了鄉土母語的教學困境，除了師資教學時數的嚴重不足外，教材的標音及文字尚未標準化才是最大的障礙，誠所謂「冰凍三尺，非一日之寒」，這是過去政府長期忽視母語的結果。但隨著大環境的改變，早在民國八十四年教育部人文社會指導委員會已公告鄉土語文音標方案，包括閩南語、客家話和原住民語三套。閩、客語音標以臺灣語文學會制定的 TLPA 爲基礎，一時教科書如雨後春筍，爲母語教育揭開了序幕。

2000 年政黨輪替，綠色執政，同年九年一貫課程開始實施。教育部國語推行委員會改組，在新任主委曹逢甫教授的擘畫之下，成立「國家語文資料庫建構計畫」，在既有的國語文教育資料庫之基礎上，推動三個子計畫：「成語典」（共通語）、「閩南語常用詞辭典」、「客家語常用詞辭典」，並進行既有語文整理成果之維護。語文教育是教育改革的基礎工程，這三個子計畫的推動，主要是配合九年一貫課程的實施，尤其鄉土語言教學需要規範的辭典，作爲國家語言的推行機構的國語會更責無旁貸，而九年一貫課程綱要也已把三種習稱的鄉土語言納入「本國語文」。

本會先前已完成一個四年期的「閩南語本字研究專案計畫」，由臺大中文系的楊秀芳教授主持。該計畫已完成五百字的音義整理，並已出版兩冊的《閩南語字彙》。常用詞辭典應該延續既有的成果，若由楊教授繼續主持最爲適當，然而編輯辭典是個費時曠日的工程，楊教授無意繼續這個新計畫，個人因長期參與本會的審查工作，包括異體字字典及上項《閩南語字彙》，曹主委希望我能擔任總編輯一職時，我受寵若驚，誠惶誠恐，對於國語會而言，這無異是一項劃時代的任務，幾經考慮，即欣然接受此一任務，並在我尚未想清楚未來的艱辛之路時，已經決定兩位副總編輯由同為臺灣師大國文所出身的博士「學棣」張屏生副教授（高師大）和畢業不久的林香薇助理教授（國北師）擔任，而編輯委員會的成員也決定承襲上一個計畫的六位成員，並由楊秀芳教授任副主任委員，委員包括中研院龔煌城院士、新竹師院的董忠司教授、清華大學的連金發教授、元智大學的洪惟仁副教授、逢甲大學的簡宗梧教授等。由曹主委擔任會議主持人，經過兩次「國家語文資料庫建構計畫編輯會議」，編輯體例及方針大致確定，並在九十年九月一日展開編輯工作，初期的七位專職編輯都是國語會原有工作多年的共通語組成員轉任，由於對工作環境熟悉，因此能很快進入編輯配置，整體的規畫，也多根據共通語組曾榮汾總編長期主持本會語文編纂的豐富經驗，每週有一次小組編輯會議，作成記錄，所有到班均須嚴守規約，就這樣，我由紙上談兵的語言研究者，成為製作規範的辭書編輯人，漸能體會榮汾兄在〈異體字典序〉一文中所透露的編輯工作壓力以及編輯管理流程的嚴整性。

閩南語在臺灣民間是充滿活力的語言，只要觀察市面各種字、辭典的數量，即可了然。根據洪惟仁教授主編的十卷本《經典辭書彙編》（武陵出版社），最具規模的兩本是 1873 年英國長老會牧師杜嘉德博士（Carstairs Douglas）所著《廈門白話詞典》Dictionary of the Vernacular or Spoken Language of Amoy）和 1931 年日本語言學家小川尚義主編由臺灣總督府出版的《臺日大辭典》

（2004 年 8 月旅日學者王順隆出版羅馬字音序的新編本），這兩本外文的閩南語辭書已說明了閩南語在百餘年前已開始國際化，今天我們的再加工，絕非只爲本土，而是希望我們的母語辭書也能現代化，並且走得出去，與世界接軌。

在所有現代漢語方言中，截至上個世紀的九〇年代，恐怕沒有一個地區的方言辭典像臺灣閩南語這麼豐富，據洪惟仁 1992〈閩南語辭書簡介〉，把字典、辭典、語典（諺語、成語、慣用語）、韻書加在一起，總共分成五類。閩南語辭書可謂汗牛充棟，其中前四類辭書洪文介紹了較重要的 39 種，第五類語典不計（因爲近年有關諺語一類的出版就已超過百種），從這些辭書標音方式及編排方式的多元，正可以突顯這部簡易實用的《臺灣閩南語常用詞辭典》對鄉土語言教學的重要性。

由於文獻語料相當豐富，我們精選了八本大小適中的辭典的詞目，建立預收詞目檔，再根據詞頻原則初步選定詞條一萬五千條上下，建立八本辭書的逐字圖檔資料，以便撰寫參考。除了規畫撰寫體例，並計畫進行各種口語語料的詞頻分析，以建立編輯環境，至少花掉小組整整一年的時間，而人力的異動，那怕只是一兩位，也都將牽一髮而動全身，最重要的小組成員雖然幾乎全是母語人，並非人人流利順暢，有時爲了語感之匱乏而大皺眉頭，總、副編輯的兼差到值也不能盡如人意，開始撰稿了，進入審稿流程，委員會決定加入四位編輯顧問，都是語感一流的閩南語工作者。這就免除了編輯人員可能面對資料的茫然及造不出句子的困窘，在流程中一切互動和摩擦都產生火花，這些編輯人員的甘苦談只能回味，不能詳述。

在漫長的三年半中，委員會已經開了十九次，平均兩個月開一次，委員在百忙中接受複審的稿件，就在小組期待回稿中，解決了不少問題，也衍生不少新議題，改變了不少體例。漢字的分歧，尤其難得共識，有些字就各家異體並陳，由委員帶回去勾選再作統計，多數委員有共識的字，定則定矣，有時自己中意的字，書面調查卻只差一票而遭否決，難免脣劍舌槍，最後不得已主席宣佈再表決，爭端並非從此止息，尋求復辟的有之。這個團隊的敬業是這本辭典「品質」的保證，複審人員也不斷擴充，幾乎網羅北部地區的閩南語的語言學專業人才。

2004 年 6 月底，原定的三年計畫到期，但進度並不如預期，感謝國語會鄭主委同意閩、客兩組辭典的延長半年計畫。因爲面對社會的期待，至少期望能有方便的網路版供社會查詢試用，並回饋試用的意見。此時，原有的專任編輯中有五位不能續約，僅有二位留下來繼續努力，如果此時徵求半年的臨時編輯人員，恐緩不濟急，也不合部內專業人員聘任要求，幸好《成語典》計畫提早完成，有四位成員願意加入閩南語組做最後階段的成編、校稿及網路建置作業，因而在人力的銜接上沒有出現斷層，這部歷時三年半的「世紀大工程」，終於能在 2005 年元月面對全國讀者的檢驗，我們知道即使再延長一年，這部辭典也難十全十美，因此我們將本辭典後續的成果維護計畫規畫出來，希望能有適當的人力或委員會，接受讀者分享成果後的回饋意見，進行互動，修訂增補，以使本辭典能在使用中臻於完善。

本辭典的完成，使個人充分感受到現代辭典編輯與企業管理的關聯。這本辭典是教育部國語推行委員會國家語文資料庫建構計畫的一部分，利用國家預算，組成編輯團隊，並有國語會長期建立的國語文資料庫，包括《重編國語辭典》及《異體字字典》

等基礎檔案，有專用的編輯部辦公室及專用圖書設備，專任的編輯成員，美中不足的是從計畫的主委到正副總編輯及審稿委員，都是兼職，因此，在作業流程上，不能避免狀況發生，在時間進度上，也往往不如預期，但是我們必須強調所有委員都是熱愛這件差事，因此，我們的編輯團隊的合作應該值得肯定的，勞苦功高應歸於這六、七位讀了三年閩南語辭典的編輯人員，他們至少成了專業的編輯，可惜政府沒有專屬的「國家語文辭典」研究中心，竟使這些專業編輯在計畫完成後，必須另謀出路，無法發揮其專長，形成人才的浪費。

這部辭典以目前這個版本呈現，是編輯團隊三年來腦力激盪的結果。也要感謝前人編纂的辭典及語料的提供者，在體例方面，許多構想來自張屏生副總編，他是全神投入者，從編輯體例的擬定，到主音讀、第二優勢腔及方言差異（附表）的呈現，都由他負責審音、定音，而牽一髮動全身的用字原則、字頭的呈現方式，都有他的堅持，他為本計畫進行的高雄地區方言調查，使本辭典走出傳統辭典不分主從音系的窠臼，當然更要感謝曹主委的指揮若定及所有成員的同心協力。另一位功臣是董忠司教授和他主編的《臺灣閩南語辭典》（五南圖書 2001 年出版），這部由國立編譯館主編的辭典，才是中華民國第一部官方閩南語辭典，本辭典在用字、釋義及定音方面，也往往以它為藍本，再進行調整。因此，本辭典因限於規模，收詞有所不足時，正好有董編可以參考，應該可以彌補這本小型辭典的缺憾。最後，我們期望讀者能給我們更多的指正。

民國 93 年 12 月 23 日 **姚榮松**寫於師大路厲揭齋

原載教育部國語會電子詞典《臺灣閩南語常用詞詞典》網路版

台語注音符號的再出帆

— 讀吳昭新醫師《台語文讀本》的一點感觸

一、

半個月前，有一天中午接到台大楊秀芳教授的來電，希望我能爲吳昭新醫師即將出版的一本書寫序，我猶豫了一下也就不敢推辭，理由當然是吳醫師的用心令人感動，而我又是站在推動台語文的「火線」上，吳先生這一本《台語文讀本》，別具特色，用心良苦，如果沒有語文學者大力推薦，會是一件令人扼腕的事。過了兩天，吳先生跟我約在我的辦公室見面，也親自帶了大致編輯就緒的稿件，向我說明其編輯的用意。

二、

這本《台語文讀本》共分三冊，副題是「從ㄅㄆㄇ台語注音符號學習 讀寫台語文」，這是針對大人編寫的語文教材，同時也爲紀念其尊翁吳守禮教授（1909-2005）而編寫。從本書第一冊的目次即可看出作者的用心，本書第一部分包括作者對於吳從宜先生一生堅持推行的「台語注音符號」的介紹，共有四節：

（一）什麼是台語注音符號

（二）台語注音符號總表

（三）台語注音符號簡說總表

（四）台語注音符號例字

這是爲初學者認識本書所採用的「ㄅㄆㄇ台語注音符號」而寫，也適合擔任國中、小母語師資閩南語教師參考，有些老師沒有機會讀到吳守禮先生的論著或兩部重要辭典，或即使看了，也不清楚整個體系，這本書正好利用很多表格，綱舉目張，兼具「台語發音學」的教材功能。第五節爲「台語正字二十字」舉出二十個代表吳守禮先生使用漢字的特色，接下來即爲“讀本”的主體。如果作者能將前五節定名爲（一）符號篇，將（六）~（十二）的注音台語文例文定爲（二）例文篇。可將原列爲（八）注音台灣民謠、童謠三首，改入第二冊，因其中正好有三篇譯自芥川龍之介及契柯夫等的「兒童文學」的注音台語文，那麼第一冊可以作爲師資訓練的教本，第二冊具有華語文對照的雙語教材，正好可以作爲學生熟習「注音台語文」的最佳入門。本冊末篇（三十一）臺華對照詞彙三千詞，正好作爲九年國民教育三階段閩南語教材的基本詞彙表，由此可見吳醫師正在設計一套具實用價値的台語文教材。相對於第二冊的三千詞，第一冊最後兩節：

（二十一）台灣常用詞彙 200 詞

（二十二）台語常用七種拼音法對照表

已經把初級入門必備的拼音、詞彙及用字都考慮到了，有了七種拼音法對照表，對於熟習各套拼音及轉換，真是易如反掌。

三、

本書第三冊為台灣閩南語用字總表，共收漢字 12,166 字，其中電腦大五碼所收漢字 8,897 字。大五碼所收漢字以外的漢字 3,269 字。後一部分只有 1,131 字收在微軟 office 2000，使用 Unicode（統一碼）可以顯示在電腦上，卻有 2,138 字不能顯示在一般電腦上（需另外造字）。

由於大五碼所用漢字高達近九千字，因此，用吳先生這個字表，基本上是很方便的，那些不能顯示在一般電腦上的字，將來只能再加一個「替代字表」，來解決部分極常用又要遷就吳守禮先生用字之困難。所謂「替代字」一般均非本字，一般以借同音字為主，偶而也採訓用字。教育部國語會即將上網的《台灣閩南語常用詞辭典》（收辭一萬五千，由本人擔任總編輯），即採用了不少「替代字」。連最常用的所有格及形容詞後綴「的」，一般主張用「个」「兀」，編輯委員會最後決定用「的」這個訓用字，一方面和華語取得一致，減少用字負擔。吳先生的 200 詞中，則採用「兀／個」，“不會”用「𣍐」，“不要”用「嫑」，“要”用「嘜」，除了「兀」無打字困難外，後三個字都無法解決一般電腦用字的困難，只有將來由政府向 Unicode 建議補收這些字，但漢字罕用字是一個無底洞，「統一碼」永遠不可能滿足用字者的需求，因此，在這個階段，統一選定一些「替代字」，以公告方式建議學者、教師採用，不失為一種階段性的方案。教育部國語會也正朝這個方向在做。

四、

順著上節說用字，吳守禮先生的「台語正字」稱得上獨樹一幟，他是通過幾十年的文獻分析和自己的用字實踐才定的案。一般讀者可以利用林榮三文化公益基金會出版的「台語正字」(吳守禮著，陳麗雪整理）的 182 則略窺其特色。爲了讓初學者更易掌握，吳醫師提出「台語正字二十例」，將通俗例字（華語）與正字（台語）做了對照，讓讀者知所是從。例如：鬥腳（骹）手俗作逗腳手；恬恬俗作惦惦；阿媽俗作阿嬤；突生（孱）俗作賭爛；較好俗作卡好；更再來俗作擱再來，好孔（空）俗作好康；食俗作呷；抓耙仔俗作爪扒仔；抛抛走俗作趴趴走；掠（搦）包俗作抓包；萵仔菜俗作 A 菜；趴（趄）山俗作爬山；勼水俗作縮水；共款俗作仝款；恰若俗作假那、到那。這些正字皆是顛撲不破，已有公論。另有三字尚待商榷：以「付」作爲乎、互（給予、被）之正字，而不知「予，與」才是正字；以「詨膌」爲嘐䛒之正字，然詨訓呼叫，膌字後起字；以䅳幹撟爲「錯訐譙」之正字，而兩種寫法均屬典籍無徵。即前舉「突生」二字恐亦民間俗字，非關正字。我們知道從宜先生的「正字」是奉明清閩南戲文爲正始，因此這些後起的地方造字被視爲正字，正反映了從宜老人別具卓識的地方。

有一些字殊堪玩味，正反映吳守禮先生的造字理路，例如：常用詞「要」，從福州話的《戚林八音》以來即用「卜」字，近人遷就漳州腔，或改作「慒」(如連雅堂)，吳老改爲「㪐」(從要卜聲)，類似的字有「瑪」，音ㄇㄚ（陰上）訓「也」，故從亦馬聲，䵷字訓得，如「會䵷」，故字從得省形、當聲，仸、在音ㄉㄧ（陽去）皆訓在，俗作「佇咧」，吳老別從在省形加人，或在字加點會意，使得「在」、「仸」、「在」三字分工，凡此系統性造字，實得許叔重六書之精義，吳老的「台語正字」，也將成爲後世漢字學的寶庫，非深通漢字之全體大用者，不足與聞。

五、

說完本書用字之特色，回來得談台灣注音符號在現階段國民中小學母語教育的功效。吳醫師在自序中，指出了當前母語教育的亂象，客氣的比方是「鷸蚌相爭」，既然不能雙贏，即無人得利，若果鷸蚌是指羅馬字（ABC）派，在爭了五年之後，現在塵埃落定，以「台灣羅馬字」作爲教育部推行母語之統一音標。然而在爭執之過程中，人們似乎忘了注音符號（ㄅㄆㄇ）自民國三十四年，就是國語會推行閩南語的基本工具，早年還印了一些會話教本，現在坊間還有不少國台雙語的注音字典，當年皆用朱兆祥－吳守禮這套編的，爲什麼政府在推動所謂「鄉土語言」教學以來，即逐步把ㄅㄆㄇ束諸高閣，不但不提倡，甚至想以羅馬字取代了事，這是吳醫師所不能理解的，當年朱兆祥走人與國語會推行逆向對待「方言」有關，後來ㄅㄆㄇ總算重見天日，甚至教育部民國八十四年公告「人文教育指導會」研究鄉土語言教育的音標符號，還是兩套並行，注音符號還在併用之列，但是政黨輪替後，國語會經過幾年的紛紛擾擾，終於把ㄅㄆㄇ也丟掉了，未來將只推薦台羅一套。吳先生似乎是怪這些學者委員們，但是以筆者個人的參與與見證，似乎也不必太悲觀，因爲不管九年國教的音標怎樣定於一尊，民間習慣的標音法肯定不會一夕之間完全消失，因爲文獻俱在，各取所需，注音符號一直也是各家閩南語教材最重要的輔助工具，只要國語文教學，沒有改弦更張（即改用通用拼音教學），ㄅㄆㄇ永遠是國小低中年級最熟悉的符號，小學老師也使用得得心應手，因此，只要這套注音教材，能引起廣大母語教師的關注，將來可以再按年級發展出一套全方位的注音符號閩南語教材，很難說它不會成爲國小教師的最愛。寫到這裡，我似乎已完全支持吳醫師的想法，讓我們重新出發，編出一套簡易的注音符號教材，讓小學生也能自學，一但閩南語的注音字模確定，也能編出一系列的世界名著台譯閱讀系列，使老少咸宜，極有可能開創「台語教材」的另一個新天地。

六、

本書命名《台語文讀本》除了介紹台語注音符號，文字符號及注音例文（含兒童文學）外，第一冊還有吳守禮教授的三篇學術專論：閩南方言過台灣、台語注音符號溯源，一百年來的閩南系台灣話的研究回顧。這三篇論述使本書更具可讀性，吳教授以生動的文字敘述閩南語流播台灣及其演變，並指出百年來研究的方向，同時也把注音符號的來龍去脈做了分析，讀了這三篇的教師或愛台灣的人士，必然對吳老先生的貢獻肅然起敬，而萌生傳承母語的責任感，另外三篇紀念文是登在95.4.《臺灣文學評論》紀念專輯中的三篇中壯代學者觀點，他們都異口同聲指出吳從宜先生爲台語一代宗師，緬懷前輩的篳路藍縷，踏著前賢的腳印，台灣語言的研究，已開出一條坦途，我們現在要做的，可能是搶救、復振消失中的語言，而不是爭功諉過，搶拾地盤，或堅持某一套符號，走哪一條文字化的道路，而是在現有條件下，編出好的教材，利用最簡易有效的教學法，使各族群語言的教學能深耕、茁壯、遍地開花，我深信吳醫師在〈醫病關係五十年〉這篇大作中，已透出其淑世的觀點。以一位年逾七十的退休醫師，花了五年的工夫，整理其尊翁的兩部辭典的注音系統及三千詞彙，並將台灣閩南語的全音節以用字總表方式，列為第三冊，則凡台語所憑以教學、閱讀、寫作之工具，三冊俱在，讀完本書，我相信可以勝任台語的初級教學。

本書在例文的選擇上，以當代日本文學大師芥川龍之介的雋永短篇代表作品為主，共四篇（蜘蛛絲、柑仔、鼻仔、竹林內），還選了森鷗外、志賀直哉的作品，另一篇俄國作家契柯夫的小品，都是令人愛不忍釋的短篇，這自然與吳醫師精通日文有關，因為每一篇的華語和台語，都是通過他親手轉譯而非揀現成的譯文，每篇台語的詞語注釋，均可見其克紹箕裘，發揚家學之扎實功力，我彷彿又跟吳從宜老師在書中重逢了，我感覺吳先生對本書會很滿意，因為先生一生無暇涉及的是台語教材的編纂，現在吳醫師這本書已彌補了這個缺憾，我們也樂見讀者用了這套讀本，開始翻檢吳老的《綜合台灣閩南語基本字典》及《國台對照活用辭典》。從宜先生的許多未竟之業，是可以重新開展的，從ㄅㄆㄇ台語注音符號學習台語文，也可重新出發，這是我讀了本書感到最欣慰的事。

以上是我捧讀吳昭新博士新編《台語文讀本》的一些心得雜感，若要稱之為「序」，就不免唐突滑稽了。

原載吳昭新編著《台語文讀本》第 1 冊，頁 3-9，花神出版社（新竹市），2007.3。

《大學台語文選》應做爲台灣文化基本教材

—序《大學台語文選》(下)

《大學台語文選》(上冊)是國內第一本爲大學生編纂的大專院校台語(閩南語)文讀本,從編輯動機來看,它是 2000 年第一次政黨輪替後另類的本國語文選讀,可以視爲坊間琳瑯滿目的《大學國文選》的補篇,如果要落實九年一貫的本國語文領域的語文學習,我認爲應從大學通識課中去強化多元母語的書面語閱讀,對於改善高知階層的母語能力及深化台灣文化特質的理解,是極具意義的。

作爲台灣華人社會的第一本《大學台語文選》,它打破了數十年來高等院校國文教育的一貫性、壟斷性,讓一息尚存的母語文學的嫩芽,終於在大學的共同科目中,能夠嶄露頭角,讓多元語文的果實,能在大學殿堂播種、深耕,啓動高階知識分子新的語言觀。它也能作爲大學散文選的補充,使大學熱愛本土語言的細胞,得以在文學鑑賞的課堂上,得到甦醒;總之,這本《大學台語文選》是一個里程碑,配合九年一貫本土語文進入國小的必選,課綱的修訂、微調,也意謂台語教育必須細水長流。在諸多台文系所成立後，這本書的定位，更加明朗，由於現有九年一貫的母語師資，除了 2000 年第一梯次認證的支援教師外，應該回歸到現職教師，未來現職教師的台語文能力，仍須通過檢定、認證或補修相關課程來強化。教師的台語文能力，包括聽、說、讀、寫作的每一方面，都需要有較全面的文本閱讀，以厚植根柢。十二年前《大學台語文選》上冊剛出版時，我在師大國文系任教，開有本系的「閩南語概論」及外系通識的「閩南語概論」，同一門課程有兩種層次的授課方式，通識課正好利用了《大學台語文選》上冊豐富選文，配合該書提供的四片 CD，讓不同科系的學生沉浸在台語詩歌、謠諺、小說、散文的美讀中，是一種另類的文學之旅，而從課文的注釋及討論中，學生也充實了羅馬拼音、詞彙及句法的新知，可以達到極佳的語文陶冶效果。

2003 年台灣師大成立台灣文化及語言文學研究所，我進入台文所專任並兼掌所務（2004-2007），又參與教育部國語會的語料庫的推動，我被迫放棄了開通識課，也把《大學台語文選》，暫放一邊，開設碩士班必修的《台灣語言通論》。台文所的學生來源一向多元，除了中外語文系，教育大學語文教育系（多數轉型爲中文系）的畢業生，又有新增的生力軍是 2000 年前後成立的台灣文學系及語文系，還有許多不同科系，如傳播科系、民族語文系及理工法商學院的畢業生，令人爲學生背景的多元感到興奮，但卻也爲學生對台語文學的基本能力普遍不足，感到憂心，比方說選擇文學組的學生最多，但他們的台灣文學的基礎是現代文學，是中文系的根柢，多數沒有修過台語文學選讀，因此掌握台語文本的能力大受限制，如果要在短短兩年的碩士課程中，加入台語文學，顯然緩不濟急，他們祇能沉浸在日治到戰後的狹義的「台灣文學」中做功，他們撰寫的論文，與中文系的現代文學同質。因此，台師大台文所雖分組卻鼓勵以跨領域爲目標，把文學、語言、文化冶爲一爐，近年更推動進入碩士班再分組，試圖把台灣研究的路拓寬。此時，我才又驚覺，大學生需要一本「台灣文化基本教材」，最理想的課本仍是這種「語文選」的方式，正好醞釀多年，伺機而動的《大學台語文選》下冊就要出版了。

我以現代大學生爲對象，重新審視一下《大學台語文選》，此書完全能擔當起這個「台灣文化基本教材」的任務，我的理由不外下列幾點：

一、這是一本具有人本化的文學選本

編者之一的鄭良偉教授在〈台語文學欣賞課程的意義〉(上冊序）一文中指出在激變的台灣語文教育中，這本書反映四個人本化，即書面語導向的人本化；文字內容的人本化；語言認識的人本化及文字處理的人本化。鄭教授說：「人本化是指人類的共性實現 ti7 各種文化及族群內底。」因此，我們認爲要認識台灣閩南語族群，應該認識這個族群的精神文明，也就是台語文學中反映的台灣人民的勞動與思維，《大學台語文選》上冊的「取材」說明，印證說明了這一點：

> 本書全集分上、下兩冊，由專家學者及國內外台語文學創作者，共同精選出以台語文創作之文學作品，以及傳統歌仔冊、民間歌謠和諺語。內容舉凡民俗、土地、傳統文化、歷史、地理、農村生活、原住民文化、電影、文學評論、語言論述、政治、親情、愛情、兒歌、藝術、環保、哲學、弱勢關懷等，並希望能兼具文學性、社會性、現代性與實

用性。[1]

不錯，題材的多樣化及文學性，是本書立足人本、體現多元的勝處，坊間固然不乏類似的台語文學選，卻沒有本書的規模，也沒有從大學生的需求去設計，如果我們再從本書的「範例與說明」[2]，諸如採用語言，用字原則，標音系統，課程編排，都可以看出編者群的努力使它成爲人性化的的讀本，包括我們熟悉的作者、題解、問題與討論、用字對照表等。

二、這是一本進階性的語言文化選本

《大學台語文選》上冊共有二十六課，其中台語詩分別安排在 3、8、13、18 四課，每課 2 首，共八首，編者精心的按照文類：散文、詩、小說、歌謠（含歌仔冊），另加諺語一篇，以循環間出方式呈現出單元結構，充滿文學品味，其中散文佔 14 篇，是選文的主體，卻不是集中排列，而是以 2-4 篇爲一組，散在不同的單元中，雖沒有明顯的單元界線，卻有如部編本中學國文課本的安排。新編下冊的選文，共有二十七課，現代詩篇由上冊的四課八首，減爲二課四首，但歌謠仍維持四首，並由二課增爲四課，以內容作比較：上冊收牛犁歌（作者不詳）、三線路（陳達儒）、孤戀花（周添旺）、船上月夜（莊啓騰），都是膾炙人口的作品；下冊則收「天烏烏」是一首雨天宴客的台灣料理文化，而非通俗的那首公媽吵架的「天烏烏」，接著三首是「歌呀歌」,「挽茶歌」、「長工歌」，這四首歌謠前兩首屬兒童歌謠類，篇幅則明顯增長，後兩首均屬抒情，卻反映民間歌謠的內容描寫勞動階層的情趣與辛酸。上、下冊合計看來全部八首歌謠，加上二篇「七字仔」──

1 鄭良偉等編《大學台語文選》上冊，頁 2，遠流文化公司。
2 同上注，頁 31-35。

上冊收傳統七字歌仔冊《胡蠅蠓仔大戰歌》，下冊收的是現代短篇七字仔「福浪損」等五首，使讀者從傳統唸唱的口傳文學到當代急興創作的七字仔，不但體現歌謠的蛻變與創造，也隱約呈現台灣文化史的圖景。

除了歌謠，下冊的散文類有兩篇可代表這種文化取向：第 7 課「大坌坑文化及原住民」（溫振華）、第 17 課「對文化變遷看台灣地名之二：殖民篇」（康培德）。由知名的歷史學者或鄉土文化學者的作品，講述了台灣考古文化及地名所反映的台灣多元文化層積，從三萬多年前舊石器文化到六、七千年前新石器的大坌坑文化，再看近四百年的歐洲人殖民史，台灣的世界化已躍然紙上，而這些教材，通過台語學習，正是認識台灣不可或缺的經驗，同時也看見的台灣漢文化的植被性。

三、這是當代語言學家深耕出來的台灣語文基礎教材

本冊選文大多取材自是近二、三十年來的台語文雜誌、書刊，台語文創作的精華，編者披沙瀝金找出較有代表性的文學文化題材，進行細緻的加工，例如注音、用字、標點符號，無不考究，本書的台語書寫即今日蔚爲主流的漢羅文字，除了專名的羅馬字外，少數找不到漢字本字的羅馬字替代之外，課文中對罕見漢字及訛讀的詞語均加括弧注音，以利讀音，以第 17 課爲例：帶（toa3）、關渡（kan-tau7）、到今（taN）、這（chia）的地名、三貂角（sam-tiau-kak）等。

每課課文後有注釋，問題與討論及網路資源三部分，網路資源提供相關的文本、各種語料庫、教學網站及作者個人資料的介紹，一卷在手，師生兩便。本書實際編者曾金金、李櫻、盧廣誠均是台灣語文研究的專家，也是長期擔任中、英文及對外華語教

學的名師，他們有語文教學的經驗，把這種經驗拿來開拓「大學台語文選」，正是一個新的語文教學的場域，由於他們的努力，已爲國內大學的台灣語文基礎教材，樹立了一塊新的里程碑。

台灣是一個多元文化的社會，由於文化變遷迅速，課文教材都有一定的時效性，應該不斷的更新，才能反映社會風貌及時代需求，我相信這本教材上冊經過十二個年頭的實驗後，現在又推出下冊，已形塑爲另類的語言文化基本教材，本書當之無愧。由於本書的優點太多，異於坊間一般的選文，這是筆者樂爲本書寫序並積極推薦本書的原因，也向幾位編者致上無限敬意，是爲序。

姚榮松

2012.5.25 于台師大台文系

雲和街一號教學大樓 404 室

國小閩南語教學面面觀

本文是95年2月22日下午兩點到五點在台灣師範大學教育大樓202國際會議廳舉辦「推動鄉土語文教學面面觀座談會」之個人發言稿。主持人為實習輔導處陳麗桂處長，發表人依次為姚榮松（師大台文所教授兼所長）、張美煜（師大國文系講師）、浦忠成（台北市立教大語教系教授）。

發表人致詞

姚榮松教授：

一、多語學習好處多

邁入二十一世紀，流行詞「全球化」或「地球村」已成舊詞，教育心理學家提倡多元智能，由來已久，文化學家提倡多元文化素養，人們認識到教育「改革」的浪潮是夾著多元語言的潛在價值在打轉，儘管社會對九年一貫的新課程，仍有些不滿，但是語文領域的新課綱，也進入了第五年，處於語文領域的邊陲的所謂「鄉土語言教學」仍然未盡如理想，甚至有些板塊呈現原地踏步或裹足不前之困境，但這並不妨礙既定的教育目標或理想的推動，就在多語學習的迎拒、夾擊到適應下，人們已慢慢調適到一定的軌道，許多困難在逐步減少，許多好處正在挖掘，這是新課程實施後的多元面向。

黃宣範教授（1993）在其臺灣語言社會學的名著《語言、社會與族群意識》開宗明義指出：臺灣作爲一個社會科學研究對象的國家有幾項特色：

1.臺灣是個現代化的社會。

2.臺灣是個多族群的社會。

3.臺灣是個移民社會。

4.臺灣是個華人社會。

黃教授根據這四個社會背景，進行臺灣語言政治學、社會學的分析，下面只摘錄一些精彩的片段，用來印證臺灣已是多語之社會，多元族群的互動與學習是必然的教育方向。

◎ 根據過去漢人移墾臺灣的經驗，新的臺灣意識的整合尚須幾個世代。依照社會學者 Gordon（1964）七個階段，整合過程的說法，臺灣各個語族目前似處於第二階段（結構性的同化）與第三階段（大量的通婚）之間（p.4）。

◎ 雖然臺灣意識的表現在許多方面，一再遭遇阻力，但在語言方面，即使是官方的報紙，仍然可以看出過去四十年來逐漸轉向臺灣意識的軌跡（p.7）。

◎ 臺灣是個多族群的國家。她跟其他多族群國家一樣也多少顯示「雙言」的現象（diglossia）例如國語主要用於正式場合，是一種高階語言，而方言主要用於非正式場合，是一種低階語言。

◎ 多語的社會一定有雙言現象。H／L（高／低）語言的對立可能產生緊張的關係，但可能由於二種語言接觸的結果而產生一種不H不L或既H又L的混合式語言，沖淡了兩者間的界限。在臺灣這種不H不L的語言就是所謂的臺灣國語。（p.14）

◎ 這些十三年前的論述說明了臺灣社會的多語本質，教改一路走來，我們必須肯定「本國語文」領域的擴充是必然之路，鄉土語言的教學也只能拼命向前，不可能有後退的餘地。

二、「本國語文・族群語言・閩南語」之實施現況

首先針對「本國語文・族群語言・閩南語」一名作個說明，我們目前在九年一貫國民中小學課程綱要中的「語文學習領域」包含五塊，正式名稱爲本國語文（國語文）；本國語文（閩南語文）；本國語文（客家語文）；本國語文（原住民語文）；英語（外國語文）。我們要質問爲何我們全國教師仍然習慣稱呼閩、客及原民語爲「鄉土語言」？除了習慣性之外，也反映我們前面已指出的「鄉土語言」的邊陲地位，它並非「妾身未明」（否則就不必列入課綱），卻沒有足夠的鐘點，足夠的師資，統一的教材（矛盾命題，既然多元即不必統一）與心甘情願的學習者。個人希望實習會的地方教育組以後再辦類似的研討會，可以把「鄉土語言」一詞改爲「族群語言」或直呼「閩南語」、「客家語」、「原住民語」。民國九十年九月新課程上路以後，「鄉土語言」的名詞就已名不符實，我們希望從名稱上改正教師、家長、行政人員及學生的觀念，使它變得更像「正式課程」。

（一）教材教法現況

教材是多元的，因此有縣、市的差異，比方臺北市發展的一套，就不被其他縣市採用，教材的使用量又受限於各廠商投入之意願，初期被當作國語文教材的贈品，現在應有改善，主要的國語課本廠商康軒、南一、翰林都有閩南語教材，由於音標的分歧，又有四種主要系列：TLPA／教羅／通用／注音符號式。TLPA 最有代表性的是育成（原光復）、康軒版，康軒為市場需要，一度改為課文只列漢字（92 年 7 月修訂二版第三冊），附錄的課文標音才並列「教羅、TLPA 與注音」三套。臺灣語文學會出版 TLPA+注音（放在漢字旁）兩式版，可惜教材未開發完成，早期流行的安可出版的「改良式 TLPA」最主要的特色是塞擦音使用「漢語拼音」的 Z.C.S，其他多同 TLPA，教羅在各教科書競逐的廠商中淪為非主流，通用拼音發展不過十年，大量教科書卻在 2004 年達到高峰，目前收集到的有福佬臺語（仁林文化）、福臺語（明臺教育）、臺語通用直接版（翰林）、國小臺語（開拓出版）四種，事實上還有許多版本在狀況之外。TLPA、教羅系出同門，目前已有整合為「臺羅」之方案，通用拼音系出漢語拼音之對應改良，兩股勢力，前者具有歷史發展脈絡及大量參考文獻及教材詞典。後者使用率正在增加，具有新的組織經營策略，文有創新的教法，號稱易學易教，頗能迎合求新心理，問題是盲點甚多，邊實驗邊修改，缺乏公信力。

教材多元之下，也有許多自己研發的教材，例如高雄市健康國小就研發了一套，也有特色。更多的教師自編教材，不拘一格。除非教育部統一音標，目前教材多元的亂象無法結束。

教法方面，國家教育研究院、各縣市教育局，乃至各地種子教師活躍的學校，都長期開辦各種研習，包括教育部深耕輔導小組。訓練時數36小時至72小時不等，各種訓練課程從語言結構到教學資源，從拼音、漢字到歌謠、俚諺、戲曲無不包括，但具有嚴格的教學法專業理論似未出現，目前也形成因時因地制宜教學法，並沒有主流教法，如果硬要三分法，可以分爲以音標入手與不以音標入手兩種主要取向。

（二）師資：由種子教師到在職進修碩士

過去二、三年，個人接觸的教學研究團隊，比較突出的有臺北縣教育局屬下的「臺北縣鄉土語言輔導團」及臺北市的兩位國小母語教學「檯面人物」（指經常發表示範教學式論文者）：朱阿莉老師（國語實小）與蔡綉珍老師（福德國小），前者是推廣通用拼音的健將，主要立足點是與國語教學與英語教學結合；後者的教學在創造對話的環境，還舉辦全市之親子戲劇比賽，把學校和家庭母語做了有力的結合。臺北縣團隊中的林瑜一老師（莒光國小）是教學碩士，對九年一貫課程綱要進行深入的分析，設計全方位的學校本位的閩南語課程，前（93）年11月曾在同一場地教育部教學與深耕輔導組的「國語文領域北區教材教法研討會」發表「枋橋古蹟」閩南語單元教學示例，可以參考。莒光國小也舉辦過臺北縣鄉土母語教學的優秀團隊獎勵及示範教學。由早期的種子教師訓練到近期的教學法大競賽，累計不少優良母語師資，教育部去年也獎勵了一批優秀母語教學傑出教師。

目前國小閩南語教師的短缺應該不嚴重，主要問題在教學意願及投入的程度。大約三千多名通過教育部閩南語支援師資檢定的老師，目前任教率恐怕只有一半（或不到一半），不過幾年教下來，累積不少專業經驗，他們尋找進修管道，其中至少有四位目前在本校臺文所就讀碩士班語言組，教育部爲鼓勵各校在職進修碩士班，95 開辦臺灣研究領域，已核定本所成立在職進修碩士專班'的學年度招生已上路，目前預定招收臺灣研究組 12 名，母語教師組 18 名，本來師大進修碩士班以中等教師爲招生對象，本班報名資格則包含中、小學教師及目前正在任教的支援教師，這是開創性的提升師資管道，本所希望對改善母語教學有具體的貢獻。

（三）學生學習情況

由於本人不在第一線，只參加過教育部桃園地區的一次母語教學視導，累積的學生母語學習情況有限，本項可能有些城鄉差距以及語言選項，教學階段是否銜接等問題，目前暫時從略。

三、本國語文族群語文之拼音符號問題

爲母語注音並設計一套可大可久的標音符號，這是語文教學最基礎的一環，國語教育的成功，除了單語政策的強勢作爲之外，也拜注音符號之普及所賜，母語教學長期受到壓抑，在八〇年代鄉土語言教學時期，傳統的「教羅」由於有 152 年定型的歷史，因此一度是編輯鄉土教材的主要工具。但由於其標音系統要有文字功能（白話字），不免受到定型時代的限制，至少在電腦輸入上有其先天性之不足，因此臺灣語文學會（以大學臺灣語文研究及教師群爲主），在 1991 年成立，成立小組經過將近一年的研究完成 TLPA（Taiwan Language Phonetic Alphabet）的方案，並於 1992

年公諸於世（載〈臺語文摘〉革新 1 期），1995 年教育部人指會的鄉土語言音標小組納入研究，並修訂 ts、tsh 爲 c、ch，指定爲「臺灣鄉土語言教材」推薦音標，並於 1998 年 1 月 12 日教育部正式公告爲「閩南語音標系統」。

這個「教羅」修正版的 TLPA，堪稱簡易好用，因此得到不少支持者愛用，有些是迫於輸入方便，把他視爲教羅方便版，2000 年的本國語文（閩南語文）課綱，一度列爲推薦音標，但隨後即刪除，政黨輪替後語文界的第一件大事是國語注音符號第二式（1986 年啓用）被通用拼音取代，接著客家語言拼音系統也在 91 年 7 月通過採用客語通用拼音。

閩南語拼音由於使用人多且雜，自來就已多元，要想以政治力統一一套，除非因勢利導，否則也只能推薦，讓市場機制決定未來的大方向，這牽涉到「白話文」的歷史及式微的因素，尤其難以擺平，幸好國語推行委員會採穩健的溝通協調模式，目前已開過數次整合會議，在可預見的時日，相信可以整合出一套較多人可以接受的系統，到時候也可能不再拘泥「通用」系統的一致性，畢竟它將是階段性的音標系統而非做文字考慮的標音系統。

四、鄉土母語教學的定位、成效及未來努力之方向

討論題綱上用「常見的問題與迷思」這是今天這個研討會的真正的主題，因爲短短三個小時，實在無法研習所有具體的教學技能，只能在觀念上突破。我認爲最常見的問題與迷思是：

鄉土語言教學爲什麼要必修？爲什麼不回歸家庭與社區？爲什麼要教音標？爲什麼沒有一套統一的音標？

用最簡捷的方式回答上列三個迷思：

1.鄉土語言列入九年國校必修課程是解決臺灣多元族群衝突的不二法門，也是形塑臺灣文化主體意識的利器，沒有一個政府可以改變長期發展的政策。

2.本來就應該在家庭和社區生根，但那不叫「回歸」檢視國語政策，如果不是它在家庭與社會成爲主流語言，就不會有「鄉土語言」消亡的危機。

3.進入學校體系的語言教學，只有從音標到文字，循序漸進的深耕教學，才算是進入軌道的語言教學，否則便流於鄉土教學或被統整的教學。沒有一套統一的音標是政治介入教育，只有政黨輪替幾次之後，這種原因才能消除，語音符號就可免於災難。

至於「鄉土語言」教學之成效，現階段國小已漸入軌道，固然還有許多不如理想或虛應故事，但逐步改善，尤其必須投入較多的教學法之研發及教師的培養管道。未來努力的方向，可舉辦全國各縣市鄉土語文教學成果展，並以較大獎勵鼓勵專業從事母語教育之教師，如退休金加級等。如果有全國性的鄉土教學頻道，成爲全民學習母語的必看節目，將可事半功倍，有待全體第一線教師的配合。

綜合討論

姚所長榮松發言：

我想今天如果是開放給更多的人來的話，對這個問題關切的人一定更熱絡。不過我想，後面幾位都是在職的老師，都有一定的理解，難得就是說，像我在文章裡面提到的（剛才忘記介紹一下），我的文章就提到朱阿莉老師（國語實小），她長期做國語教學的實驗，然後又做鄉土語言教學，她或許可以幫我們補充一些問題。在我的文章裡第二頁的有關師資的一段，我特別點了幾個我常聽他們演講的人士，像朱阿莉老師、蔡綉珍老師，這些我都是在浦老師的學校，他每年都辦關於母語教學各方面的演講，我記得蔡秀珍老師還來過不止一次，還有林老師，我和他認識是因爲一個臺北市的團隊，做一個常用詞的分析，請我們去掛名、去指導，上次我們的深耕團隊就是林老師演講閩南語方面的議題，我現在是先提一下這個師資的部分。

事實上我們在小學這個領域裡做很多的努力，做這方面的課程、方法研究的老師有很多，我只是隨便點幾個我比較熟的。所以，教學法反而不是問題，問題是符號把我們限制死了，就是因爲我們已經把它當做一個課程綱要，當初覺得從小學的第一階段（就是一到三年級）就可以開始學習符號、拼音，爲什麼呢？我們認爲說你既然要當做課程綱要，那你就不要有這種跟語言教學理論不一致的看法，一直想說那些不重要，想說放到三年級以後再教嘛！

所以放到第一階段的最後。其實越慢開始，對整個語言教學提昇並沒有幫助，因爲小孩子他四年級、五年級很快就過去了，他已經興趣都不在那上面了，你再去教他？所以我們當初堅持應該是放在第一階段，小一如果怕跟國語教學有衝突，那就放在一年級下學期或二年級上學期再開始，所以爲什麼語言學家（像剛剛浦老師對原住民語言教學的無助）在從事教學時，多多少少還是覺得我們要從語言本身的分析進去。所以我在教在職進修的「臺灣語言教學」我有一半時間都在教語言，不在教教學法，因為你語言一旦熟了的話，教學法就能很快地進入，而且有很多的參考書可以使用。那現在也有人說，注音符號ㄅㄆㄇㄈ那麼好，剛剛陳先生也說，注音符號可以表達閩南語，為什麼沒有人要用？這就是工具論的問題。我們這社會本來已經多元了，而注音符號帶有某一種限制，成了某一種圖騰，也會跟國語攪混等等。而且像這樣不同的標示法，他也不熟悉呀!因為閩南語本身太複雜了，它後面還有 p、t、k 收尾的，還有鼻化音，那麼多東西你搞注音符號他還是會一頭霧水，一樣會產生問題，那還不如用國際音標來得清爽，它至少可以一路到底，還可以用來學外文，國際化。現在的問題就是在於為什麼通用拼音，這樣的一個思路一出來，就變成比較多人在使用？第一它有一定的努力、實驗過了，也在實際教學做過，把傳統的教學適度地簡化，也就是說我們如果要從「ㄍㄨㄣ、ㄍㄨㄣˋㄍㄨㄣˇ、ㄍㄨㄣ˙」這樣一個析音的方式開始 ── 這個方式其實很有效，小孩子如果在還沒上學前就在那邊「ㄍㄨㄣ、ㄍㄨㄣˋㄍㄨㄣˇ、ㄍㄨㄣ˙」、「ㄍㄨㄣ、ㄍㄨㄣˋㄍㄨㄣˇ、ㄍㄨㄣ˙」、「ㄍㄨㄣ、ㄍㄨㄣˋㄍㄨㄣˇ、ㄍㄨㄣ˙」這樣練習，久了他一樣可以學會臺語，但現在的小孩子他沒有這個機會、沒有那個時間去做這樣四聲或是七個調等等的練習，所以你要用傳統那套教學法就變成比較不可行。所以說我們有理想，那是跟我們傳統學習語言學、學習方言學是結合的，因為你懂了那七個調的平上去入關係，你可以跟國語對比、可以跟其他方面對應、跟客家話去對應，所以其實傳統那套方法，並不是過時，也很多人在推行，所以要看個人，有人喜歡這套、有人喜歡那套，而這些已經推行這麼久了、有那麼多套了，何況是那些像教會的傳統那麼龐大。我前幾天去參加長老教會的活動，他們在搞種子教育，在臺大的交流團再一次講白話、從政的問題。就是這樣，我們社會資源太多，造成一個障礙，大家變得不想放棄自己原本的習慣而去認同一個新的東西。那我現在要說的是，要怎麼去整合的問題。那些東西只要你上過這個班你都知道，那個系統上面的差異是有的，但是爲什麼不能整合？原來是因爲這些大部分支持 TLPA 的、或是過去支持教羅的、傳統使用國際音標的、沿用國際音標的還是沒有教會的力量強，所以他們族語還是回歸到他們習慣的那些。依這個傳統看起來，羅馬拼音……我們就不用再爭了嘛！TLPA 也放棄啊、通用也放棄啊，就用最原始的教羅的，也沒關係。在我看來，沒有那麼絕對的東西，這是政治層面的問題，沒有人要放棄呀!難就難在這裡，誰要當頭？比如說我辛辛苦苦發展出來的通用拼音，也是有好用的地方（也許朱阿莉老師可以幫我補充），問題就在那一套方法，有些人已經習慣，就是先入爲主，比較習慣自己用的那套，那你怎麼整合？按照道理，我教學法寫得好，大家連拼音都用我的，自然就沒爭議。現在大家都不寫教學法，大家都只在那邊爭拼音，你弄一套非常好的示範教學法，讓我非用你的，你連資源、材料全都提供給他，他就按照你的模式去教，很快就可以進入那套東西。現在有的老師知道第一套、不知道第二套，有的習慣這一套、不習慣那一套，關鍵就在這裡。那現在我們如果要弄第三套出來的話，我相信是推展不開的，就是形式上達到一個虛擬的、統一的東西，那一定是沒有辦法推展的。我是這個意思。

原載《中等教育》58 卷第 1 期，2007 年 2 月，頁 132-137、158-160。

文學的母語與母語的文學

— 關於本土母語文學常設展的隨想

一、永遠的母語發聲？

有了台灣文學館之後，文學與母語的主題，也進入了「常設展」的期程（2010.4.24-2015.4.23），幾天前，在師大夜市亮麗的「政大書城」門口順手撿得「台灣本土母語文學常設展」的 DM，有別於「海翁台語文學」那個熟悉的 Logo（噴水的背脊長出綠樹），海報的主視覺「海馬親子圖」，象徵多彩豐富且代代傳承的台灣本土母語文學。海翁的沉穩與小海馬的騰躍，對照起來，動感十足，似又象徵母語文學的航程，已有一陣子，要不是急著翻閱卸職前的鄭館長在通訊 26 期的那篇告白，我這位不常發聲的母語教學者，幾乎忘了遙處南方的文學館行動，反而欣見穿越林間聽海音可以跨南而北上，紀州庵隱然成了北方的分館，否則即使是「常設展」，永遠在南方的「1F 展示室 D」,到底能讓多少母語教師徘徊其前，就成本效益言，常設不如巡迴展，這是第一層思維，遙遠北市（母語環境較差的大都會）教師的發聲。

我的第二層思維是母語文學究竟是靜態的作品還是動態的聲

源，做「文學」當然不會拘於一種形式，如果一種「常設展」仍然不出於作家的書籍、手稿和看版說明，那樣的母語文學展其實是無法發聲的，母語文學之流於小眾傳播，除了鄭前館長慨歎那些歷史的、政治的、生態的原因之外，還有許多技術層面的失衡，例如：母語文學的傳播是否能像「海馬親子圖」那樣進入家庭閱讀或親子說故事的場景，如果不能，再多的母語教師，再多的教材，再多的台灣語文學系所，卻無法改變鄭前館長的慨歎。更重要的是母語文學的典範在哪裏？一堆堆的文學獎，就能堆出台語文學的經典嗎？我們有國家級的台語文學期刊，可以篩選出一流的母語文學作品，成爲國人閱讀的指標？還是永遠停留在少數讀者的小眾格局的民間刊物，隨時須要用捐款維持發行的台語文學小報，我們的母語作家並沒有哀聲歎氣，有幾份小眾傳播似乎也飽和了。

二、文學的母語與母語的文學

這個標題是套用五四白話文學運動時期的一句標語，即「文學的國語與國語的文學」，文學指當時訴求的白話文，國語指白話文所依據的大眾語，當時是以北京話音系爲依據的共同語。白話文學之所以成功是這種言文一致所創造的新語體、新文學典範，因此白話文學運動同時是一種國語文學運動。寫出來的白話才不會是土腔的北京口語文學，而是活躍在大眾口語中的白話文。同時又不能遠離標準語而帶有其他方言色彩，這就是「文學的國語」；普通話，大眾語反過來以書面的「國語文學」爲制約，這樣的白話文新語體就有了共識。

台灣本土母語文學，本有民間敘事性的口傳文學的傳統，我們可以撇開四百年前明清地方戲曲的泉、潮戲文中的古閩南口語不談，百餘前閩南地區流行的歌仔冊，正是民間口語文學的正宗，這種混雜歌謠與民間口語的文學形式，同時也保存在閩南民間流傳的泉州傳統戲（如梨園戲、上路戲、下南戲）、歌仔戲、布袋戲與傀儡戲（皮影戲）等口傳的手寫戲文之中，這些傳統形式只是醞釀當代台語文學傳統的文學素材，並不具有現代文學的形式。

葉石濤（1987:21）指出：「中國近代文學是 1917 年的文學革命爲起點而逐漸形成的。」在某個意義上，台灣的白話文運動便是在大陸五四運動的刺激下開展的，初期是以 1920 年在東京的台灣留學生以蔡培火爲發行人刊行的中、日文並用的綜合雜誌「台灣青年」爲基地，隨著新文學的發軔，第一波台灣文學本土化的「台灣話文」運動或稱鄉土文學，由鄭坤五、黃石輝、郭秋生等人提出，可作爲台語文學的起點。不過稍早蔡培火爲首的基督教友即主張用羅馬字書寫台灣口語。由於傳教士的白話字實踐，要比較早，因此，1925-1926 年間已出現白話字的長篇小說，即賴仁聲的「An2 娘 e5 目屎」（1925 年屏東醒世社，2009 年李勤岸譯注，海翁文庫漢羅版）及鄭溪泮《出死線》（1926 年屏東醒世社，2009 年李勤岸譯注，海翁文庫漢羅版），視爲「台語文學的早春」，可以說是教友無心插柳之結果，但是也說明作爲台語寫作工具，白話字有其優越的地方，但是作爲文學書面語，畢竟和台灣新文學的運動，無法接軌，日治時期新文學作家是在漢字的土壤中開展對言文一致認知的「台語話文」的建設。儘管如此，我們對於台語文學的初期的兩種形式，應是持取開闊的心胸，承認在特定的時空，白話字的實驗，其實彌補了台語文學的空檔，可惜這些作品也是八〇年代以後才逐漸受到重視。這不得不歸功於鄭良偉教授，他在 1992 年首度改寫賴仁聲《可愛 e5 仇人》（自立晚報社文化出版部）爲漢羅版作爲教材，才引起世人注意到「白話字」的文學淵源。

從兩次鄉土文學運動所留下的鄉土文學作品，基本上沒有擺脫新文學的白話文傳統，作爲純粹的「母語文學」，在形式和實質上均有欠缺。有人認爲用教會羅馬字（白話字）書寫的白話文學作品，才是台語文學的源頭，至少可以從前述兩部純粹的白話字的小說算起，在文本發生學上說得過去；但是作爲台灣新文學的源頭，便是格格不入，這畢竟屬於辯證的文學史問題，我們暫且不細論。

我們必須回到標題「文學的母語」與「母語的文學」這兩名詞，個人思維的第一層是作爲口傳文學的傳統，所有神話、故事、歌謠，其中具有的文學性是全民口耳傳播的結晶，所以通常是民間的文學瑰寶，至於創作的文學，卻必須以閱讀爲試金石，讀者才是決定其文學性的關鍵。其次，必須有文評家的分析，才能讓讀者看到作品的勝處，但目前台語文學的作品，卻缺少這個流程。因此，人們在創作言文一致的母語文學時，當然就不能忽略文學的形式與實質。形式上，包括語言的流暢度，傳意的信度及所有的美文的條件，諸如節奏、修辭。在實質上，即是言之有物，更重要的是作品所流露的真情與善意。好的作品，不管用哪一種語言形式，均能達到發聾振聵，滌盪人心之效果。我們放眼今天母語文學的作品，除了「詩作」有較多的形式經營和變化外，其他文類，相對缺乏進行語言質性的批評，許多的作品選，並沒有選文者的評審意見，作品具有怎樣的文學性，如人飲水，永遠只能自知。我們處在這個多語的社會，同類作品，如果用大家熟悉的共通語來寫作，也能達到相同的效果，我們不禁要懷疑，用台語寫作的優勢在哪裡？在「詩」的表現上，讀者明顯感受到兩種語言的差異，但是其他的文類，相對地難以突出效果，除非讀者具有老祖母的語言背景。

好的「母語文學」作品累積，成爲母語人的閱讀寵兒，如影隨形地走入教室，走入家庭，走入圖書館，形成了非比尋常的「傳播」，它就可以改善母語教學環境，使母語人能出口成章，不再捉襟見肘，對答者就能同語相應、同氣相求，即是創造了「文學的母語」氛圍，沒有人忌諱在辦公室講母語，或在課堂上進行雙語轉換的語言統整，沒有學生覺得不能適應，因爲母語不再粗糙，同樣是有水準的教學語言。現在的情況是，教室普遍缺乏本土母語的素養，教師眼光只停留在母語教科書的「手冊」，忘了可以在母語文學作品集中，找到無盡的語料資源。

三、構造母語與“後白話”新論

不瞞您說，寫本文的主要起點閱讀，是台灣文學館通訊 22-26 期，另外一本山西教育出版社的《母語與寫作》（1999.3）及兩本天津人民出版社的中譯本法國大學 128 叢書《文本發生學》、《互文性研究》，我有個直覺：這三本書可以重新構建我對「文學與母語」這類課題的基本思考。《母語與寫作》是收在「九十年代文學觀察叢書」系列的一個小冊子，內容分上下兩篇，上篇：構造“母語”，下篇：勘定“寫作”。作者給「構造母語」下了三個標題：一表達的新策略，二漢語的詩性，三後白話。明明就是當代漢語文學的一點微觀討論，何以要套上「母語」這麼大的帽子？我在這套叢書的總序中看到主編楊匡漢指出：九十年代的「中國文學風景線上」有十大景點，其中的第九點，就是母語思維與寫作。作者的說明只有十六行，卻也引人入勝，就讓我從「構造母語」這一詞說起。

中國人心目中的母語只有「漢語」或者「非漢語」，後者指少數民族語言，我們從該書作者筆下，找不到一絲絲「母親講的語言」（mother tongue）這樣的信息，簡單地說，漢籍作家心目中的母語只有一種，就是 Chinese，理由很簡單，漢語的文學作品是就漢字寫成的文本，因爲找不到第二種我手寫我口的「文本」，所以母語的文本也就是充斥在大小圖書市場的漢文小說、散文、詩……，《母語與寫作》是要處理作家通過筆端創作出漢文文學的運思過程，所以當然要從表達策略、漢語的詩性以及五四以來白話文以外的「後白話」來立論。

我猜想「後白話」一詞隱然有一些新意，但是「後」這個前綴用得很廣，「後白話」與「後現代」不一定同質，因爲五四以來的白話文經過近百年的「揉、擀、晾、盤、炸」（借用一種「尹府麵」的製作流程）種種焠煉，肯定走到非常多元的面向，作爲一個當代文評家究竟如何定義前期白話或後期白話，然後再跳出舊白話、新白話，折射出一個“後白話”的新概念。我本來很擔心作者旻樂提供的謎底太庸俗，以致不想急就章地讀下去，但一打開論述，赫然看到「本土文化」當頭，不免有些欣喜。作者開宗明義說：

“本土文化”批評在對“母語”現代歷史的編碼過程中，

> 也曾對漢語的“本土特性”給予過關注和強調，它認定作為漢文化的表意符號系統的漢語和漢字，具有著“獨特的”運作方式。這種獨特性主要表現在兩個方面。

爲減少冗長的引文，我把這兩個表現扼要介紹一下。首先，漢字是由象形文字蛻變而來，有著悠久的歷史演變過程，每個字都蘊藉了深厚的人文內涵。換言之，漢字的“表意”遺痕，每個字的“積淀”往往可以使人產生無限豐富的聯想和充分的玄思，這就直接超出了德里達所指出的西方語言的“言語中心”主義的傾向。漢字的這種表意性所具有的“人文積淀”，尤其可以表達任何拼音文字所難以傳達的、複雜的、飄忽不定的感覺和意緒，爲漢語文學作者提供了多種實驗“文字”表達力的廣大空間。這種文字的特殊性使得漢語書面語對口語不存在強烈的依附性。而漢字的單音節性，也使得音、義之間聯繫不緊密，更使得書面語可以脫離口語而獨立求得發展。漢字這種特質，無疑使得一種「白話」形成後，又演化出與漢語相應的特有修辭和表現（例如諧音、雙關等等），使得文字書面語和口語間的分離傾向成爲不可逃避的宿命，會不會導致新的“文言”復辟，這是不無可能的。這點可以說明以漢字爲基礎的漢語和以拼音文字爲馬首的印歐語系和語文關係，存在著極大的差異。

其次，漢語的句法與印歐語系的句法有極大的差異。漢語具有非線性和直觀性的特徵。主 — 謂 — 賓的結構往往不清。漢語的語系往往沿時間順序展開。關於這些看法，當代漢語語法研究者，已有非常科學的論述，即以任教哈佛大學的形式語法學名家黃正德教授與南加大的李艷惠教授和李亞菲教授 2009 年合著的《The syntax of Chinese》（Cambridge UP），可以說明文評家所認知的漢語語法仍是「後馬氏文通」以來的傳統語法觀，但是語法的科學性與漢語文學書面語的特質畢竟是兩碼事。下面才是關於中西語言對於寫作差異的論述焦點：

> 焦點明確的、貫徹始終的、注重邏輯和前因後果的語法效果在漢語中往往被異常豐富的修辭效果取代。修辭比語法更居於中心的位置。這使得漢語具有修辭先於語法、強於語法的特點。

“後白話”作爲一種“重建漢語文學的新策略”，是一套觀念化的理論運作，是以對八十年代文學實驗運動的性質、成果的分析判斷入手。張頤武 1990 年在《文藝爭鳴》4-6 期的專文（《二十世紀漢語文學的語言問題》)將“後白話”在本土符號學的理論設定中注入新質。張氏指出：「八十年代以來，大陸文學的“語言自覺”有了巨大的發展，白話本身產生了巨大的裂變。……不再把語言僅僅視為一種單純的、透明的媒介。」這種影響深遠的“實驗文學運動”可以說是一個對漢語文學書面語的再造運動，這種再造運動的主要之點就是脫離白話歐化／口語化的二元對立的困境。其理論基礎是“白話話語”（而不是“白話”）的歷史合理性在全球性的後現代主義背景已經終結，因此，作爲現代性話語的語言策略的“白話”也必須讓位給“後現代性”的白話，這就是“後白話”的由來。

這種呼之欲出的“後白話”，目前究竟有多少成品，這不是本文關注的重點，但是對於把它作爲民族母語的本土文化論述，我似乎找到與海峽此岸對話的窗口，即母語文學的實踐，也就是源於八〇年代台語詩的創作所揭開的新的「台語文學」。

「台語」包括閩、客、原住民語的口語表述，從九〇年代末期，隨著台文系所的成立，台語寫作已走入學院內，形成習作課程，隨著某些詩人、小說家的入主學院，台語文學的創作量，正在快速成長，形塑了各種文體，也產生了各種年度獎項的得主。這就不只停留在實驗階段，而且已遙遙把對岸的“實驗”不放在眼裡。

我們在這裡看到“母語”和“本土”話語的雙重性，即使在台灣原住民作家，原來也有兩派，從早期以拼音文字記事、寫作到大批原住民作家的漢語書寫，以迄當前流行的部落史寫作。閩、客語言形音對應，共用漢字寫作，原可同氣相求，但是台語書寫源於根深蒂固的「白話字」傳統及台語文學運動者的信條，在全漢、全羅與漢羅三種書寫體系的選項上，由於各種台語文學刊物的定調，目前以漢羅文字為主流。相對於閩南語的實驗，客家早期歌謠文獻，本不乏漢字的口語書寫（例如渡台悲歌等），近年由於有心人士之提倡，及「輸人不輸陣」的客家硬頸精神，以客家話漢字書寫的作品越來越多，李喬主編的《台灣客家文學選集》（上下冊 2004，客委會策劃發行）已呈現崢嶸的態式，我非常讚賞徐兆泉的客語版「小王子」，搶先譯出，閩南語也出了通用拼音版，但是譯文擺在那裡，也上了母語文學展覽櫃，有多少母語老師用了這樣的教材，這才是個人關懷的議題。客家母語文學中，白話字的作品少之又少，這是歷史的因素，似與客語聖經的傳播有關。

然而，九十年代鄭良偉先生所提倡的漢羅並用的書寫體，迄今是否成熟，我們沒有看到具體的文書法，至少何時要用漢字，何時用羅馬字，沒有一條明確的規則，目前完全是一種自然法則，或者稱爲作家習用法則。某個詞因爲前輩不寫漢字，後來者就亦步亦趨，許多人對漢字字源不屑討論的態度，阻礙了文書規範化的進程，或者某些台語運動的大老覺得這項工程言之過草，也許是一種穩健的態度，但是作爲語言研究與教學者，有權利規勸使用漢羅文書法的新一代作家，不能不查漢字的詞典，也不能不略識一點漢語文字學及閩南語構詞法，才不致於在選擇漢字時捉襟見肘。

筆者無意把兩岸不同性質的語體實驗等量齊觀，相對於八十年代大陸先鋒文學所關切的議題，也與島內的「台語文學運動」（而不是實驗），大不相同。但是我要指出，台灣歌手在當今華語歌壇上的一枝獨秀，主要是創作自由及歌手勇於多聲發展，一手寫歌，一手譜曲，邊唱邊彈與邊演邊導，這樣的人才，終於在本世紀爆發力大增，但是不能忘記當年「小鄧之聲」橫掃大陸的播種，也不能忘掉華人世界提供的廣大舞台，那麼從發聲的角度看，台灣本土母語文學準備好向福建、廣東的臺灣人子弟學校進軍了嗎？

本土母語文學是兩岸閩、客居民血濃於水的鼻音，我們準備好讓大陸客帶回一點「母語文學」的影音作品了嗎？這是對本土母語常設展所衍生出的一點宣傳議題，根植本土，放眼大陸，我從不以爲母語文學會被大陸的讀者忽略，只是我們的運動者，還裹足在這塊土地的思維，諸如後殖民、再殖民云云，不妨儘早打破吧！

四、結　語

現階段台灣母語文學的進展，是長期母語運動的一個小成，我們珍惜前人創作的成果，個人也看到臺灣文學館諸君子爲此孜孜矻矻，正如澆灌一畦稚嫩的幼苗，恐其不能茁壯，在多元發聲的後現代的臺灣，母語的定義也愈趨多元，台灣的外籍配偶第二代，將用什麼母語發聲，恐怕也是母語教育者應該及早思考的議題。還有在現有華、閩、客、原民的多元母語發聲中，有沒有一套轉換的機制，例如在影片中或用雙語的字幕或提供單語選項，那麼漢字仍將是最有利的字幕，因爲它具有精簡的優點，相關問題林林總總，應該是下一個專題的對象。

原載《臺灣文學館通訊》27期，頁36-41，2010年6月，台南：國立台灣文學館。

聲韻論叢·第十一輯序

— 聲韻研究的蛻變與傳承

《聲韻論叢》第十一輯以新的面貌呈現給讀者，經過半年的籌畫與實際作業，我們宣告這個由中華民國聲韻學學會主編的半年刊，正式成爲國際性的學術期刊，向全球的漢語聲韻學者公開徵稿，每篇論述均通過編輯委員會推薦的二位審查人匿名審稿。期刊的編輯要件，則完全按照臺灣的國家科學委員會「學術期刊評量標準」的規定。

本輯共刊出論文十七篇，係收本會與政治大學語言所等合辦的第七屆國際暨第十九屆全國聲韻學學術研討會（2001 年 5 月 26-27 日）的論文修定稿審查通過者，各篇論文均有一定的水平。能夠在短短的五個月內，經過嚴密的審查作業，定期出刊，充分體現本刊的時效性。下一輯（第十二輯）預定 2002 年 4 月出刊（12 月底截稿），我們謹向本會會員及國內外音韻學同行招手，希望加入爲本刊的作者群，共同灌溉這個已出版過十輯的《論叢》，邁向第二十個研討會的年頭，並以蛻變後的期刊面貌，傳承本會二十年來的優良傳統，即漢語聲韻學的科學性、整合性與創新性，爲廿一世紀的語言學理論，作出應有的貢獻。

聲韻學是傳統中國語言學的主軸，這不僅因爲其處理的對象爲語言表象的音韻部門，而在於漢語音韻結構特性：聲、韻、調的三分法與音節二分法的反切原理，在公元一世紀左右就已形成結構分析的派典，而且形成特有的韻書與韻圖雙軌的語料庫與音位模組的分析表，並隨著時音語料庫的轉變而調整其分析模式。四聲發現、字母創制、等韻興起、韻目的簡併、古韻的系聯、諧聲的發現、反切之改良，在在成爲華夏語音思維焦點，形成分析的傳統，漢語聲韻學的教學即由此傳統切入，再結合當代音位學、音系學、歷史比較、內部擬測等構擬古音方法，既審音、明變，並旁徵方言，使這個學門成爲整合性極強的學科，二十世紀的現代語言學，不論結構與生成理論，也都深深影響此一學科的發展。

《聲韻論叢》前十輯，共收錄 227 篇學術研討會的論文，時間跨二十年，依其性質可分爲七大類，從傳統到現代，呈現一部漢語音韻史的每個側面，由於七次國際會議的交流，使本刊成爲最具代表性的專業期刊，爲了容納更多的研究成果，提升本刊的學術競爭力，我們毅然轉型爲期刊，並不計代價，追求完美。參與本輯的審稿，編輯工作的每位成員，均不計酬勞的奉獻，令人敬佩。主編吳聖雄近三個月時間的連繫、催稿、折衝於作者、審查人、編輯委員之間，席不暇煖，即是本刊最大的支柱。與本刊素無因緣的師大英語系美籍教授慕禮生，對本刊各篇題及提要的英文，做了全面的潤飾與訂正；學生書局在出版方面全力的協助及抓緊時程，都是本刊的關鍵推手，在此一併致謝。

中國民國聲韻學學會理事長

姚榮松 謹序

2001 年 10 月 25 日

原載《聲韻論叢》十一輯，台灣學生書局，2001 年 10 月

《臺灣語文研究》五卷一期總編輯序

《臺灣語文研究》自 2003 年創刊，迄 2009 年 7 月共出了四期。本刊是《臺灣語文學會》的機關刊物，從這一期開始，我們嚴格執行一年兩期的制度，因此恢復了創刊號的卷期方式，延續二、三、四期，這一期本來應該稱第五期，因為一卷一期已用了卷期，因此，本期改稱 5 卷 1 期。5 卷 2 期預定將在 10 月出刊，一切均在邁向正常化之中，為此，我們也成立了新的編輯委員會。我們的目標是使本刊能進入期刊評鑑較前的排名，因此，本期我們也如往常，進行了嚴格的篩選，並投注大量的人力在編輯流程的規畫上，希望建立一套正常運作的編輯模式。

本期論文均來自2008年9月上旬由本會與台灣師範大學台灣文化及語言文學研究所合辦的「第七屆台灣語言及其教學國際研討會」，兩天大會共發表了 42 篇論文，會後投稿本刊的論文共二十一篇，經過將近半年的審查共錄用了十一篇，錄取率約五成。本期僅收論文 9 篇，其中有兩篇為雖未能排入議程仍通過審查者。另二篇雖已通過推薦，因修改不及須改入下一期。

臺灣語文學會是一個民間的學術團體，自 1991 年成立迄今二十年。2006 年 8 月，本人接手第八屆理事長，並由新竹教育大學中國語文學系陳淑娟副教授出任秘書長，四年於茲，她帶領有效率的秘書團隊，積極投入，其中包括中研院語言所吳瑞文助研究員，擔任學術組長，共同參與每次國際研討會的籌備事宜及會議論文的編輯、審查等作業流程之規劃。本刊前兩期由文鶴出版公司出版；自第三期起由本人出面商請萬卷樓圖書公司承擔本刊出版及行銷，幸得梁錦興總經理之鼎力支持。先由林香薇副會長送出已編成之第六屆論文選集，趕在 2009 年元月出版，作爲本刊第 3 期；而 2007 年 9 月在台中教育大學主辦的「台灣語言學一百周年語言學學術研討會」論文選集，也接著在 2009 年 7 月出刊，作爲第 4 期。

由於 3、4 兩期在 2009 年內出刊，相隔半年，猶如本刊已恢復創刊時所定位的半年刊，給本會理、監事會及秘書處莫大的鼓舞，因此決議推動本刊出版正常化。秘書處向理監事會提議重組編輯委員會，由本人負責召集新的編輯委員會，密集開會，研訂本刊後續的編輯模式，最後並且完成了新的編輯委員會的組織架構。

本期的出版，首先感謝所有匿名審查人對本刊的愛護與辛苦付出，其次感謝「編輯諮詢委員」奔波於新竹、台北間，貢獻編輯方針及相互激盪的編輯火花，以及執行編輯陳淑娟、吳瑞文及助理編輯曾妤珊三人不辭辛勞。還要感謝萬卷樓圖書公司的梁總經理及陳欣欣小姐在最後階段對論文出版品質的把關。同時也要感謝教育部國際文教處的會後論文集補助，使本期在編輯流程中，得以不受會後論文集出版時效之限制而能順利出版。我們更感謝 2008 年共同走過「第七屆台灣語言及其教學國際研討會」的工作團隊。是爲序。

《台灣語文研究》總編輯暨台灣語文學會理事長

姚榮松　99.3.30

雙溪相褒歌序

一口氣讀完林金城《雙溪相褒歌》初稿九十九題，感受到「台灣國風」的濃郁與清純，令人不忍釋手。這九十九題，一言以蔽之，情動於中，發乎情，止於禮，沒有雙溪鄉的好山好水，孕育不了這麼美的情詩，沒有這些唸唱者的純之又純的癡情，也記錄不出這麼濃的愛憐與情愁。更重要的是，沒有採錄者勤奮的一雙手腳和文字敏銳度，沒有方素娥老師這一位雙溪在地的文學才女，也仍傳達不出這些不朽的風詩。

詩可以興，可以觀，可以群，可以怨。從這四個角度來觀賞這九十九題，來品味這本褒歌集，個人認爲這是成功的作品。首先，這些詩題吸引人的是以首句作爲詩題，每一首都是這麼行雲流水，順手拈來，試觀第一首「**手舉鐵釘釘大柱，無疑漚柴釘袂椆**」，這是日常生活中的情節，萬萬沒想到看似「大柱」卻是朽木，看下兩句，大柱原指情郎，如果釘住了自然「盡心妙」無窮，無疑如朽木般的情郎卻是負心人一個，真是無可奈何，釘大柱既有「比」又是「興」，隨興所欲，風雅無窮。第二首「**我娘生做穲佮老**」，在方老師筆下的賞析中是群育觀點，一個人天生姿色平平，要騙自己，騙別人，都無法孤芳自賞，於是發揮誇飾的手法，把自己塑造成童話中的老巫婆，又醜又老，面部皺紋如百褶裙，別說不能閉月羞花，沈魚落雁，卻被蒼蠅釘的死死的，可以夾到一整碗的蒼蠅，就可以說明自己有多醜。方老師說這是不拘小節的女性，群體中的甘草人物，也是犧牲色相，自嘲娛人的幽默大師，果然技巧不凡。

第二十一首「號頭約在竹篙叉」，守寡的女子用裹腳布作爲暗號排在晾衣服的竹竿座上，還一再叮嚀情郎要小心行事，勿驚動自己婆婆，以免東窗事發，身敗名裂。愛情的力量教這位身不由己的婦人要幽會，在禮法和感情之間多麼辛苦的寡婦，誰能爲他們解套？這不正是可以「觀」的風土民情嗎？第十四首「梟雄君仔卜夆招」狠心情郎要入贅他人，卻騙說要到南洋建造吊橋，原來是被放揀，害得自己進退不得，心裡有多怨，只能把傷心淚珠往肚裡吞。這樣的歌卻能安撫多少失戀的怨女。如果要統計九十九個主題，百分之八十用比興，其中傳達正面的愛意多，怨意少，這是雙溪人的福氣，至於具有群育價値的篇什，也不在少數，這正是編採纂述者編輯本集的用心。總之，興、群、怨皆有可「觀」，所以風謠之可貴，即在展示一時一地的風俗民情，尤其在情愛方面，台灣人經過三四百年墾殖與教化，儒教雖非徹底，漢人風俗之醇美，使福爾摩沙更添一層詩教文化，其純真動人，直逼國風。如果把林金城「昊天嶺文史工作室」近年來出版的同類褒歌（多達五、六本）合而觀之，不正是一部當代台灣民間風謠的集成嗎？

相褒歌俗稱「七字歌」，一首四句爲常，亦名「四句聯」，但其美學皆寄託在唱者之天然情韻，有人聽起來好像千篇一律，其實不然，因爲有襯字的不同使得每一首皆依照演唱者的節奏，做了或多或少的變化，這種變化因合乎自然語言的節奏，也就不覺得有變化，應該說每一個演唱者代表一個詮釋系統，這本相褒歌集，大約有黃朱東、連阿卻、朱清圳等八位老朋友，他們的詮釋將隨著附送的 CD 傳播後人，由於自小長於雙溪的方素娥老師擔任釋義及賞析的工作，使得有些較難的理解的詞與句都迎刃而解，同時人比土親，方老師的釋義與賞析都比以前各本相褒歌來得詳細而有文學性，可以作爲中學以上或社區大學閩南語鄉土語言教學好素材。相信通過嚴格一致的漢字轉寫及曾經教育部公告之 TLPA（台灣語言標音符號）注音，釋義賞析，詩中情絲欲海，如數家珍，彷彿令人回到詩歌言志的遠古時期，有些歌似乎承襲了詩經中的微旨，例如第五十四首「雞公若啼好煮飯，烏鶖若哮天著光」，詩意是說公雞啼叫，已到生火煮飯時刻，烏鶖一鳴叫，天也就亮了，此時「春宵若短」的哥娘便須分手，「雙手開門予哥轉，目尾相拖心酸酸」，令人聯想到詩經〈齊風·雞鳴〉的首章：

“雞既鳴矣，朝既盈矣。”
“匪雞則鳴，蒼蠅之聲。”

這首詩是妻子催丈夫早起，以便上早朝，哪知丈夫仍賴床，強謂雞叫是蒼蠅之聲。另一首新婚詩〈鄭風·雞鳴〉首章前二句更爲直接：

女曰：雞鳴，士曰：昧旦

女的明明聽到晨雞叫曉了，情人仍說只是黎明天色仍暗，這好像現代情人把鬧鐘按下去，還要睡回籠覺一樣的繾綣，一樣的浪漫。但是雙溪鄉的這對情人，卻爲了怕驚動左鄰右舍，趕快分手，多令人心酸不忍。

這九十九首只是雙溪相褒歌中的一部份，但透過採集、詮釋與出版，配合原音，應是當代風謠中的佳作。

林金城君自三年前成立「昊天嶺文史工作室」，專門從事褒歌的收集整理，三、四年來在桃園、台北兩縣的文化局或相關單位的支持下，已蒐得桃園縣、台北縣金山、平溪、雙溪等鄉褒歌三千首以上，近年陸續出版，每集以百首爲度，由於他的工作熱忱及對閩南語的嫻熟，三年前經由洪惟仁教授推薦他參加本人主編的「教育部台灣閩南語常用詞詞典」的初審工作，並定期出席編輯委員會，期間他同時完成的作品《金山相褒歌》、《桃園个褒歌》、《平溪相褒歌》，這是他的第四次相褒歌集的完成，問序於余，讚賞之餘，特別做了仔細的審閱，其中用字平實，大略合乎部定「台灣閩南語常用詞詞典」中委員會定字的共識，尚有極小部分稍有出入，或無字可寫，則代以 TLPA 的標音，這是他的謹慎之處，歌詞注音之間有斷詞界號，說明本書體例嚴謹，也是研究北部口語詞彙的重要語料。方素娥老師畢業於高師大國文系，目前在本所就讀，能夠詮釋故鄉的褒歌，實在得心應手。以林、方兩人的才華，完成嶄新的一集，其保存鄉土語言文學，殊堪嘉許，個人希望他們再接再厲，爲台灣語言的保存做出更大的貢獻。是爲序。

國立台灣師範大學台灣文化及語言文學研究所
所長　**姚榮松**　謹識
2005 年 11 月 3 日于台灣師大博愛樓

本文收在林金城先生主編《雙溪相褒歌》台北縣：昊天嶺文史工作室出版（2005）

現代語文學的開拓

— 漢語語言學與漢字教育的再出發

一、前　言

教育部顧問室民國八十四年委託國立政治大學簡宗梧教授主持完成的《全國大學中（國）文學系學程規劃成果報告》中曾提出了甲、乙兩案的的課程架構圖（詳附錄 1、2）[1]，兩案的共同架構是：「基本課程」（國文、外文、歷史、憲法與立國精神、通識教育等）完全相同；「核心課程」甲案只有五門（中國文學史、中國思想史、文字學、聲韻學、訓詁學）爲精兵主義，乙案則多達十二門（除甲案五門外另加詩選、詞曲選、歷代文選、經學通論、文學概論、文學批評、現代文學選讀七門），似爲傳統的國粹主義。「主修課程」則兩案同分四個組：古典文學組、現代文學組、思想組、語文組。各組包含的主修科目，乙案除思想組外，大大簡化（各分四至五門），甲案則大大繁化（除思想組十八門至少修九門外，其他三組均明列九門），其中甲案語文組的「主修課程」

1 採自《全國大學中（國）文系學程規畫成果報告》（84.6.30）頁 34-35，表下列有各組選修課程，亦分三類，本文不再詳列。

名稱如：

A. 古文字學　說文解字研究　歷代字書研究

B. 語音學　古音學　歷代韻書研究

C. 語法學　辭彙學　漢語方言概要

以上 A、B、C 三行是按原列順序筆者所加的小類標簽。該項研究是根據當前全國大學十八所中（國）文系（不包括九所師院的語教系）近年（82-84）所開設課程的基礎而提出的，由於乙案的核心課程（共同必修）太繁重，似不合學程規劃的精神；筆者比較欣賞甲案，其核心課程五科中有三科爲傳統的語文專業（文字、聲韻、訓詁），連同九科語文組主修課程，十二門中國語言學專業，就近乎大陸所謂的「漢語專業」了。

這項學程規劃的背景是鑑於中（國）文系涵蓋範圍特大，其缺點是「焦點渙散」，課程龐雜，訓練與社會需要脫節。由於新大學法的頒布，因應學術自主的浪潮，各學系的必修科目，教育部已不再規範，一再降低共同必修學分，減少必修科目，選修空間加大，學生不免避難趨易，或因人選課，原先「焦點渙散」的缺點更趨嚴重。「各大學中（國）文學系共同面臨課程如何安排的問題。究竟該如何規畫學程，才能彰顯教育效果，使畢業生維持一定的品質？各校該規畫什麼樣的學程，才能發展特色，並配合當前社會的需要？」[2]由於主、客觀條件的限制，這項規畫「原本就沒有對各校中（國）文系的規畫有任何規範的意圖，研究結果也不可能對各校中（國）文系的課程安排產生規範作用。」[3]筆者仍認爲這項兩案並陳的學程藍圖，其實反映了四十年來臺灣的中國

2　《全國大學中（國）文系學程規畫成果報告》（84.6.30）頁三。

3　同注 1，頁六。

語言文學教育的現實和理想，所謂理想是四套學程的宏觀思維，所謂現實是各校都沒有分組發展專業，甚至「分立學系而成立人文學院予以統攝」的本錢。

本次由臺大中文系主辦「中國語文學課程規劃會議」是第一次專門討論「語文組課程」的會議，所謂「規畫」應分兩層，一是全系語文課程的整合，一是現有課程內部的規畫，由議程看來，第一場屬於前者，第二至五場屬於後者，看來，本次規劃仍以體制內各科分工教學的研討爲主軸，本人所分擔的發言議題爲「中文系的語文課程」，屬於宏觀的通盤設計，所以首先介紹前述的「學程規畫」爲引子，才能認識中文系語文課程在未來中（國）文系課程中的兩重功能性，它既作爲全系的「核心課程」部分，也作爲「語文組」專業領域的「主修課程」。以下先從這種功能的兩重性談起。

二、中文系「中國語文課程」的雙重功能

長久以來，部定中（國）文系共同必修 38-40 學分中，文字學、聲韻學、訓詁學（清大中語系例外）三門爲長青樹，且必不可少，上項「學程規畫」再次納入兩案核心課程，足見這三個科目「十個學分」爲中文系養成教育的基礎科目，它涵蓋中國文字「形、音、義」學科的基礎部分，也就是傳統「語言文字學」的三個分科，至於這三個以外的語文課程也有部分學校列入必修的，如民國八十三年臺師大等三校「國文系」把下列課程列爲必修：

1.國語語音學（或國音）

2.國文文法

3.修辭學

4.應用文及習作（八十三年度彰師大選修，東吳必修）

另外，民國八十三年度把「語言學概（導）論」列爲必修者有四校：中山中文、清華中語、臺大中文、靜宜中文，然三師大不與焉。吾人所悉，三個師大所多開的四門必修課程並非著眼於對中國文學研究的基礎，而是作爲未來擔任中國國文科教師的法寶，故是實用主義的。反觀非師大的四校必修「語言學概論」，則完全順應學術潮流，目前臺灣的語言學已自立門戶成爲「顯學」，中文系不能不具備語言學基礎。然而從現代文學研究的蔚爲大國，中國思想研究也擴大而深化，在在顯示原來視爲「鐵（金）三角」的傳統語言學三科，已不再是中文系的金科玉律，因爲它無法涵蓋現代中文學者所需要的「語文學」知識的全部。

作爲中文系的一個專業分組（或語文組學程），所謂核心課程也不能只限於文字學、聲韻學、訓詁學三科，因爲「漢語專業」應該以「語言學」爲基本工具，沒有語言學訓練，將無法真正分析活語言，僅能退回文獻語言做歷史語言學工作，依目前本土語言研究的需求。再者語言專業應該開拓一個宏大的格局，包含貫時與共時的研究，理論與應用並重，這個格局應視同中（國）文系的語文專業化，把語文教育也納入考慮。換言之，現代中（國）文系應該有三個專業分流：

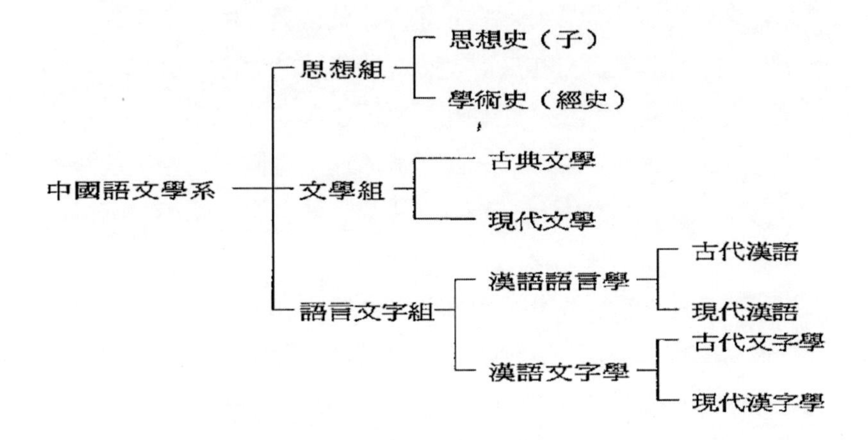

三組專業的分工，可以視同三個學系來看待，三組之間如何互通而不偏枯或不背離傳統中文系的「博雅」，其實可利用「通識課程」的概念，亦即各組規定以「非本組之主修課程」爲選修納入「中文系通識課程」，每人至少選三門通識，其餘則各取所需。基本上維持學習者宏觀的選課，精神上必走上專業的道路，如果不能在分組課程設計上突破舊有格局，中（國）文系的發展必然只能在原地踏步。

三、語言文字組的新格局

傳統中國學術的三分法：義理、辭章、考據，已經不能涵蓋現代中國語文學系三個假想分組的精神，思想組以義理爲核心，容或不可置疑，不過開課的對象是子部兼經史，因此其精神或在思想史與學術史，此非本文主題，故不作申論，不過思想組的人一定對「中國語文學系」一名不能接受，或許還是維持「中國文學系」來得寬容，思想和語言正是文學的雙翼，所以主流的「文學」也不能斬斷雙翼自在飛行。我們要說明的是把「語言文字學」視為「考據」是工具論，是視小學為經學附庸的思維，在學術分工的今日，已完全不合時宜，但是要說服其他兩組的學生選修本組，傳統的看法似仍有幾分道理，因為「語言文字學史」本為學術思想史的一部分。

我們把「語言文字組」分為漢語語言學和漢語文字學，而不是分為文字學、聲韻學、訓詁學三個分科，完全是依照語言學門的分類，我們認為未來的中文系必須面對新的學術分工，在語言文字方面，要面對語言學的挑戰，換言之，中文系在中國語言文字方面，必須繼承中國語言學（具體說是漢語語言學）的傳統並開拓漢語語言學的架構，傳統的三分科是被繼承的部分，並未開拓，漢字與漢語相表裡，它又是世界上僅存的象形（意音）文字系統，作為中國文化的表徵，漢字歷史悠久，考古文獻相當豐富，是取之不竭的寶礦，做為活生生的當代文字，它也是展現其與拼音文字大異其趣的效能與通觀，而且亦面臨兩岸文字歧異，書不同文，軟體互競，轉換統合，在在須要專業投入開發的「現代漢字學」，均有待設立課程，理論與實用同步探討，謂之「文字工程學」。把語文組分成語言、文字兩組凸顯中國語文的特色。兩者都面臨教學理論的不足，至少在現有的中文系，語文教育是沒有適當位置的，因此，古今漢語的教學法及漢字的傳播與教育，應該做為拓展語文專業的指標。以下是我們對中文系語言文字組新規劃的課程清單：

（一）漢語語言學專業

甲、核心課程：語言學概論（必，3×2，6 學分）
漢語方言學（必，3×2，6 學分）
普通語音學（必，2×2，4 學分）
漢語音韻學（必，2×2，4 學分）
中國文字學（必，2×2，4 學分）
漢語語法學（必，2×2，4 學分）

乙、主修課程：

（A）古代漢語組：歷史語言學、訓詁學、詞源學、漢語語音史、漢語語法史、古文字學、漢語語料學、歷代韻書與韻圖、上古音研究。

（B）現代漢語組：當代語言理論、語言分析與調查、國語音韻學、詞彙學、句法學、語意學、現代漢語語法、雙語教學的理論與實際、國文教學法、閩南語研究、客家語研究、漢語方言專題。

（二）漢語文字學專業

甲、核心課程：語言學概論（必，4 學分）
中國文字學（必，6 學分）
漢語音韻學（必，4 學分）
漢語訓詁學（必，4 學分）
漢字的歷史與演變（必，6 學分）
漢字認知心理學（必，4 學分）

乙、主修課程：

（A）古代文字學組：甲骨文、鍾鼎文、說文解字研究、古文字與殷周文明、俗文字學、古文法研討、漢語詞源學、中國文字學史、簡牘文字導論、比較文字學。

（B）現代漢字學組：當代漢字問題、漢字檢字法、應用文字學、部件研究與漢字教學、漢字系統研究、漢字文化綜論、漢字的整理與規範。

以上所列主修課程，有些近乎研究所之專題，本文無意混淆兩個階段的課程，應該指出這些主修課程只是一種建議的課題，實際上恐怕不需也不可能同時開設，所以這些主修課程儘可能開成通識性質，並可以開放文學院科系作爲專業選修。有些通論性課程，如語言學概論、語言分析與調查、歷史語言學、詞源學、當代語言理論、句法學、語意學，可以在語言系或外語系選修，這就更像是學程規畫性質，如果不從學程規畫的長遠發展眼光來看待這些科目，這樣的課程分工，便脫離現實，無異於癡人說夢，然而如果沒有這種透視，則中（國）文系的語文課程如何定位，朝向以「漢語語言學」和「漢語文字學」兩條路，兼顧傳統與現代的研究，其中漢字的發皇尤關乎語文教育的成敗，我們標榜「漢字教育的再出發」，是鑑於漢字的研究似與教育脫節，至少中文系普遍忽視實用漢字學在現代語文中的指導作用，因此寄望更多的文字學者在「語言文字學」專業領域多開漢字的教學研究，進而可以和對外華語教學結合，把漢字教學看成跨國界的工作，從而將漢語與漢字研究推廣到全球，這也必然是中文系語文組的一個新出路。

主要參考文獻：

黃沛榮編　當前語文問題集　國立臺大中文系印行，民 83.7.31

黃沛榮　　中國文學學門現況與發展研討會引言大綱，民 84.6.17

施玉惠　　語言及語言教學人力資源與研究現況調查諮詢座談會資料，民 84.5.30

簡宗梧　　全國大學中（國）文系學程規畫成果報告　教育部顧問室委託　國立政治大學執行，民 84.6.30

本文為教育部顧問室委託台灣大學中文系主辦「中國語文學課程規劃會議」（1998 年 5 月 3 日）上報告的論文。

韻律音韻學與文學的詮釋

— 彰師大「人文新境界系列講座」

精華聚焦

在一本當代詩刊看到現代詩與古典詩分治或共治的局面，覺得這場景很熟悉。唸中文系的人多少有一點經驗；徘徊在古典與現代詩歌之間，先背唐詩，後愛上章回小說中的詩詞，還有回目中的對仗，已然是舊詩人，塗鴉一陣，突然被現代詩所解放，海闊天空，恨極了格律中的平仄，什麼東冬鐘江，什麼幫滂並明；另一批人，一頭栽進格律詩，吟誦五、七言，再進行歌行樂府，終老於四言。或隨文學史順流而下，詩詞曲之不足，則雜劇、傳奇加地方戲曲，盛哉漪矣。有人祇做現代詩，有人專攻古典詩；也有左右手繆思，新舊一起來，如全武行，紛紛攘攘，國家文藝大賞，古典詩不能缺席。古典現代，好似新舊移民的當代話題。

站在聲韻學與文學的整合角度看，就能了解聲韻學何以是中文系的必修課且為必要的苦差事，其實它與古典文學的關係如影隨形。慎終追遠，沒有格律詩，哪有歷代詩歌文體之嬗遞，聲韻學因為自永明聲律之發皇而奠定，關鍵在於四聲之發現，原來語言中的線性音段是容易感知的，至於超音段的節奏、重音、聲調、語調等，可以感知，卻難以言傳。聲韻學史上的一個膾炙人口的故事是有關四聲的解釋，《梁書・沈約傳》記載一則梁高祖問近臣周捨關於「什麼是四聲」的故事，大文豪沈約撰有〈四聲譜〉，可是知音者有幾人？否則怎麼連皇帝都不曉得四聲爲何物。周捨大概也覺得聲韻學不好講，就順口舉了四個字回覆皇上，「天子聖哲，是也。」這四個字剛好是平上去入四聲，好比今天國語的四聲已變成陰平、陽平、上、去，最好的舉例莫過於「三民主義」四個字。這一段故事的文本，是爲沈約伸冤的，因爲「高祖雅不好焉」，對沈約〈四聲譜〉「竟不遵用」，這就大掃當時文人的雅興。

語言和文學不是簡單的素材和作品的關係，文學典律的形成，是與民族語言的特質息息相關。漢語是一種聲調語言，韻律是這種語言的核心價值，語言通過話語、語音、吟詠、歌唱的形式，沉澱出一些節律（停頓、節奏、重音、聲調、句調、語調）特徵，作爲形成部分文學體裁的要件。節律（prosody）又叫聲律、韻律、音律。用現代語言學的術語，是上加成素、超音段音位、超音段特徵、非線性特徵等等。中文系最常用文學聲律或韻律，指的就是近體詩格律或是雙聲、疊韻、押韻、連綿的一些語音現象。這部分在傳統聲韻學課程中講得最少，在聲韻學幾乎已淪爲歷史語言學的殖民地的今天，忝爲聲韻學專業教師卻必須大聲疾呼，請走回聲韻學的老本行！好好講四聲與近體詩格律的關係，好好講詞爲什麼是詩餘，也說清楚詞的音樂性加強，爲何非遞變爲曲不可？筆者端出的新菜單是當代語言學中的韻律音韻學（prosody phonology）或韻律句法學（prosody syntax），要說明漢語的韻律詞與音步的關係，從而解答爲什麼漢民族最早的詩歌總集是四言詩，《詩經》真的是四言詩嗎？其次，談四字格的成語與複合韻律詞的關係，也涉及韻律對句法的制約、韻律與修辭的關係。筆者將從中國韻文史文體論的發展、近體詩格律的新詮及古文中頓挫和倒裝問題的分野三個方面，並用「韻律詞」解說林語堂《京華煙雲》書名中譯的拍板爲例，說明韻律學研究對於中國文學之全體大用，至於相關的語言風格學的探討更不在話下。

一、從語言到文學文體

文學文體是文學作品的語言存在體。從語言學的角度說，文學文體是狹義的「文體」，而廣義的文體則包括一切語體、書面體等在內的各類文體。[1]

文學文體作爲一種文化存在體，是一種具有審美創意的語言模式。語言是人類生存中一種非常複雜的文化現象，現代語言學之父索緒爾，把人類的語言行爲又區分爲語言和言語兩大部分。言語是個人的意志和智能的行爲，以交際爲目的，語言則是每個人都具有的東西，是指不依個人意志爲轉移的人類共有的社會行爲，如果不把言語用書寫符號和圖形析其要素，如分成單詞、詞素、音節或音素，這種言語是不可理解的。這種符號就是文字，「它是有聲言語的補充性交際手段」。這種手段在語言的基礎上產生，主要用來把言語傳到遠處，長久保持。到了現代社會，一提到語言，即指能夠轉換爲文字紀錄形態的語言。

文字產生以後，簡單的記事體就開始出現了，如商代甲骨文

1　張毅《文學文體概說》（中國人民大學出版社，1993），頁47。

上的一些簡單的句子。在文體發生的初階，文字主要記錄一些大事及政府告示等，文學文體尚未露臉，但不久就開始萌芽並且迅速成長，如中國古代最早的文學文體《詩經》出現的年代還是相當早，何以一部文學史要從《詩經》講起？除了因爲《詩經》是第一部詩歌總集，合乎一般文學緣起的模式（例如被視爲西方文學的開端是荷馬史詩《伊里雅德》和《奧德賽》），必須強調《詩經》中絕大部詩篇有了很強的文學文體意識，這主要體現在詩篇語言的節奏、句法、韻律、比興等均有所講究，審美興味十足，主題意識鮮明。

接著我們就要問：《詩經》的句式是怎麼形成的？韻例是純任天然的嗎？更重要的是它爲什麼是四言詩而不是五言、七言？這是漢語的特質使其不得不然的嗎？如果能解答這個源頭的問題，我們就已掌握漢語文學發展的任督二脈，對隨後格律詩的發展，就不難詮釋。

二、《詩經》的用韻與韻例的形成

《詩經》絕大多數是有韻的。根據向熹先生的統計，305 篇 1115 章，約 1695 個韻段，1797 個入韻字。[2]這個數字因韻例解讀不同，容有個別差異。向氏用王力二十九部加上侵冬分立爲三十部，統計出《詩經》用韻 89%與 30 部相同，11%超出 30 部的範圍，屬異部合韻，如何看待合韻現象，有的學者以爲音近通押，王力說：「合韻是很自然的形式，講古韻的學者從來不排除合韻。」

---

2 向熹《詩經語文論集》（四川民族，2002），頁 4。

[3]陸志韋也說：「古人韻緩，音色相近的字就可以協韻，不像六朝以後的嚴格。」[4]有的學者認爲是因爲韻字是雙聲假借或一字多音。有的學者則認爲合韻是方言不同的反映。這些理由多少都可成立，不可一概而論，誰能想像二千多年前的文學選集，其用字能保存多少真實情況。何況《詩經》是詩教王朝的搶手貨，其中可能的文字問題，並不單純。

接下來看韻例和句式。熟悉《詩經》韻例的學者，都會發現，近體詩押偶句韻是「《詩經》韻例」的不成文法，但首句也往往入韻，如國風首篇關雎首章：

關關雎鳩 A，在河之洲 A，窈窕淑女，君子好逑 A（幽）

二章首句不入韻，第五句又入韻。

參差荇菜，左右流 (A) 之，窈窕淑女，寤寐求 (A) 之。
求之不得 B，寤寐思服 B，悠哉悠哉，輾轉反側 B（職）。

三章回到正常偶句韻：

參差荇菜，左右采 (C) 之，窈窕淑女，琴瑟友 (C) 之。
參差荇菜，左右芼 (D) 之，窈窕淑女，鐘鼓樂 (E) 之。

C 爲之部，D 爲宵部，E 爲藥部，末四句爲宵、藥陰入通韻，

---

3 王力《詩經韻譜》，頁35。
4 陸志韋《詩韻譜・序》。

主要元音相同。相對於近體詩的一韻到底，關雎第二章卻由幽部換成職部，三章卻換成之部又換宵部、藥部，可說換韻自由，存乎一心。這可說是不嚴格的格律。

關於韻例的研究，清代古音學家江永有〈詩韻舉例〉，列舉二十二大例，其中雅、頌無韻之句、無韻之章共佔四例，可以合一。孔廣森〈詩聲分例〉歸納為二十七例，後出轉精。[5]不過民國以來，陸志韋有《詩韻譜》，王力有《詩經韻讀》，都是專書論述《詩經》韻例，並逐句擬音析例，讀者可按詩檢韻，一目了然。可以說詩三百篇已窮盡一切詩韻之格式，包括雅、頌的無韻之章，豈不等於自由詩，那麼這本中華詩歌的元祖，在追求格律之後，又收入了無韻詩，豈不是格律也解放，就像纏了幾百年小腳，到了民國一起解除了，白話詩的無韻，不正是革了舊體詩纏足的命麼。

《詩經》作為韻文之鼻祖，使人們在文類上，曾經想用有韻與無韻作為區別（即六朝之文、筆說），作為文學類型或文學體裁，「韻文」都不是一種科學分類的體系。就中國的詩歌文體而言，的確可以建立一個屬於「中國韻文學」的廣義分科，這是建立在以韻為最基本聯系點的「韻文」這個體裁上，除了詩、詞、曲、賦以外，還有駢文、排律之類。「韻」看起來只是一種外在形式，但卻決定著韻文諸多其他質素的性質和作用。首先，韻決定了韻文具有獨特的音韻美，為適應這種音韻美，韻文的藝術形式較之於無韻之散文有特別的講究，即特別講究聲律的和諧優美，辭采的修飾乃至字詞句的琢煉、排偶、比興、借代等多種修辭格的運用，以及意境的營造，從而形成一整套與「韻」相適應的獨特藝

5 王耘婕〈江永的《詩韻舉例》與孔廣森的《詩聲分例》之比較研究〉，《聲韻學會通訊》7 期，頁 56-88。

術特質，以區別於散文。其次，「韻」決定了韻文必然會表現一種較強烈的情感。「韻」所構成的獨特韻律節奏和音韻之美，都是必不可少的質素，從而區別於散文的獨特內容。說得具體一點，文學韻律的形式，在韻文體裁得到充分的灌溉、發展與完成，從而也成爲主宰中國文學史文體嬗變的主軸長達一千年多年。

三、為何最古樸的詩歌以四言為主體？

《詩經》以四言爲主，雜言爲輔，根據唐作藩（1999）之統計，「十五國風的 160 篇詩，共有 2614 句，純四言句則有 2267 個，佔總數的 86%以上，可見先秦《詩經》時代的民歌，以四言句式爲常，這是確鑿的事實：中國的成語、諺語也都用四言，這與漢語特別是古漢語的音韻、詞匯、語法結構的特點有密切關係。」[6]唐先生並未指出是怎樣的密切關係；筆者試著根據當代韻律構詞學（Prosody Morphology）的理論來探討漢語的韻律詞（prosody word），並從西方韻律學的韻律單位，來看漢語的音步（foot），並對複合詞或複合韻律詞進行分析，以了解四字格與複合韻律詞的關係。[7]

一般最流行的「詞」的定義是從句法學的角度把詞確定爲「最小的能夠自由運用的語言單位」，從韻律學的角度來定義這樣的語言單位，就是韻律詞。根據 McCarthy 跟 Prince（1993）的理論，

---

6 唐作藩〈先秦兩漢的民歌格律〉，《古今民間詩律》（段寶林等編，北大出版，1999），頁 30。

7 本文主要的理論依據是馮勝利《漢語的韻律、詞法與句法》（北大，1999）、《漢語韻律句法學》（上海教育，2000）兩書。

人類語言中「最小且能自由運用的韻律單位」是音步，韻律詞是通過「音步」來確定，音步則通過比它小的「音節」來確定，韻律層級的最小單位是摩拉（mora），或譯爲韻素，指韻裡相當於一個音位長度的短音。韻律構詞法理論即以下列的「韻律層級」（Prosody Hierarchy）爲基礎：

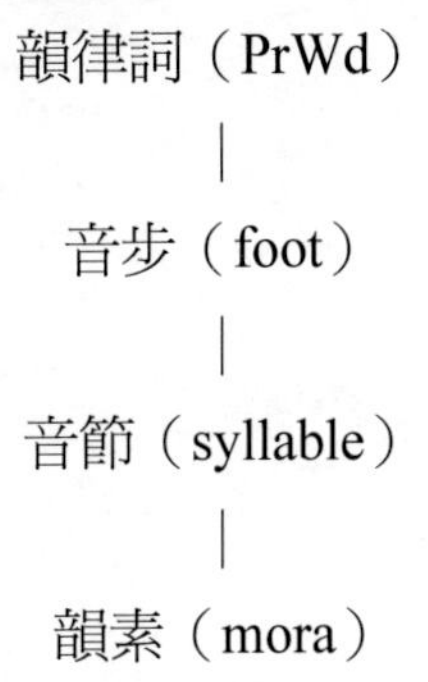

倒過來看，韻素組成音節，音節組成音步，最後音步「實現」韻律詞。韻律詞和音步不是組成關係，而是韻律詞必須至少是一個音步。音步則必須支配兩個成分，也就是韻律節奏中「輕重抑揚」的要求。圖示如下：

音步二分法（Foot Binarity）

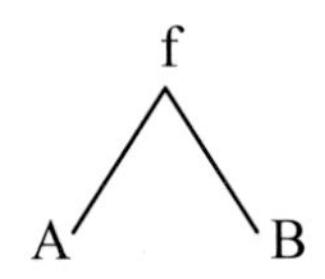

根據 Liberman 和 Prince（1977）的相對輕重原則（Relative prominence principle），A、B 必須一重一輕。或則更具體地說：一個音步必須至少有一個重音。當然，一個重音必須由一個輕音來扶持或襯托，這就排除兩個皆重或皆輕的組合。如果以「重」爲核心，可推導出「音步單核定律」：一個音步至少、同時也至多一個核心。根據馮（2000：41）指出：根據目前的研究，人類語言中的音步，一般只有兩種情況：第一是音節音步（「σ」代表音節）；第二是韻素音步（「μ」代表韻素），前者以漢語爲代表，後者以日語爲代表。兩者的區別如下：

一般認爲漢語最基本的音步是兩個音節，就是說雙音節音步是最一般的，盡管單音節音步跟三音節音步也是存在的。把雙音節音步形式看做漢語最小的、最基本的「標準音步」，把其它音步看做標準音步的「變體」，單音節音步是「蛻化音步」（Degenerate Foot）；三音節音步是「超音步」（Super foot）。在一般情況下，標準音步有絕對優先的實現權，因爲它最基礎、最一般。例如下面對話：

問：請問貴姓？
答：姓李／李／敝姓李。

三種回答中，「姓李」最常用，單說「李」較少，也不易聽清楚，說三個音節也相對少，我們可以相信選擇雙音步的回答，是出於自然的習慣，所以稱爲「標準音步」。

如果我們承認雙音步是漢語的標準音步（至少口語是如此），

前面說過，韻律詞是通過音步來「實現」，因此韻律詞就必須至少是一個音步。漢語的音步必須由兩音節組成，那麼韻律詞也必然至少包括兩個音節。小於一個音步的單位，不足於構成韻律詞。如果不是韻律詞，它的使用就要受到這樣或者那樣的限制，亦即不自由。三音節的超音步的實現條件是：在一個語串中，當標準音步的運作完成以後，如果還有剩餘的單音節成分，那麼這個單音節成分就要貼附在一個相鄰的雙音步上，構成三音步。一個音節的所謂「蛻化音步」一般只能出現在以單音節詞為「獨立語段」（independent intonational group）的環境中，這時，它可以通過停頓或拉長該音節的元音等手段去滿足一個音步。[8]

漢語的標準韻律詞只有一種，就是具標準音步的雙音節詞，單音節不合韻律詞的標準，不能造成韻律詞，三音節的超音步，也可以造成「超韻律詞」，但那畢竟是不自然的少數，四音節的形式必然是兩個音步（即兩個標準韻律詞）的組合最常見。漢語中所謂四字格實際上就是複合韻律詞。

馮（1999：26）進一步指出：一、複合韻律詞的標準組合方式有兩種：〔〔AB〕〔CD〕〕跟〔〔-A〕〔-B〕〕；二、四字格的兩種基本重音模式：〔X1X2〕跟〔1XX2〕分別是以上述兩種結構為基礎而派生出來的，即〔〔AB〕〔CD〕〕導致了〔X1X2〕型重音模式，而〔1XX2〕型重音形式則由〔〔-A〕〔-B〕〕造成的。

俞敏（1989）指出通常所說的四字格，一般有下列兩種重音形式：

a. 〔輕中輕重〕

8 馮勝利《漢語的韻律、詞法與句法》，頁 3-4。文中的雙音步是指雙音節音步，三音步是指三音節音步，「單、雙、三」都不是用來計算音步的數量。

b. 〔中輕輕重〕

如果以數字「2」表「重」;「1」表「次重」，其中兩個較輕成分暫用「X」表示，就得到上列兩種重音模式：

a.〔X1X2〕

b.〔1XX2〕

馮（1999：27）指出：一般成語都採用第一式，如「一衣帶水」、「取長補短」等等，而典型的口語形式如：「亂七八糟」、「糊裡糊塗」等，則用第二式。

當然不是所有四個字的組合皆爲複合韻律詞，但是通過這種分析，我們確可以好好統計《詩經》中四字句裡複合韻律詞所佔的比例，從而說明爲什麼那早的時代，漢語的詩歌最好的表達形式是四言。

《詩經》三百〇五篇都是合樂的歌詞。孔子說:「吾自衛返魯，然後樂正，《雅》《頌》各得期所。」(《論語・子罕》) 司馬遷也說：「《詩》三百篇，孔子皆弦歌之，以求合《韶》《武》《雅》《頌》之音。」(《史記・孔子世家》合樂要有和諧的音節，也就是自然的韻律。

韻律包括節奏和韻腳。《詩經》主要是四言詩，每一詩句由兩個音步組成，每個音步是一個雙音節構成的音頓。如：

關關、雎鳩，在河、之洲。

窈窕、淑女，君子、好逑。

這種雙音節音頓，後來成爲我國詩歌句子音節的主要構成形式，四言詩是兩個雙音頓，五言詩是兩個雙音頓加一個單音頓，六言詩是三個雙音頓，七言詩是三個雙音頓加一個單音頓。雙音頓的節奏點落在第二個音頓，所以後代律詩格律提出一個守則：

一三五不論，二四六分明
論的是平仄，平仄分明即是節奏分明。

四、關於中國古典詩歌的節奏結構

關於中國古典詩歌的節奏結構，至今沒有可謂「定論」的具體客觀看法，本文採用日本學者松浦友久的看法，[9]以「休音」的功能爲中心來探討。所謂「休音」或稱「虛音」，這可能是個關鍵字眼。第一種節奏爲四言詩：

桃之夭夭　灼灼其華
之子于歸　宜其室家　（《詩經・桃夭》）

對酒當歌　人生幾何
譬如朝露　去日苦多　（曹操《短歌行》）

一般說來，古典詩歌以兩個音節爲一個拍子（節拍）。基本上和上文討論的音步是相符的，一個拍子也就是一個音步，這是標

9 松浦友久〈關於中國古典詩歌的節奏結構〉，《唐代文學研究》第三輯（廣西師大出社，1992），頁 569-576。

準的節奏單位。因此四言詩的節奏不言而喻：（1）一句四個音節；（2）以一句二拍的「二拍子節奏」為基礎；（3）詩句的末尾沒有「休音」。因此，節奏平衡均勻而少變化。

第二種是五言詩：

國破山河在×[10] 城春草本深×
感時花濺淚× 恨別鳥驚心× （杜甫《春望》）

春眠不覺曉× 處處聞啼鳥×
夜來風雨聲× 花落知多少× （孟浩然《春曉》）

五言詩的節奏，可以歸納如下：（1）一句五個音節；（2）一句三拍的「三拍子節奏」為基礎；（3）詩句末尾有「相當於一個字」的休音（也可以說「相當於半個拍子」的休音）；（4）在一句下半的三個字，有時發生「韻律節奏」和「意義節奏」之間的不一致現象；例如《春曉》的「處處聞啼鳥×」就是一例，其「音義節奏」是：

處處・聞・啼鳥。

其他如：

感時・花・濺淚

10 凡出現「×」即表示「休音」。

花落・知・多少

都是相同的情況。

第三種是七言詩：

故人西辭黃鶴樓×　煙花三月下揚州×
孤帆遠影碧空盡×　唯見長江天際流×

（李白〈黃鶴樓送孟浩然之廣陵〉）

兩個黃鸝鳴翠柳×　一行白鷺上青天×
窗含西嶺千秋雪×　門泊東吳萬里船×

（杜甫〈絕句〉）

七言詩的節奏，可以歸納如下：（1）一句七個音節；（2）以一句三拍的「三拍子節奏」爲基礎；（3）詩句末尾有「相當於一個字（半拍）的「休音」；（4）一句的下半三個字，有時發生「韻律節奏」和「意義節奏」不一致的現象（這一點和五言詩完全相同），比如「煙花三月下揚州×」、「兩個黃鸝鳴翠柳×」等句。至於「窗含兩嶺千秋雪×」等句，則是韻律節奏和意義節奏相一致的例子。

由於這一系列的特徵，讀者看到五、七言詩的節奏性質，要比四言詩富有彈性與變化。

那麼六言詩怎樣呢？除了「楚辭」系統的早期六言詩以外，唐代六言詩基本上是如下的結構：

桃紅復含宿雨　柳綠更帶春煙
花落家僮未掃　鶯啼山客猶眠

這是以一句三拍爲基礎的典型「三拍子」，句末無「休音」，「韻律節奏」和「意義節奏」基本上是一致的。看來六言詩的節奏性質和四言詩差不多：沒有彈性，變化較少。詩句末尾「休音」的有無，成爲有無彈性、節奏感強弱、吟誦起來好不好聽的關鍵。由此可見，中國古典詩歌開始於四言詩，但到後來，四言詩衰退了，盛行的是五言詩和七言詩，而六言詩則一直很少。可見，詩歌的「休音」是使五、七言詩在中國詩歌中佔主流的真正原因。

當然，三言詩也有句末休音。如：

太一沉×　天下馬×
沾赤汗×　沫流赭×　（漢・郊祀歌《天馬》）

基本上，它也有和五言詩一樣的變化，也有韻律節奏與意義節奏不一致的節奏變化。但是「三言一句」的形式是句子太短，抒情功能不易發揮。因此，它有休音卻不能盛行，可能就是這個原因。不過後代的童蒙教材中「三字經」的材料，不斷被翻新，短而容易創作，格律限制較少，反而是它的好處。

其次，我們可以探討爲什麼五言詩比七言詩盛行的時代要早得多的原因。根據松浦友久教授的看法，[11]真正的原因是在五言的「三拍子」和七言的「四拍子」的節奏結構本身。

更具體地說，七言一句的四拍子結構，吟誦起來比較接近「四

11 松浦友久〈關於中國古典詩歌的節奏結構〉，頁 572-573。

言二句的四拍子結構」。如：

秋風蕭瑟天氣涼× 草木搖落露為霜×

（曹丕〈燕歌行〉）

對酒當歌 人生幾何
譬如朝露 去日苦多 （曹操〈短歌行〉）

可以看出，七言詩和四言詩兩者之間，有一系列的共通點。首先，（1）兩者都是四拍子；（2）兩者都是分爲上下二拍；（3）兩者都有第四拍的押韻字。這是因爲魏晉的七言詩，大部分是每句押韻的緣故。換句話說，兩者之間的差別只有最後第四拍的「休音的有無」這一點。

松浦教授認爲「只要四言詩在社會上流行，那麼七言詩（特別是每句押韻的七言詩）從節奏方面看，就沒有什麼特別必要。也就是說，兩者之間的相同性過強，就難以發揮相互補充的作用。與此相反，五言詩由於以三拍子爲基礎，就得以產生與四言詩的二拍子相互補的作用。我認爲，三拍子和二拍子的不同，不應該簡單地歸結爲增減一個拍子，從奇數拍的基本型與偶數拍的基本型的意義上看，這兩者正可以成爲對比性的節奏。就是說，五言詩對於四言詩來說，從節奏上看，就有著不可或缺的，相互補充的存在理由。」

這個事實還可以說明，要使七言詩盛行起來，必須有兩個前提：（1）四言詩減少，七言詩的四拍節奏才具有明顯的存在必要；（2）七言詩的每句押韻轉變爲隔句押韻，這樣，使「七言一句」

和「四言二句」之間的相同性減少。

從歷史發展的事實來看，正是由於經過了發生上述兩個前提變化的六朝時期，七言詩才有了真正的存在理由，而發展爲與五言詩相抗衡的兩大詩型之一。

五、從平仄律看林語堂《京華煙雲》書名中譯的一段插曲

漢語節奏規律是漢語音樂性的規律，但聲音是爲表達思想感情的，無論是調平仄還是論韻律都要以表意爲旨歸，語音形式必須根據表意題旨的需要。這裡舉一個例子，講的是林語堂著名小說《京華煙雲》的譯名拍板定案的一段插曲：[12]

1990 年夏，中國社會科學院語言所的劉堅先生，在一次國際漢語教學討論會上，提出這個例子，原因是周汝昌在〈閑話《京華煙雲》〉[13]一文中，批評譯者不懂漢語語音特點，把原譯名《瞬息京華》的「仄仄平平」改成了四字皆平的《京華煙雲》。劉堅先生看了周汝昌的文章，非常同意他的觀點，尤其是周先生批評：「一些小說、電影的取名，遵循祖國語文特點，注重語言聲調美者十無一二，百祇二、三。這實在令人深感惋惜。」上課時，他把這段話和所舉的例子用到了教學中，還讓大家比較這兩個譯名：

A. 瞬息京華（仄仄平平）

B. 京華煙雲（平平平平）

12 吳潔敏、朱宏達《漢語節律學》（語文出版社，2001），頁 201-204。
13 周汝昌〈閑話《京華煙雲》〉見《北京晚報》，1990.1.15。

測聽中卻出現了分歧。大學生及聽講座的老師們憑語感，85%以上的人都認爲「京華煙雲」比「瞬息京華」好聽。這就奇怪了，哪有四字皆平好聽的道理？沒想到這給了我們極大的啓發。當時我們也正在思考：曹植《美女篇》也有十字皆平，但一千多年來卻又公認爲「雅調猶存」的問題。於是就反復琢磨這四字皆平的「京華煙雲」爲什麼好聽？當劉先生發現漢語節奏的周期模式之後，發現普通話（國語）中平分陰、陽，「京華煙雲」這四個平聲字的聲調序列正好是：

jīng－huá－yān－yún（陰－陽－陰－陽）或（1－2－1－2）

語音鏈上的聲調組合是陰陽對立統一，出往復型短仄律周期。也就是說，「京華煙雲」用國語朗讀也出平仄律。而「瞬息京華」的「仄仄平平」用國語朗讀是：

shùn－xī－jīng－huá（去－陰－陰－陽）

用國語讀「瞬息京華」聲調序列，不及「京華煙雲」的節奏感強。加上 yān yún 的發音又比 shùn xī 的開口度大，聲音響亮。這就讓人感到還是「京華煙雲」好聽了。爲了證明「京華煙雲」的聲調是陰陽對立統一有節奏的，在 1991 年初，曾請語言所楊順安先生作語圖，後來還請中科院聲學所的呂士楠先生作了曹植《美女篇》中十字皆平的「羅衣何飄飄，輕裾隨風還」的語圖。終於使他們發現了「雅調猶存」的奧秘，原因就是平分陰陽，或者說是古音中的平分清濁。原來這十個字的聲調序列，無論用國語還是吳方言朗讀，語音鏈上具有陰陽對立統一的回環型平仄律。難怪人們稱《美女篇》爲「千古絕唱」。

1993 年吳潔敏、朱宏達向語言學家王均先生請教這個問題，他認爲從聲音節奏看，林語堂小說的兩個標題譯文都行，但從表意論，還是譯爲「瞬息京華」好。再三琢磨，感到「瞬息京華」除了「抑抑—揚揚」，還有「短短—長長」的長短律節奏，更能表達出作者的原意。錘煉聲音節奏的表意爲重。後來劉堅先生也來信表示贊同這一觀點，認爲分析語音節律，首先必須考慮意義，這個看法是有道理的。他說：

> 「京華煙雲」和「瞬息京華」雖然各有所長，但是從表意而論還是前者好，因為「京華煙雲」比較地平鋪直敘，而「瞬息京華」卻有一種動感。由「瞬息」二字，人們容易想到「瞬息萬變」之類的說法；從感覺上說，就不那麼平淡，而有點「世事滄桑」的味道了。[14]

劉先生還進一步提供有關郁達夫的兒子郁飛新譯《瞬息京華》出版的消息。這段不同的譯名的來歷，也就因此披露。

《漢語節律學》的作者指出：用普通話朗讀「瞬息京華」雖然無入聲，但「瞬息」的聲韻組合，開口度小，舌位高，聲音細，有聲段短的特點；而「京華」的聲調上揚，聲韻組合開口度大，這樣四個音節讀來就有「抑抑 — 揚揚」和「短短 — 長長」之別；「瞬息」這短促的抑調，更能表達出作者的本意；而「煙雲」

14　這是據劉堅先生的信（1994.2）。文中「從表意而論還是前者好」，「前者好」恐有訛誤。

聲調上揚，在表意上確實就不如原譯明瞭。看來分析節律首先必須考慮意義，這是非常重要的一點。

這本發表於 1939 年的英文小說書名 Moment in Peking，林語堂將初稿寄給新加坡的郁達夫，郁氏譯出前幾章在新加坡的《宇宙風》上發表，用的是《瞬息京華》。可惜郁達夫沒有譯完，就被捕就義。後來他的兒子郁飛完成全書的翻譯。今天在台灣出版的林語堂全集，用的卻是《京華煙雲》，這其中書名的改譯，考量的原因就不一定是韻律的問題。不過由這一段故事，卻可以發現韻律音韻學的效用，平仄律雖然不再當行流行，但其深層的漢語節奏的功能，仍在支配使用漢語的每一位作者。

六、結　論

本次演講，主要從文學體裁與韻律節奏之關係，觀察歷代詩歌文體的嬗遞，我們不但解釋了爲何四言詩的體裁成爲中國韻文體的始祖，我們也借助了當代韻律構詞學的角度，分析了漢語的韻律詞與音步的關係，按照原訂的題綱，我們還想對近體詩的格律進行新詮，更想藉啓功先生在《漢語現象論叢》（台灣商務，民國 82 年 3 月台灣初版）一書中提出的「頓挫和倒裝問題」（原書頁 45-49）爲例，加上個人的詮釋，因爲撰稿的速度太慢，致未能納入這份講稿，希望來日另撰新稿，再將這兩項課題補足，以向更多的讀者求教。

最後仍以一個聲韻學老師的角色，呼籲國內中文系的師生，將聲韻學融入文學的研究，尤其應正視「韻律聲韻學」本爲漢語聲韻學的主體論述，今天在國文系不受重視，反而成爲當代語言學音韻理論方面的顯學，放眼天下，中文系應該在語言學上加把勁了。

本文初稿係 2004.4.28 應彰化師大國文系主辦「人文新境界系列講座」的演講稿，前言部分曾載 2004 年 4 月 28 日聯合副刊。全文修正後刊登於彰化師大《國文學誌》第九期，頁 17-40，2004；並收入林明德策畫《中國文學新境界：反思與觀照》，頁 269-297，立緒文化，2005。

中華文化史的新視界

— 蘇著《人生基本活動語詞彙釋》一書讀後

初讀《人生基本活動語詞彙釋 — 國語、閩語、客語對列通用》一書，大約是去年歲末，由臺師大國文系的文字學名師許錟輝老師推介，將這本由心輔系知名前輩學者蘇清守教授的手稿交給我，希望針對本書有關國—閩—客語對譯的部分，提出個人意見。當時，就其中部分稿件提出有關收詞標準及部分詞義的小瑕疵，就在原稿上加了註記。想不到蘇教授居然將拙見整理成十六條，並視為「審查意見」，將原稿進行若干修訂後，連同拙見惠寄一份，希望能為此書寫篇推薦文。余觀此書，體大思精，共分十一章，以人生基本活動語詞為媒介，進行跨語言對比的分類詞語，成句解讀，其分類的基礎建立在生理與心理的交融，而說理的材料則為古今漢語名言及經史百家文集、詩詞佳篇、諺語歌謠，凡涉相關詞語，無不選錄佳句，並以三語進行詞彙對比分析，真可謂大輅椎輪之初始，古今未有之作也。故以一種欣賞之心情，逐頁研讀，未料因個人籌辦國際會議，未暇終卷，終究下不了筆，而今會議已過三個月，才勉強擠出這點心得以應命，未知能否掌握蘇教授撰書之宏旨，則不敢自信。

首先，我把本書定位為「中華文化史」的新視界，可視為以生活關鍵詞爲中心的古今詞語發展史。個人據本書凡例，建立了這個觀點。作者在凡例（一）指出：「本書所引述的活動語詞」「都是一些動詞或動詞構成的詞語，藉以表達人生的感應、動作、狀態和情意」，對一個教育心理學家來說，這正是一個人生命的基調。試想，我們從睜開眼（出生或每日清晨）到闔上眼（大行或半夜困在床第），不正是都在進行「飢渴飽煖」「穿著披脫」「居住歇宿」「坐立行走」「呼吸拉撒」「困息睡夢」「老疾往生」等一連串的重複與輪迴嗎？所以把這些每天活生生的話語，由文獻語言中的詩文、諺語、歌謠中呈現出來，再對照不同方言的同異通塞，不正是中華文化史一條永不停頓的語言長流嗎？

面對這麼多的古今異詞，蘇教授是如何取捨的？仔細瞧一下目次，作者掌握極爲豐富的漢語單音詞，這是一個執簡馭繁的方式，底下再衍生出多少複音之詞、詞組或成語、俗語、諺語，構成一個全體大用的日常詞語網絡，我們不得不佩服蘇教授這點耐心的鋪陳。

其次，本書可以視作一本全新的漢語基本詞的「類義辭典」。全書十一章，正可視爲十一個場域的語義場（semantic field），環繞著食（心理感受是：飢渴飽煖凍餒）衣（心理感受是：披裹佩帶束纏與解脫更換袒露）住（心理感受是：開關出入遷轉歸回）行（心理感受是：坐立跪伏行走奔馳）及呼吸拉撒、困息臥夢、或抽絲剝繭，或咬文嚼字，均能使人心領神會，意在語先。如此定型的語料庫，從來沒有人依照此時此地的教學現況，將三語對譯比較，並析其詞類，明其語法特色，使不同母語的師生一卷在手，各取所需。不但可以強化其古今語文閱讀，並能加深其母語與不同族語的對譯能力，達到學習不同族語對應詞語的目標。當然，這些素材更是供教師編纂教材的絕佳語料，教師必須靈活轉化於自己的教學現場。

又其次，本書可作爲國人認識漢語語言文化深層結構的階梯。作者辨別許多同義詞的時代層次及詞義的深淺，例如「飢、饑、餓、餒、枵」這組飢餓感受詞語，要以「餓」字最嚴重，凡致命的餓死、餓莩皆用「餓」字。其他諸字相對輕微，但後來逐漸混用，飢餓才成爲複音詞，此時飢、餓成爲完全同義詞。（p.2）作者並指出「餓死都是因食物匱乏致死，古代也有因減肥厭食致死者，如『楚王好細腰，宮中多餓死』（南朝宋・范曄《後漢書・馬廖傳》）。」（p.27）足見古今人情，追求時髦流行，不惜拚上性命者，所在多有。

本書對基本詞古今變化的說法十分詳盡，以「食」字爲例：

> 食，本義是名詞，引申為動詞，表示「吃」和「喝」的意思。換言之，「食」主要指攝取固體食物，但也可用在液體食物，如食飯、食茶。……自上古以迄晉、唐，皆言食而少說「吃」，今日古漢語系，如閩南語、福州話、客家話、廣東話等，尚稱吃飯為「食飯」。（p.69）

同時也以古今字並列出同源詞的孳乳，如食、飤、飼，即由食（ㄙˋ）的使動用法（給人/動物吃）引申爲餵養、飼養。食的使動用法在文言中常見，但在今日閩、客語中均不用。（P.76）至於「吃」本義是口吃（ㄐㄧˊ），見於《說文》。有關「吃」當食用，最早見於西漢賈誼《新書》，又見於陳壽《三國志・魏志》。（P.78）至於有關「食、吃、喫、嘗」這節的「諺語歌謠示例」，竟多達二十四個三語對照例，本書引用當代閩、客俚諺，不厭其詳，蔚爲奇觀，茲舉示例「三之 8」爲例：

「吃了端午粽，才把寒衣送。」(p.96)

(古) 未喫端午粽，寒衣未可送。(田家志・田家雜占)

(國) 1.吃了端午粽，才把寒衣送。

2.吃了端陽粽，破絮往上送；吃了中秋粑，破絮往下拉。

(閩) 無食五月節粽，破裘毋願放。(未吃端午粽，破裘不願收)

(客) 盲食五月節粽，襖袍盲好入甕。(未吃端午粽，棉襖不收藏)

由此可見因節慶產生的氣象諺語，相當深中人心，漢語方言都繼承了這個古雅的諺語，也可見本書在比較謠諺上，下了不少功夫。

人們都熟悉「吃果子拜樹頭」、「食人一口，還人一斗」俚諺，本書同時提供反面的教材，例如有關「忘恩負義」的諺語有：

(古) 吃曹操的飯，幹劉備的事 —— 吃裡扒外。(明・羅貫中《三國演義》)

(閩) 酒予人食，酒甌遂予人損破。(酒喝了，酒杯也打破了)

(客) 食自家介飯，做別人介牆。(吃自家飯，砌別人家的牆)

(閩、客) 桌頂食飯，桌跤 (桌下) 放屎 (屙屎)。(p.98)

這樣的正反教材，亦莊亦諧，充滿在人生基本活動的話語之中，浸淫在這一個中華文化的大缸之中，誰能不潛移默化。

從本書的自序和凡例，都可以看出作者著述之動機及嘔心瀝血的經營。在目次裡，讀者先看到人生基本活動語詞的章節分類，好像是《本草綱目》式的小百科辭典，打開本文，可以看到王了一式的「漢語史稿」，既有《爾雅》釋訓釋詁式的同義詞的分辨，又有詩詞文章示例及諺語歌謠示例，時而古文，時而小說、戲曲，出入古今，這就令人想到漢字的卓越性，你看一本標誌人生基本活動語詞的書，竟然貫通三千年的文學，時而與古人對談，時而回到閩南、客家的原鄉，尤其作者本身客家大埔腔的身分，體現在附錄 1 所做章節詞語對照，主要關鍵語，做了國音、閩音與客音的對照，而客音中又以大埔、四縣、海陸並列，展現了作者「不忘祖宗言」的本色。注音雖採通行的注音符號（閩南語則用教育部公告的台羅系統），對一般小學生的辨音識讀，已具有按圖索驥的功能。

1986 年洪惟仁先生出版《台灣禮俗語典》（自立晚報社），以閩南與漢字及注音，網羅人生由呱呱墜地到喪祭做忌等各種儀式的名稱。據說其中的記音及禮俗內容，多半採自台北金山人許溪泉、李連成二位老先生的口傳，個人視爲一本跨語言文化的調查經典，歎爲觀止。唯知者不多，似已絕版，殊爲可惜。曾幾何時，又讀到蘇清守教授以心理輔導的專業，在師大退休多年之後，建立了這本中文系的語文專家都要「跌破眼鏡」的語言文化學新標竿。我認爲洪、蘇兩本著述代表本土語言與不同專業的「整合」，正好給我們在本國語文教育崗位上努力了半輩子的人，一種莫大的鼓舞與警醒。原來九年一貫語文領域課綱之所以鬧得沸沸揚揚，皆因充滿對孩子學習太多或太少的憂心忡忡，完全忽略了多元族群社會本來就要有宏觀的視野。蘇教授多年來苦心孤詣，間接證明了一件事，就是我們社會應該少一些「教改掮客」，每天關心國文科少一堂課，文言文比例偏低，小學生國語時數不足，英語也不夠；而本國語文（國、閩、客、原）中的鄉土語之實施，一至六年級每週僅一小時，而且只是選修（閩南俗語說的：殘殘豬肝切五角！），到國中則淪爲課外活動，沒有時數，仍號稱九年一貫，且行之有年！真希望所有教師和家長，在茶餘飯後，都來讀一讀蘇教授這本大作，共同深思我們的百年語文教育大計。

原載蘇清守著《人生基本活動語詞彙釋》頁 i-v，文鶴出版社有限公司，2009.3。

正視儒學在美國滋長的土壤

— 且待儒學天外歸：《二十一世紀的當家思想：論語》序

一、

一口氣把《二十一世紀的當家思想：論語》將近六百頁的電腦打字稿「翻」到最後一頁，有一種直覺在我的腦海裡滋長，不斷的擴大、聚焦、再聚焦，想著想著，眼前便呈現出：新儒學已經成爲二十一世紀美國社會的主流思想之一，在漢學水平較高的某些歐洲國度，就說英、法、德吧，也普遍抬高了儒學的地位。公元二〇九九年，離開一九九九年不過才一百年，美國總統當選人德夫孔（Devcon）博士，手捧紅色的《論語》（中文版）在就職典禮宣誓後的簡短講話中，特別重申其競選諾言：「重建具有儒家特色的美國家庭倫理，並願與『超級友邦』共同促進『世界大同』……

在網路的另一端，先進於禮樂的中國、日本及風光一時的亞洲四、五條小龍，由於儒家倫理的過度早熟，加上長年通貨膨脹，早已將儒學拋諸腦後。台灣則步美國二十一世紀初葉的後塵，深陷於資本主義的泥淖中，小家庭倫理取代了「家庭管理法則」，曾經跟《論語》息息相關的「算盤」，早已變成童玩。而四書或論語除了在較老的國立大學圖書館的書架上之外，實在難得一見。理由是：由於海峽兩岸長期的分治，政治性的協商議題始終沒有交集，加上島內新崛起的「新民捍國黨」已連續執政十年，在「全民用忍」的政策下，本土文化瓜熟蒂落，教科書上已消除「中華文化」四個字，印刷品上也找不到文言文的「儒」字，台語版新三字經已成爲台灣文化基本教材，彼岸有中國特色的「資本主義」論著，已經罕在此岸流通，原因是定價昂貴驚人，阮台灣人買獪落去！

筆者相信作者連康兄在撰本書時，已浸潤在美國新儒學萌芽期的土壤多年，從他對美國社會倫理的批判到對兩岸政經角力、文化改造的觀察和調侃中，得到儒學復興與重振的契機，並揉雜他對台灣未來不安定感的憂患意識，才能在比較中、西文化之餘，以自己的體悟，寫成這本風格獨特的新詮，它的獨特處，據我的觀察至少有以下幾點：

一、作者闡揚了論語在西方思想家心目中的地位

作者的自序「打開話匣子」共分八個子題，從「論語在西方的發展」到「孔子思想的時代意義」明顯的圍繞著「論語在西方思想家心目中的地位」的主題，作者實際上是讀了美國學者史景遷（Jonathan Spence）的近作（1997）「真孔子」（True Confucius: What Confuciussaid）一文之後，發現我們可以從史氏對近三百年有名的四種英譯論語的比較分析，看出中國文化思想三、四百年來在西方的演變，也可以看出孔子思想在中國正日趨沒落之際，在西方卻正在蓬勃發展與還原之中。

作者並指出早期耶穌會士在翻譯孔子學說的拓荒期，從一開始就捲進論戰的漩渦，用當代的話說，就是儒教與基督教文明的衝突；然而社會是進化的，當西方人逐暫褪去東方思想的神秘面紗，James Legge（1861）的《論語》典範譯本問世，並成爲中文西譯的橋樑，後來的譯家則更想把橋樑修得富麗堂皇而不失其實用。Simon Leys（1996）主張唯有恢復孔子「無等差」(有先後）的「人道主義」觀，才能「撥亂反正」，挽救時弊。史景遷則贊美孔子的話「無不語重心長的直指『人性真理』的核心。」另一位蘇格蘭大學教授 Robert Wilkinson（1997）更直截指出：「《論語》中所談的問題，全是今天我們所面臨的問題。」接著他又說：「只要人類不能發明足以替代『家』的這個基本單位，只要社會與國家的機能不變，孔子的話就永遠有效。」由此可見「真孔子」還真的是「貨真價實」。

二、作者指出孔子思想的進步性

從孔子的人道主義精神出發，儒家有容乃大的仁學，最適合引導美國成爲世界各國「心悅誠服」的「共主」，可惜近半個世紀以來，美國對外做了許多「吃力不討好」的傻事，不懂「清官難斷家務事」的道理，還美其名爲「當世界警察」，有時不免引來殺身之禍，正需要孔子「遠人不服，則修文德以來之」的精神文明。作者也指出「兩千五百年前孔子說的話還活著，活在善良、篤實人們的心裡，活在大多數中國人的生活中。因爲孔子是一位『聖之時者也』的聖人，他的思想就像『變色龍』一樣的神奇，能隨著人類文化的進展而變化，而調適其內涵，讓有智慧的人總覺他的話『歷久彌新』而『真切適用』。」作者在解釋《論語》時，隨時把握住了這個精神，比方「子曰：『道千乘之國』」(1：5）這一章，他說：「這個『國』，用現代制度來解釋，中國古時的『天下』就是現在的『國』，古時的國就是現代的州省之類的地方政府。周朝實際上有些像今天美國的聯邦政府，但是周天子的權力沒有聯邦政府大。美國各州叫 state，在政治學上，state 正有『國』的意思，但現今世界的通例都用 Nation 這個字代表『國家』。譬如聯合國叫作 United Nations，而美國則叫 United States 簡稱爲 USA，全名是美利堅合眾國（United States of America）。如果美國是國，那麼她的五十州就是『國中之國』，與我們春秋、戰國時代的『國』的概念極爲相似。」這多麼像在對美國學生講《論語》呀！先有了國的概念，以下三句就容易懂了。「敬事而信，節用而愛民，使民以時」，在最後一句講疏中，他說：「推行各項建設，要經濟而有效，不可圖利他人，也不可圖利自己，珍惜國家的財力，體恤人民的困難。」這又多麼像內政部長在對新當選的「台灣省」縣市長講話呀！

三、作者用適合台灣社會的語言詮釋孔子的教學精神

《論語》的語錄體，無處不能體現孔子「因材施教」的教學原理，使人如沐春風。過去的許多「論語講疏」，不是被章句的解釋所拘束，就是引申太過，或天馬行空，自以爲掌握了意義。本書則完全沒有這兩個毛病，作者用非常精確的現代台灣流行語來傳譯每個語句，絕無生硬難懂的地方，這正是教學語言藝術的高度發揮。例如：太宰問於子貢章（9：6）討論夫子的「聖與多能」，孔子不同意子貢的「天縱論」，作者解釋道：孔子聽了這句話之後說：「太宰真的了解我嗎？我是因爲小時候家裡很貧窮，甚麼事都得自己動手做，所以才學著做一些卑微的小事。一位有德的君子人，或是政府領導人，需要會做許多小事嗎？不必要的！」琴牢說：「老師曾經說：『沒有人重用我，沒有機會爲國家服務，所以才學著做些卑微小事。』」在翻譯「吾少也賤，故多能鄙事」一句，

作者用了三句話，「甚麼事都得自己動手做」這一句是言外之意，必須點出；在翻譯「君子多能乎哉？不多也。」必須用「或是政府的領導人」來指君子，「多不多」才有現實性；在翻譯「吾不試，故藝」，如果少了「沒有機會爲國家服務」，就不知道孔子講這句話是多麼委曲！顯然弟子中琴牢比子貢更了解老師的過去。像這類的對答，本書多用情境的譯筆，令人耳目一新，礙於篇幅，不再多舉。

本書的寫作對象是國內的讀者，許多事例和用語都是台灣讀者耳熟能詳的，談到「敏於事而慎於言」（1：14），作者說：「甚麼是勤政呢？就是不能隨便放下大事不辦去打小白球，更不能隨便說話，顯露出自己的好惡，因爲他的『好惡之詞』，輕則影響股票價位，重則動搖國本，影響國家安危……『大嘴巴』的人當小老百姓已經是不受歡迎的人，君子豈能『大嘴巴』？」這段話多麼鮮活，而我們「當今聖上」都躲在文字的背後，你看這種文筆多麼像出自「憂國畏君」的海外華人。再如「君子易事而難說（悅）也」章中的「說（悅）之不以道，不說（悅）也」（13：25），作者譯爲：「你若是用不正當的方法（送紅包、喝花酒、打政治麻將、奉承他睿智英明、或是說他是甚麼「奇才」）去討好他，他是不會高興的」括號內的列舉真有畫龍點睛之妙。

四、本書反映了作者對兩岸政治文化的批判性

有批評才有進步，今天台海兩岸不管誰是「龍的傳人」（事實上都是），如果人心腐蝕、社會暴戾、上樑不正、政策愚民誰都不能成爲二十一世紀「龍的傳人」的領航者，也將埋葬了中華文化復興的命脈。作者出身軍旅，再接受師大國文系的科班訓練，並從事教學、訓導、人事行政等歷練，又曾投筆從商曾獲頒進出口

績優廠商之殊榮，近年退居美國南部市鎮，籀讀經史，並翻譯西方學術名著及暢銷書籍爲中文，譯著有「大時代傳奇」系列：納粹德國史、知識分子與中國革命、我們這一代的中國、周恩來與現代中國。「創業風雲錄」系列：波音傳奇、華爾街日報、醜陋的資本家、橫越死亡沙漠、扭轉乾坤之戰等二十餘部之多，不便盡舉（避免廣告嫌疑），可謂博貫中、西，又關心海峽兩岸之風吹草動，因而作爲時論家而有餘裕，乃將畢生述作之精華，藉此以抒發其書生報國之志，簡直可以媲美太史之筆，如果讀者仔細推敲本書中對兩岸政治、社會、外交等現狀的批評，自然會認同我以上的看法。這裡只舉二例：

（一）子曰：「不患人之不己知，患不知人也。」（1：16）

作者寫到：

我想我們外交部的官員都應該好好讀這一章書。

一天到晚吵著要「走出去！」好不容易，花了無數的錢，總算走上了巴拿馬高峰會議的國際舞台。結果李總統的講演詞既沒有西班牙文的譯稿，也沒有英文譯稿。這不只是學會了中共（在北京舉行的例行記者會，一律不發外文譯本），而且是超越了中共。中共只是在國內的記者會上不發外文譯本而我們的外交部連在國際場所發表中文講演也不供應外文譯本。真不愧是我們的「大國」風度……

我們只是急著要「走出去」，我們有沒有想一想，一旦站上了國際舞台，我們又有甚麼值得向人報告的事呢？去告訴別人「我們的國旗是個甚麼樣兒？」去告訴別人「我們的總統夫人究竟是個甚麼長像（別讓外國人認錯人了）？」還是去告訴人家我們的綁票案層出不窮；去告訴人家我們不破案是為了「尊重人權」；去告訴人家我們的民主正在開倒車，行政權不必向立法機關負責……

讀者應該知道這個批評是對事不對人，問題出在我們駐外人員都存有「五日兆京」之心，大家早已心不在焉了！

（二）子曰：「篤信好學，守死善道。」（8：13）

作者認爲這一章書可以看到春秋、戰國時代人民的遷徙自由：

有人說中國古代社會是封建社會，有封建思想。這是不對的，那是為了配合馬克思的革命理論勉強加上的一項『莫須有』的罪名，有封建社會就沒有『遷徙自由』，也沒有『職業自由』，更沒有『學術思想自由』的。中國從來沒有這樣的事情。孔子的學生是各國都有，而且可以到各國去做官，孔子的學生隔行各業都有，而且大部分都是平民，所以中國的官場一直都是開放的，世襲的只有王侯，思想、講學、言論都是充分自由的，春秋、戰國時代的諸子爭鳴，魏、晉時代佛學的暢盛都是證明。至於漢朝設『五經博士』與後世考試專考儒家課本，一則不關孔子的事，二則是『從政』一事在本質上就有『入幫會』的性質，不入黨就無法從政當權，這種現象是沒有東、西方差異的，自認為是「民主」的國家是如此，共產國家更是別無選擇。相信共產主義的人能在美國當政嗎？（這就是思想意識上的封建）？美國 WASP 族群以外的美國人能當美國總統嗎？（這就是

『血統、宗教、與種性階級』上的封建）？相信三民主義的人能在中國大陸當政嗎？這種「思想意識上」的局限才是「思想」上的「封建」，或「封建思想」，如果一定要說中國有「封建思想」的話，那也是從共產黨將人民分為紅、黑五類，而且永遠不得「翻身」之後才有的。

又如：子謂：「犁牛之子，騂且角；雖欲勿用，山川其舍諸？」（6：4）作者在這一章中也指出這種觀念所透露的「政治訊息」是：當時的政權是「開放」的，是「唯才」的，是「沒有階級」的，是「不講身世」的，當然也「不是封建的」。（未注出處）

作者在自序（八）「孔子思想的時代意義」裡甚至懷疑：

將中國的裂土封侯（簡稱「封建」）與歐洲的 feud 或 feudal（「封建」與「封建的」）兩相對比是否「正確」的問題。因為這兩個英文字都含有「仇恨」尤其是「家族世仇」的意思，因為馬克思的理論是建立在「階級鬥爭」的「仇恨基礎」上，共產黨為了配合此一以仇恨為基礎的理論，就強把西周的「裂土封侯」比作歐洲的封建制度，並一口咬定「西周」的孔子是封建制度的「代言人」。（同上）

非常不幸的，據個人所見，在大陸九○年代出版的一套「中國思想家評傳」裡的《孔子評傳》，該書的作者仍利用大量篇幅說明「西周是領主封建社會（或初期封建社會），春秋是從『領主制』向『地主制』封建社會過渡的時代。」不但說西周是封建社會，還說「同時也確立了爾後長達三千年的中國封建社會的基本方向。」還說：「正因爲西周是封建制度，才能產生、才能說明孔子是封建社會的偉大思想家這一歷史事實」，其結果必須「對孔子思想實行三分法」作爲封建社會的產物與代言人的孔子，就不能不帶有濃厚的封建性、保守性，雖然孔子基本上是偉大的教育家、文獻整理家，又要區別其封建性、保守性、人民性、民主性，恐怕永遠找不到前文所述的「真孔子」，這是大陸學者的悲哀！

五、本書展現作者博學善喻的才筆，也不時流露科班出身的文獻功夫

筆者覺得這是一本「中華百科入門」，正因爲論語思想的博大精深，不同階層、不同年齡的人都有不同的體驗，所涉取的經驗內容也不相同。作者曾爲軍人、大學生、國文教師、行政人員、進出口商、專業翻譯員，因此，他在「萬般皆下品，唯有讀書高」的退休年華，將一生歷練融入這本論語新詮裡，並扣緊中、西文化的差異，爲振興「中國文化」及爲中國的「文藝再復興」而鋪路。因此，本書的內容是多元的，字裡行間可以看到中、美社會的點點滴滴，鉅細靡遺，都有主觀的評價。我們不時也可以找到作者的哲思雋語，例如：「沒有人道，哪來的人權？」「並不是每一種文化都能進入二十一世紀的。」「中國本應該更好的，錯在大家只把孔子思想當作工具，而沒有把它當作目的」(以上見作者自序)；「政治不是科學，而是一種高度的藝術，在藝術的範圍內，沒有事是不可能的」(14：16)；「人絕對不是『生而平等』的，充其量我們也只能勉強的製造一個『立足點的平等』。這絕對不是人『與生俱有』的權利，而是基於人的善性發展出來的一種「人道精神」的產物」(16：9)；「宗教是悲苦的產物從它所描述的奇蹟多半與食物有關，所描述的天堂美景多半是金碧輝煌的『場景』就可以看出」(17：19)

引人入勝的句子摘也摘不完，讀者最好用欣賞哲理散文的角度看作者每一章較長的說解，特別要欣賞作者講的每一個故事，不管是童話、寓言、笑話或歷史掌故，都蘊含有耐人深思的哲理。也不妨留意作者三番五次提出的「讀論語的態度」(例如他要讀者要有整體觀，要把孔子想的越平凡越好)，以及他對美國公眾人物（如柯林頓、瑪丹娜）的調侃，都會叫人笑出一滴眼淚。其實作者戲謔之語，正是對人性遭受扭曲的一種控訴，例如在 15：19 章中指出:「當一個時代的人心傾向於爲追求名利而不計其手段時（即俗語所說的「笑貧不笑娼」)，那就是道德淪亡的徵兆。」這個徵兆其實已遍布地球村，於是作者說：

> 我想，我們眞笨，昨天隨著艾維斯．普里斯來（Elvis Aaron Presley）「搖滾」，今天又爲麥可．傑克遜（Michael Jackson）瘋迷，瑪丹娜的唱片或電影一上市，我們就不吃不喝的去捧場，可是她說不玩兒就不玩兒了（也許是她悟到了名不符實的空虛），不顧我們的熱切期待，也不管我們的空虛、寂寞與無聊了，我們怎麼會這麼傻呢？一而再，再而三的被這些「演藝人員」戲弄了又戲弄。

I'm still crying，在台灣，我們的媒體、政治人物、學術敗類、八卦新聞等天天在腐蝕僅存的一點人性。我們逃離困境的唯一辦法，就是用《論語》中的「真理之光」，照亮這「像一隻船的綠島。」

至於作者不時流露他的國文系身段，以經解經，或賣點文字學、詞彙學的知識，那就無庸舉例了。讀者可以從書中有關「鄉黨篇」篇次性質的討論及「堯曰篇」殿後的說解分享到作者對《論語》一書的文獻學所下的功夫。

二、

前文略書筆者初讀「二十一世紀的當家思想：論語」的一得之見。我從來沒有這麼愉快地面對一本與《論語》相關的著述，讀他的書真使人有「如沐春風」的感受，彷彿有一位佈道家在對「新新人類」講述古今人情，中、西文化，時而批評時政，時而針對社會百態痛加鍼砭，明明是一段枯燥的論語章句，在佈道家的口中，卻展現了生活智慧，生命的真諦。長久以來，我們作老師的（尤其是在大學殿堂講授專題研究的老師），很少有過感動學生的畫面，我們的匠氣太重，我們所傳授的「道」，進不到學生的生活裡面，這就是「經師易得，人師難爲」的道理。相信讀了這本書，能讓教師重新出發，調整自己與學生的距離，並不斷的發現學生的需要，那麼，我們才算登堂入室，成爲「至聖先師」的現代使徒。

我之所以有這種想法，實肇自四年前在巴黎的一段研究因緣，當吳其昱教授向我介紹聖經的各種版本及不同的譯本時，常令我驚奇地發現每一章句都有簡明的校勘、考訂，這是可以媲美我們論、孟的校注，可惜六百多年只剩朱熹的《四書集註》尚爲人知，但朱子的集註今天已非一般人能讀懂，二十世紀以來出版的林林總總的現代句解、譯註、今註今譯，並沒有一本是能滿足所有讀者的暢銷書，似乎說明當今人們已經很少人能了解孔子，或者孔子思想與現代社會已完全脫節。然而根據學術的情報，儒家思想在當代中國思想的研究中，仍居主流地位。至於論語章句中許多句子早已成爲日常生活的用語或格言，像「道不同，不相爲謀」、「不在其位，不謀其政」、「歲寒然後知松柏之後凋」、「君子以文會友，以友輔仁」、「己所不欲，勿施於人」，「敬鬼神而遠之」、「任重道遠」、「舉一反三」、「克己復禮」、「既往不咎」、「盡善盡美」、「見賢思齊」、「不恥下問」等等，當我們運用這些詞句時，都是正面而肯定的，完全沒有絲毫懷疑，此即論語思想的生活化：這也使我急欲探究「半部論語治天下」的現代意義。我這裡先引一段余英時院士（1995）的看法：

> 今天我們必須認清儒家思想自二十世紀初以來已成為「遊魂」這一無可爭辯的事實，然後才能進一步討論儒家的「價值意識」怎樣在現代社會中求體現的問題。
>
> 儒家通過建置化而全面支配中國人的生活秩序的時代已一去不復返。有志為儒家「遊魂」的人不必在這一方面枉拋心力。但是由於儒家在中國有兩千多年的歷史，憑藉深厚，取精用宏，它的遊魂在短期內是不會散盡的。只要一部分知識分子肯認真致力於儒家的現代詮釋，並獲得民間的支持與合作，則在民間社會向公民社會轉化的過程中，儒家能開創新的資源。（中國時報 1995.5.24.39 版：儒家思想與人生）。

余氏肯定知識份子致力儒家思想「現代詮釋」，無異肯定了本書的價値。從我們上文的分析，這本書名爲「二十一世紀的當家思想：論語」是有「知其『不必可』而爲之」的宣誓意味，在儒家四書裡，作者專挑論語來當家，並把經義解釋落實到現代生活中的大小事件，正說明論語的現代性和明、清時代已開始的「儒家的日常人生化」（余時英語）是一脈相承的，它並不因爲辛亥革命以來，儒家建制全面解體（儒家思想被迫從各層次的建制中撤退，包括國家組織、教育系統、乃至於家族制度等）而減低其價值，問題在現代中小學教科書中能容納的儒家文獻實在少得可憐，像論語這樣的「聖經」並不像西方的新、舊約，在「基督教與政治建制畫清界線之後，仍有教會的建制作爲它的託身之所」。「相形之下，儒家與傳統建制分手以後，還一直沒有找到現代的傳播方式」（並見前引余文）。這就很容易讓我把它和目前臺灣師範大學的「四書」課程做一些聯想。

四十年來，國立台灣師範大學國文系的課程，一直有必修三年「四書」課程：大一論語、大二孟子、大三學、庸（大學與中庸）。跟反共國策一樣，師範大學的部定必修課程有一般大學所沒有的「四書」和「國音」，這是培育師資的兩大利器：四書等於復興中華文化的「尙方寶劍」，國語等於「族群融合」的橋樑和象徵。據說師範院校必修四書是老蔣總統欽定的，這完全可以理解，因爲高中的「中國文化基本教材」一直是儒家思想下放到青年學生的唯一管道，三十年前連康兄與我一同上了三年國文系四書，當時文學院的英語、歷史、地理、美術系都得修二年（大一論、孟，大二學、庸），其他學院則只修一年。這個課程架構至今國文系沒有絲毫改變，並未因「師資培育法」的施行而有所動搖，但是外系（包括文學院）則將「四書」和「國音」完全取消必修，改爲全校選修的「共同課程」。師大公費的取消與四書課程的撤退，基本上反映了台灣社會的轉型，就像台北中正紀念堂四周每年一度的元宵電子花燈，儘管金碧輝煌，但一點兒也聞不到龍山寺或大龍峒的古早味。我們擔心有一天高中的「中國文化基本教材」也慘遭不測（依我觀察目前教改的粗糙本質，不是不可能，因爲「國文」教學也正面臨嚴峻的挑釁）。那麼也就應了余英時教授將現代儒學比做「遊魂」的話，它的最後灘頭陣地也不可能是孔、孟學會或中國哲學會，我想應該是「暢銷書」，儒學的或論語的傳播方式，今後恐怕只有仰賴書局的巨幅或全版廣告了。如果「二十一世紀的當家思想：論語」能成為暢銷書，我們還不能高興得太早，我們希望它能一版接一版的印，並引出同一類的「現代詮釋」作品，最好每一位儒學研究者，還有教了幾十年「四書」或「文化基本教材」的老師，退休的也行，每人出一兩本暢銷書，讓它百家爭鳴，黃鐘「出谷」，瓦釜「銷聲」，這實在是我的第二波期待。

三、

「論語」或儒家其他經典的新詮，都是儒學現代化的基礎，儒學與新詮兩者不妨雙軌並進，亦即要有更多人投入經典的生活化、普及化，即以經典作為修身必讀，儒學才能落實於日常人生當中；另一方面新儒學研究已經是世界性的課題，半個世紀以來，港、台做為新儒學的陣地，已發揮了它應有的影響力，這個影響包括新舊兩個大陸，在第三代的新儒學家（主要指余英時、杜維明、成中英、劉述先等人）在美國長期的研究、生活和工作，他們對西方的社會、文化及精神狀況的親身體驗，加上能及時掌握西方學術思想的脈動，因此「他們的英文著作內容更加貼近西方的實際」，正因為他們的努力，「中國傳統文化與儒家思想的價值已經越來越多的美國人了解和認同。今天，美國人以至於所有的西方人過去受韋伯影響所造成的錯誤的中國文化觀，至今已有很大的改變，或者說在一定的範圍內已被肅清。」（見施忠連：現代新儒學在美國 頁 65-66），更可喜的是新儒學在美國的「學侶和同調」也越來越多（施著列有：狄百瑞、墨子刻、張灝等九人），這在在無不說明美國已成為「中國哲學發展的第三塊基地，事實上自第二次大戰以後，美國已取代了歐洲，成為世界上最大的「中國學」研究中心，並從七〇年代起，逐漸成為大陸和港、台之外發展、豐富中國哲學的「第三塊基地」，對於這一趨勢根據施忠連（1994）的看法，有三方面值得注意：

首先是美國擁有眾多潛心研究中國哲學的學者，知名學者近百人，除美國本土出生的學者外，有一類是由中國大陸、港、台、東南亞移居到美國的華人學者。這兩類學者的總和，使美國的中國哲學研究力量，僅次於中國大陸和港、台。（筆者按：恐怕也不能遺忘了日本的儒學！）

其次，美國已具備了深入開展中國哲學研究的眾多有利條件。包括有形和無形的資源，前者如圖書館蒐藏及中國原著的英譯，後者如中國文化研究所和研究中心的設立、大學有關中國哲學和宗教課程的開啓及學會、刊物等的創設。

再次，美國的中國哲學研究出現了極為活躍的態勢，不僅時有新著問世，而且經常出現新見解，使中國的哲學更為「透明」而又有「實用價值」。

以上所談的新儒學在美國賴以滋長開花的哲學土壤還是侷限於學院之內，如果也把施文所談的「美國華人社會的崛起」、「美國華人的中國情結」兩項因素也考慮進來，我想美國的主流思想在進入二十一世紀以後，必然會峰迴路轉，如果正處於生根發芽的新儒學，又正好迎向這一波轉型浪潮，那時將出現怎樣的新面貌，我們且拭目以待吧。不過，要讓論語的英譯變成美國青少年的新寵，恐怕還得在翻譯和注釋上下苦功，也許要有全方位的經營，讓網際網路、動畫片（卡通）、漫畫書及袖珍本紛紛出籠。所以，我的第三波期待是：如何在海峽兩岸（含港、澳）掀起一波儒學經典的新詮運動，目標是讓經典無所不在，公事包、旅行袋、咖啡屋、候車亭，不但要讓人隨手可得，還要使人得後「不忍釋手」。至於美國能否出現一本可與「新舊約聖經」媲美的「孔子語錄」，那就要看本書作者下一本暢銷書何時出版了。

到這裡，把能抄要講的話都說完了，如果有助於讀者喜歡這本書，那就不只是我對吾友連康兄的最真摯的獻禮，更是意外的爲中國的「文藝再復興」之路多舖了一塊磚。是爲序。

歲次戊寅 **姚榮松** 台北師大路松月樓

本文原載於張連康著《二十一世紀的當家思想：論語》（上冊），頁 1-18，台北：漢康出版，1999。

《陳新雄教授哀思錄》編序

姚 榮 松

伯元師辭世後第五十一天，榮松才提筆寫這篇編輯說明。由於老師走得突然，大家都未有心理準備，幾位較早得到通知的及門弟子，就在八月四日下午，在師大綜合大樓商討作爲「陳門弟子」應該辦的事，其中爲老師在「國文天地」月刊做個特輯，是榮松最早的構想，同時很快就獲得社長兼總編輯陳滿銘董事長的慨允，添富兄也尋求「中國語文」月刊下一期(即九月份)刊出追思的專稿，由於版面的關係，國文天地以十篇爲限，每篇不超過五千字，並約好十五日交稿，稿件一半在於發揚伯元先生的學術成就，包括聲韻、文字、訓詁及詩經學、詩詞創作等成就，另一半則表彰其平生行誼、真情至性、品格爲人等。九月份這兩份特刊都出刊了。

伯元老師是當代國學界或中文學界受到推崇的名師，雖然他的專業被界定爲傑出的聲韻學家，但從他的著作及一生涉及的學術領域，弟子們更願以經師來看待他，而其最大的事功，是建立一種典範，樹人無數，影響深遠，以師道自任的器識或表率。這樣的感覺在我近半月來整理老師「薨逝」一個多月來學界的反應，包括各種唁電、悼詩、輓聯及哀思文字的到來，所得到的印象。一個立足傳統、吸收新知、孜孜碚碚、劍及履及，致力溝通兩岸三地語文學界，著作等身的文字聲韻訓詁學家、詩人、詞家，自稱古虔老人的古文實踐者，由於他的治學嚴謹，嚴辨是非，待人寬厚，尊崇師道，樹德立言，關懷家國的方方面面都是被傳誦的題材，幸能及時彙整，不但保存了一個哲人的典範，也將會有民國百年學術史的價值。

噩耗從美東時間七月卅一日晚上八時四十五分傳來，正值蘇拉颱風籠罩下的台灣八月一日清晨，台北的弟子們，原來傳說老師已買好八月十八日返台的機票，看來老師的第二次南陽學術之旅可能成行，我們得加緊準備撰寫論文，而南洋師院的知音及學術同源的北京師大王寧等也準備好好迎接這次的盛會，但是惡颱夾帶來的不安，竟是先生遽歸道山，也許這才使我們驚訝於老師總帶給弟子無窮的希望，那卻是以燃燒自己生命來點亮希望的火把。

驚魂之餘，幸而師母的一種篤定，老師的靈骨要回台灣，這個孕育其學術根基的土地，和昕夕與共的朋友、學生道別，然後追隨履安兄長的方式，回到自然大化之中。八月十一日幾位弟子第二次的聚會，初步決定的治喪事宜，包括九月三日晚的機場迎靈、哀思文錄是否徵稿、門弟子是否列入治喪委員名單等。個人覺得有必要由聲韻學會、訓詁學會、文字學會等向會員徵求悼輓、追思文字，併集結成書，經過討論，多數同意我的看法，就委請新任聲韻學會理事長葉君負責發函，我自己也主動承擔編印的任務，並立即聯繫好出版社。稿件的多寡不可預測，我卻充滿信心。當我電話告知伯元師的聲韻學會合作伙伴丁邦新師院士，他驚愕片刻說：「聲韻學會有伯元，格局大不相同。」我就請求丁先生一定要寫一篇談這些。還有幾位先生在我聯繫他們同意擔任治喪委員時也進行約稿，就這樣我在九月十五日截稿以前，已經整理《國文天地》九月份（總號 328）「陳新雄教授紀念特輯」11 篇及《中國語文》九月份（總號 663）六篇追思文字，及在網路上流傳的輓詩及由添富兄轉來的中國大陸學者、學會、語言所、教研室、學刊編輯部的唁電，由於出版法規定，必須獲得雜誌社負責人、主編及作者三方面的同意，方能轉載，這本「哀思錄」初版並非由書局正式出版，而是暫以「陳新雄教授哀思錄編輯委員會編印」。

本編分九輯，依照伯元師仙逝後各階段的反應，大抵按文本到達之先後，初步分爲九輯。並且以輓詩中的警句，作爲標幟，例如輯一，「海外驚傳風雨哀」（悼詩之一）收文幸福、黃坤堯、林正三、姚榮松等八首，依原籍，港、台各四人，題簽採文幸福詩首句，輯三「海色天容意自遲」（悼詩之二）收丁邦新、何大安、楊秀芳、夏傳才、吳璵、韋金滿、周虎林、施向東、潘麗珠、陳冠甫、吳聖雄、謝玄等 23 首（含詞 6 首），「題簽」採何大安、楊秀芳詩末句，契合師心，輯二爲唁電，因收到時間早而次于兩輯悼詩之間，以寓哀思轉深沉。輯四「大師的跫音」，以見先生去後，故朋、友人、私淑弟子的回響（悼文），輯六「永念師恩日月長」用伯元師赴港講學上景伊師之句，專收及門弟子之悼念文字十七篇，其中坤堯、雯怡二人未入門撰學位論文，但情誼有如入室弟子，故納入。在四、六兩輯「悼文」類中插入第五輯「述學」，其中五篇已見「國文天地」特輯，新增姚榮松論先生對上古音貢獻，金周生論先生對《中原音韻》研究的成就，兩篇均已發表于 2010

年 10 月南陽學術研討會，本輯篇幅略多，均係門弟子執筆，倘能表達先生的學術精華，庶乎至善。輯七爲輓額與輓聯，輯八爲祭文與家屬哀思文字，均本先到者先納入原則。最後第九輯爲附錄兩種，應魯國堯先生悼文之建議，將伯元師發表在《南大語言學》第二編（2005，商務）的詩作《論音絕句》三十組詩，作爲魯文附錄，用以表彰伯元師以詩論古今韻家之戛然獨造，前無古人。2006 年 4 月 26 日在師大大師榮譽講座題爲「師大五十年 —— 我從事國學研究之緣起、經過與成效」，講詞中有追憶《師大名師》二十三人，七言絕句九十二首。起於潘先生石禪迄於黃先生天成，該文又改寫爲「求學問道七十年」，並保留追憶《師大名師》二十三人的絕句九十二首（每人賦七言絕句四首），這份歌詠現代名師之絕句與〈論音絕句〉古今輝映，將在中國文化史上，成爲重要學術史料，因此筆者擴充魯先生建議，把〈求學問道七十年〉和〈論音絕句〉單獨收入輯九作爲附錄，以廣流傳，亦彰顯先師之「詩、學合一」的創作精神。

本編於倉促之間完成，文件來自網路信箱，許雯怡助教擔任收集、轉寄的辛苦勞動，有些信落入垃圾信箱，無意中才又找回，可謂備盡苦辛，有關編輯皆由個人獨自決定，無暇由編委會共同討論，成書太倉促，不周到之處很難避免，但是沒有文史哲出版社慨允製版印刷及成書，這本書是不可能完成的。飲水思源，我們真該感謝彭正雄先生對伯元師亦師亦友的情誼。以此獻給伯元師，當可告慰先生。老師，安息吧。

西學心影

西學心影

六十五年十月教育部首度增設公費留考「國內研究生類」暨「博士後研究」，筆者正肄業於本校國文研究所博士班第二年，由於個人對語言的興趣，曾經旁聽國內語言學的課程，又有機會參與教育部委託本所審訂國民常用字的工作，深感中文現代化的課題，要透過科技整合才能實現，國語文學者必須和語言學家、電腦專家、心理學家攜手合作，才能期於有成，但國內的語言學還在起步階段，一般研究國語文的人，受過語言學訓練者，佔極少數，而替中文的現代化舖路的電腦專家和心理學者，多半對中國文字的原理和特質，瞭解極少，這種瓶頸須打破，筆者認爲中文系的學生，吸收現代語言學新知及資訊處理的相關科學，實爲刻不容緩，或者也是打破專家本位主義隔離狀態的途徑，基於這個理由，筆者乃自告奮勇，撰寫語言學研究計畫，由本所推薦報考，幸而錄取爲該年六位博士研究生之一，按教育部規定，須在六十六年六月以前辦妥出國手續，筆者終於在去年（1977）七月九日踏上征程，前往美國東北部紐約州的康乃爾大學語言系當了一年研究生。

本人向未作過留學打算，一向又沉潛於本位文化，對留學一道，自屬陌生而新奇，尤其到了康大這樣的國際性學府當學生，亦不免有劉姥姥進大觀園的感受，由於一年時間太短，對大觀園裡人物景物的描繪不免有些印象派，然而一得之愚，作爲他山之石，或提供「師大人」作爲攻錯之參考。

一、阿洛哈！夏威夷

美國語言學會每年一度的夏季活動，一九七七年選在夏威夷大學舉行，爲期六週（七月十一日至八月十八日），這是它的第四十七屆，由夏威夷大學語言學系、東方語文系暨國務院所屬的東西文化中心聯合主辦，本年主題爲亞洲語言的研究，主辦單位事先已函邀我國的語言學者及中研院、國科會等單位派員與會，節目表也列了有關中國語言學的課程，還有一個中國語言學的討論會議（Symposium on Chinese Linguistics），筆者在本校英語系湯廷池老師的鼓勵和協助下，也申請了這個夏季班的入學許可，希望到康乃爾以前，先在這裡作短期語言學的「新生訓練」。雖然教育部的公費，提供了十二個月的生活費，但並不包含這個額外的夏季班的註冊費。

七月九日下午，我隨同湯老師登上華航波音七四七班機。第一次出國門，有老師作伴，一點恐懼陌生的感覺也沒有，機上，與湯老師暢談學術生活、家事國事乃至天下事，才感到這一年西遊意義的重大。正在品味洋酒之際，一位李姓服務員過來向湯老師打招呼，原來李君是英語系的校友，師生交會的那份快樂，令人感到天涯若比鄰，世界本一家，真的，這個地球哪一個角落沒有炎黃子孫？

檀島六星期的記憶是無窮的。阿洛哈（Aloha）是一句到處聽得到的夏威夷土話，見面招呼或分手道別時都用。當飛機接近陸地時，椰子樹伸展著歡呼的手臂，彷彿在喊「阿洛哈！」果然，檀香山國際機場的東方面孔特別多，如此親切的異國情調，既不屬於東方也不屬於西方。

先說這個語言學會的活動。語言學在西方是還不到一百年的年輕科學，戰後，在美國異軍突起，波濤壯闊，成爲少數幾門發展神速的學科之一，今日稍具規模的美國大學，沒有不設語言學系的。由於語言是活生生的，因此這門學科一向就蘊含生機，美國語言學會（Linguistics Society America）成立於一九二四年冬，是規模最大的一個語言學團體，目前擁有會員近三千人。從一九二八年後，每年夏季選定一個大學主辦全國性的「以語會友」的學術盛會，邀集全國知名語言學者做專題演講及學術討論，以後就發展成目前的暑期班（Summer Institute）的規模，全國語言系或相關學系的學生，都可註冊選課，學分可以作爲在校學分抵用，主辦單位還提供夏季班獎學金，因此出色的語言系學生會員，多半有機會免費參與這個盛會，美國語言學今日能執世界語言學的牛耳，與這個龐大的活動有關。從一九五七年杭士基（N.Chomsky）倡導的變形語法理論的革命以後，這門學科領域不斷擴大，與相關科學：如心理學、社會學、人類學、數學、電算機科學、腦神經學互相結合，成立許多新的整合學科，可以反映本世紀美國學術發展的一般大勢，難怪有些變形語法學家，在語言學革命不到十年，就急著自喻他們的成就等於過去一百年。

由於夏威夷是有名的避暑勝地，參加者多少抱著一半度假的心情，許多名氣大的語言學家，如菲爾摩（C. Fillmore）、麥考利（J. McCawley）、拉勃夫（W. Labov）、馬丁（Samual E. Martin），中國語言學家李方桂、王士元，日裔語言學家庫諾（Kuno）、西八搭尼（Shibatani）都開了課，加上夏大的東方色彩，區域主題又是東方語言，因此來自亞洲地區的學者特別多，叫座的大班常有一百多人上課，東方學生約佔一半。本來東方氣息就濃厚的「東西文化中心」餐廳，在用膳時間，膚色黃白相間，藍黑眼珠相覷而談，而五方雜音此起彼落，身置其間真是一種奇異的經驗。現在夏威夷島上的外僑以日裔佔首位，中國人次之，由於這是孫中山先生當年革命的策源地，因此對這裏的浪漫氣息，感覺便十分特殊，雖然舊的唐人街已沒落，但還保存當年老華僑播植文化的遺跡，不覺對此地的華人肅然起敬，可惜新建的一個方圍二、三十公尺的中國城，以店舖爲主，距鬧區稍遠，遊客不多，我們去遊覽時不覺悵惘久之。

爲配合政府的觀光政策，夏季班的課每週只排四天，時間卻從早上七點二十分開始上到下午五點四十五分，共排十小時的課，包括中午十二點三十五分開始的一堂。有些課堂長達七十五分鐘，因此課程表上僅有六個單元。來此上課的學生，除了正式選課以外，可以自由旁聽任何課程，因此一天上課下來，雖已累到不可支，晚上仍不放過精彩的專題演講。全體師生聚在一堂，討論之激烈，不下於國內歌壇的熱鬧，要是把這種學術舞臺搬回國內多好。

中國語言學的課程，共有五門：漢語歷史音韻學（李方桂）、中國方言（王士元）、漢語語法和語意專題（李英哲）、中日語言比較討論（鄭良偉）、福摩沙（臺灣山地語）語法（Stanley Starosta）。值得一提的是李方桂教授除另開一門「比較泰語」外，還榮獲本年度語言學會頒贈的語言學功勳獎，每一年只有一位，這是第一次由中國學者獲得的一項殊榮。

中國語言學討論會在第一個週末（七月十四至十六日）首先

登場，原定宣讀論文三十一篇，實際只有二十七人到會宣讀，來自國內的語言學者有湯廷池、黃宣範、李壬癸、鄭恆雄及溫知新等教授。其他多半是在美國各大學任教的學者，外國籍約佔十位，中國學者佔多數，加大的陳淵泉、港大的鄒嘉彥、佛羅里大學的屈承熹、佛羅里州立大學的陸孝棟、俄亥俄州立大學的薛鳳生、夏大的鄭良偉、李英哲等。論文內容有六個主題：（一）語言計劃，（二）語意學及功能論，（三）語法，（四）歷史音韻學，（五）當代音韻及語音，（六）時態和時間關係。討論會雖然長達兩天一夜，仍不夠讓與會學者舌劍脣槍，暢所欲言，會後大伙兒還到夏大史達洛史達教授家裏，舉行別緻的雞尾酒會。

夏威夷州是由五個主島和小島群組成的，全州的政經中心就在面積第二大的歐胡島，夏威夷是它的首府，火奴魯魯和珍珠港都在島上。夏大包含兩個校區，主島上的這個校區叫 Manoa 校區，側依丘陵，邐迆而下，距市中心區僅五分鐘車程。從圓柱形十二層的學生宿舍頂上，可俯視夏威夷市區全景，從島尖「鑽石頭（Diamond head）到著名的「歪畸畸」（Waikiki）海水浴場，華麗的觀光旅舍及林蔭遍地的海濱公園，盡收眼底。有些學員一星期要去泡幾次水，在公車上隨時可看到穿涼鞋，一身泳裝裹在罩衫裏的玉女。生活在此地，無所謂夏天，簡直就在水晶宮裡，尤其海風徐徐的海灘，落日穿過椰林修影，雖巨匠亦不能繪。在歪畸畸和火奴魯魯港灣之間地帶，有號稱東方第一的「拉摩娜婀商場」，緊臨另一處海濱公園及浴場，商場約如臺北中華商場的長度，但其建築的宏偉與現代化，則令人嘆爲觀止，中間走道與遊客休憩亭，亦頗雅緻閒適。市區另有一「國際商品中心」，爲二層木造迴廊式商場，以衣飾、珠寶、手工藝品爲主，中間保存椰子樹，長鬚的巨樹，夜間還點燃熊熊的火把，揉雜著原始和現代的況味，使人流連忘返。大街上時而穿梭著人踏的無蓬小型三輪車，一車僅坐一人，上面還插有細長的黃色小旗，完全是爲觀光客設計的。

任何人一到夏威夷，都會發現這幾個特色：一、各色人種都有。二、觀光色彩濃厚，街角到處供應免費觀光導報。三、沒有喇叭聲，車子處處讓行。四、整個夏季可以不流一滴汗。五、物價甚高。由於課程緊湊，加上各種專題演講新鮮刺激，應接不暇，因此無法做越島的觀光旅行。我曾參加一天行程的環島旅行，參觀了有名的「缽狀盆地太平洋戰爭紀念公墓」（Punch Bowl Battle Memorial of the Pacific），數十萬犧牲在韓戰的美軍烈士英骨，躺在數十頃廣袤的草地上，墓碑整齊，儼如閱兵的隊伍，草地上修葺平整，時而可見在墓前獻花的烈士親友，紀念祠上用油畫浮雕，記載了這個對抗共黨極權的戰史，而烈士的名單，刻滿祠前聳立的兩顆石柱，延伸到兩旁的牆壁，美國人如果重讀這頁歷史，應該不會對中共存有幻想，然而歷史本身在當代就好比一團雲霧，越近反而越看不到什麼顏色。背著公墓，我曾在望海亭上遠眺珍珠港，想東坡的赤壁賦，想人類真能從歷史學到什麼呢？

緊接著參觀了山中日式佛寺及寺前的大鐘。穿過中央山脈，一片原始森林，寬葉濃密，長藤盤錯，不見天日，中途曾暢飲土人摘售的椰子汁。車入平原區，沿著海岸行駛，又參觀了已成陳跡的大製糖廠的製糖過程，從彩色影片中看到早期華裔在甘蔗田工作的情形，那黝黑的面孔，洋溢著海外僑民的驕傲和艱辛。現在島上已不見蔗園，代之而起的是廣袤的鳳梨園及龐大的鳳梨工廠。州政府的主要收入靠觀光，因此島上設置數以百計的遊樂場所，夠你玩幾個月，許多地方值得做我們發展觀光借鏡。

夏威夷是東西文化交會的橋樑，美國國務院爲了促進東西文化與技術的交流，自一九六〇年在夏大設立「東西文化中心」，每年約有一千五百名以上的男女學員、專家、學者，來自六十個國家和地區，參加中心的研習計劃，學員中的美國人和外國人是一與二之比，這個計畫實際已收到文化交會的宏效。在中心的傑佛遜館，可以讀到亞洲各國的書刊、報紙，包括國內版的中央日報、中國時報等，自導自唱的皮影戲，也重溫了「八百壯士」的影片，偶而也見到我們的海軍健兒，來此做友誼訪問。夏大由於環境特殊，近年的聲譽日隆，很多學者都嚮往來此任教，因此成爲美國大學中排名很高的學府。日裔在夏威夷的政治權力據說相當大，從這次的語言學會可見端倪，例如中國語言學的課只開了五門，而日本語言學卻多達十二門，洋學者對日語的參與度也高一些，參加此會的中國學者學生，總共不過三十人，而日本學員就多達七、八十人，大半來自日本各大學及專科學校英、日文教師，據說日本政府特別捐贈一筆款項來支持這個活動，日本語言學討論會就佔了三個週末。相形之下，中國語言學討論會就小得多了，此外韓國語言也有一個討論會，另有一個日韓語文的歷史關係的討論會。這項事實，使我聯想到我們的學術活動，在國際交流方面，需要加強的地方太多了。

二、綺色佳　可奈何！

八月十八日中午，我著一身代表夏威夷土著的阿洛哈衫（Aloha Shirt），搭乘從夏威夷往洛杉磯的華航七四七～〇〇八班機，揮別了迷人的夏大、火奴魯魯、歪畸畸，當飛機升空時，我向窗外低空做了手勢，情不自禁地喊了幾聲阿洛哈！這一路單槍匹馬，才感到闖的滋味，在洛杉磯小停兩日，幸好本校英語系曹逢甫教授正返南加大接受博士論文口試，蒙他來機場相接，並下榻他的住處。略略逛了大落磯市、唐人街、好萊塢，並到狄斯耐樂園一日，廿日晚間即搭美國國內航線，前往紐約，轉往我預定留學一年的學府 — 紐約州北部小山城綺色佳市的康乃爾大學。

胡適之替這五大湖區冰河期的尾閭 — 喀優卡湖邊，依丘面湖的小山城譯成「綺色佳」(Ithaca)，真是名符其實，美不勝收。康大就散佈在湖城北側的坡地上。綺城東距紐約市約四小時半車程，西北距尼加拉瀑布暨水牛城約三小時車程，臨近的重要城鎮，北邊有西若裘斯（Syracuse）、羅徹斯特（Rochester）等工業城，南邊爲馬克吐溫的故鄉耶麥拉(Elmira)及賓漢頓(Binghamton)，再往西南約三小時就到達少棒聖地的威廉斯堡。我在八月下旬剛抵康大，正逢世界少棒大賽期間，廿七日也搭了康大同學的便車，去爲中華隊打氣，難忘的是拉開嗓子唱國歌的那份豪情。

我把康乃爾譯爲可奈何(Cornell)，是在一九七七年十二月十五日那個雨雪霏霏的下午，正値期末考前夕，我有兩門課準備打筆戰，另兩門報告要寫，考試的壓力使我悶得發慌，又擔心該寄回國內的賀年卡遲到了，就不惜花了四小時在圖書館寫賀年卡，寫累了順手從別人書架抽來胡適全集二卷，打開居然是吳敬梓自傳的文句映入眼簾，文爲「今年除夕風雪漫天人作客，三十年來那得雙眉時暫開。」我突然覺得孤孑一身，飄然曠野，竟然在這時想起家來，這雪鄉聽說有四個月的白色，也許是十年台北紅塵習染，我居然不耐這冰天雪地，就在寫給紐約同學明信片上，署上「可奈何大學」。

康乃爾是美國東部有名的八個長春藤盟校之一，創立於一八六五年，迄今一百一十四年，在八個象徵六〇年代以前美國第一流之貴族學府中，它是最年輕的學校，校齡祇有哈佛的三分之一，但它一開始就有打破傳統的色彩，擺脫門派，實行男女合校，（哈佛、耶魯至今保持大學部專收男生的傳統。）創始人以斯拉・康乃爾（Ezra Cornell）是一位資本家及慈善家，曾協助發展全國的電報網，與第一任校長安德魯・狄克遜・懷特（Andrew Dickson White）任紐約州參議員時，共同籌創這個大學，由康乃爾捐出大塊土地，連同州政府立法撥贈的公地，即成爲今日佔地七百四十畝的廣大校園，由於地勢崎嶇，開車繞一趟校地，也要二十分鐘左右。

由於篤守創始人康乃爾先生的創校宗旨:「設立一個任何人在任何方面的研究都能獲得教導的機構。」使康大目前擁有十四個學院或研究所，共有八十幾個科系，一九七七年的在校生（綺色佳本部）達一萬六千五百人，其中五千人爲研究生。教職員在一千七百名以上。這十四個院所是：1.紐約州立農業及生命科學學院，2.紐約州立人類生態學院，3.紐約州立工業與勞工關係學院，4.建築、藝術及設計學院，5.人文及科學學院，6.工學院，7.旅館管理學院，8.商業及公共行政研究所，9.研究學院，10.法學院，11.紐約州立獸醫學院，12.醫學院，13.醫藥科學研究所，14.康乃爾大學—紐約醫院護理學校。以上一至七爲大學部，八至十四爲研究所，一、二、三、十一等四個部門財政由州政府補助一半，故稱州立，其餘十個單位財政獨立，爲私人捐贈，通常學費也算是學生家長捐贈的一部份。所以四個州立學院的學費比照一般州立大學，每學期學費只需一千多美金，而其餘十個學院則比照私立大學的標準，學費要貴一倍以上。筆者一九七七年度每學期註冊費都要二千二百美元，生活費每月至少要三百美元（教育部初給一般公費生每月二百五十元，去年初調整為三百二十元，今年為四百元），估計一年約需八千元花費；由於文法科的獎學金機會少，因此康大約五百位中國同學，理工農醫學院佔絕大多數，人文學科的極少，我就讀的語言系連我只有四位中國學生。

這一個均衡發展的學府，還是一個有名的國際性學校，因為它特別重視當代問題的研究及國際交流，由於臺灣每年由農復會及國科會派去的進修人員不少，國內較熟知的大概是它的農學院及獸醫學院了，這兩個學院在紐約州是獨一無二，在全美也頗孚盛名，一九七七年有七十二個外國機構和康大學院有技術合作計畫，包括我國的亞洲蔬菜中心，據統計有一千五百名以上來自世界八十五個國家的留學生、研究員在這個美麗的校園。如果想找尋胡適之先生當年在這裡數蘋果的光景，還可以驅車至山坡地上一大片的校內蘋果園，購買廉價的蘋果及果汁，初來時折算一個蘋果不到臺幣四元，三餐大快朵頤，居然不到三個月便吃膩了。

除了這些院系外，校內還有無數的專題研究計畫委員會，由校內科際專家整合而成，如和平研究、開發中國家之科技政策研究、都市發展、世界人口問題等等。中日研究計畫設在亞洲研究（Asian Studies）系內，中國與日本是亞洲研究的重點，這個委員會共有校內二十一位各科系的中國通或日本通，這個系頒授學位的範圍包括（1）人類學（2）經濟學（3）政治（4）歷史（5）藝術史（6）語言學（7）文學。一至五的課程皆開在外系，本系只開中、日文課程及文學，包括中國詩詞曲小說，散文、民俗及哲學，都有專門課程，目前負責該系研究部的梅祖麟教授，旅美學者梅貽寶先生的公子，畢業於哈佛，據梅氏謂在哈佛曾與我國已故語言學家董同龢先生共事問難，因此梅氏近年來在古代漢語及漢藏語言學方面頗具工夫。我在亞洲系只旁聽梅先生的唐詩及中國哲學教材，全針對美國學生，程度稍淺；後者頗注意新出土的原始資料及介紹西方漢學名著與觀點，與國內中國哲學課程大異其趣。

三、語言研究．歐林圖書館

筆者就讀的系全名為「現代語言及語言學系」(Department of Modern Language and Linguistics)，除了從事現代語言學理論的研究之外，有十幾至二十種語言教學，供全校學生選修，最主要的外國語文教學有德語、法語、西班牙語、希臘語、意大利語、拉丁語、阿拉伯語、俄語、中國語、日語等，這些都在其本系開有文學課程，除外純粹為語言研究而開的，如泰語、越語、緬語、柬埔寨語、印度辛哈利語、巴利文、梵文、印度語及廣東話等，則視實際需要開課。

大學部與研究所由兩位主任負責，但所系課程是一貫的，每一課程皆有代號，由一字頭到九字頭，一至五屬大學部六以上為研究所，大學部的某些必修科目也是研究生必修，凡必修科皆屬基礎訓練，作業份量特別重，而且必須考試。留學生涯的第一年通常在繁重的必修科中席不暇暖，每週由助教發一份講授提綱，指定閱讀篇目及作業，所有參考資料，在圖書館皆已影印二至三份，供學生借閱，每一次限借兩小時，大學部的尤里斯圖書館(Uris Library)完全是配合教學而設，這裏可以查到每一位教授開列的參考書單，按課程編號開架陳列這些書，重要書籍及資料部份則限閱列管，由工讀生辦理借閱，只要用小條抄下課程卡片裡的書號，連學生證遞上，管理人員在每本書的管理卡上複印下學生證的字號，借書手續即完成，列管限借的時間分兩小時、一週、兩週、四週，書上貼有時限標籤，逾期還書一律罰款，按日累計，這個辦法使必要參考書人人可輪到閱讀機會，頗值得我們圖書館借鏡。研究生圖書館歐林總館（John M. Olin Library）是一座連地下室共有八層的長方形現代化建築，長約三十公尺、寬十五公尺，它建於一九六一年，號稱全國十個著名大學圖書館之一，兩面全用落地長窗，只要傍窗選個位置坐下，附近的湖光山色，即收眼底。圖書館第一層提供多項服務，研究生借書沒有數量限制，我開始覺得驚奇，後來才知道美國學生講究實效，不喜抱一大堆參考書回家，即使作業也要留在圖書館做完，書雖可借一學期，但只要有人需要，圖書館即用電話及郵簡通知還書，這種工作看來不勝其煩，但確實會讓使用人感到莫大方便，在目錄卡片櫃與參考閱覽室中間走道，有一排服務人員的座位，只要有任何問題，如找不到書或不會使用微捲閱讀機，隨時諮詢，彼即爲你詳細解說，或代你操勞，這種「學生第一、學術至上」的現代圖書管理，與美國學術的蓬勃發展是互爲因果的，因爲太多「稀奇的方便」，例如每天開放到晚上十二點。使我這一年康大生涯的三分之一泡在歐林圖書館中。

令我在歐林總館樂不思蜀的原因，主要是它的東方圖書部，叫「臥生藏室」(The Wason Collection)，它佔歐林底層的四分之一，及地下室的二分之一，專收藏東亞及東南亞圖書，臥生是六十年前捐贈人的名字，最初以收藏中文圖書爲主，擴及日文的漢學圖書，二次大戰以後，東南亞各國語文如越、緬、泰文都有收藏，根據一九七八年的一項統計，它收藏的有關中國的圖書總數達一千零七十一卷（或冊），在北美圖書館中排名第七。由美國亞洲研究學會發行的亞洲研究目錄年刊，至一九六八年爲止的廿三年中，有十六次由康乃爾編輯。除了中文圖書外，它還蒐集全世界漢學著作，由於成立得晚，僅有少量善本書，五卷的永樂書大典抄本及一箱在翡翠上的雕刻滿漢文的康熙王書（鐫有康熙皇帝的題名），是它的「傳家寶」。民國三十九年以後大陸及臺港出版的學術著作，蒐藏極富，我曾兩度就近前往哥倫比亞及普林斯頓兩個著名的東亞研究圖書館閱讀，瞭解臥生所趕不上的就是舊版書，尤其五十年以前的，圖書館本身的歷史就是身價，但是現代管理方法與服務觀念却能彌補它的短絀，例如圖書館之間的流通互借，或利用微捲及影印本補充本館所短，使它的使用不虞匱乏。這點也是國內圖書館最須努力的地方。

康大語言系是個老系，美國大學普設語言系是近二十年的事，這個系的歷史較早，其承襲的傳統就多，目前它共有二十來位教授，許多人還在做歷史比較語言學研究，這是印歐比較語言的舊傳統，有一本代表康大歷史語言成績的歷史語言學論文集近將出版。然而語言科學的重心，二十年來在美國至少有三變，由音韻中心的結構派到語法中心的變形衍生語言學，由語法中心到語意中心，至最近的語意、語法混合研究到科際整合中心的機體語言學。比較前衛的學科是心理語言學、社會語言學、神經語言學、學習語言學及電腦語言學，可謂包羅萬象，這些課程在康大都開課，不過有些課需要多種外系專業基礎，反而成爲本系冷門。被譽爲結構派殿軍的哈克忒（C. F. Hockett）教授，去年還開過一學期每週二小時的「語言起源論」的講座。在東亞語言學方面有三位教授值得介紹：一位是本系研究部主任瓊斯（R. B. Johns）教授，專長爲比較泰語、藏緬語，目前正在編纂苗瑤語詞典。第二位是漢藏語言學家包擬古（N. C. Bodman）教授，一九五〇年畢業於耶魯的博士論文爲《釋名的聲母及複聲母研究》，一九六〇年代曾任職美國國務院駐遠東的語言訓練機構，曾在臺中及新加坡等地共職，從事漢語史、漢藏語言及古代閩語重建的研究，本系的四門中國語言學全由包氏一人講授，即中國語言史（全年），中國方言學（秋季），中國方言閩語專題（春季），漢藏語言學（春季）。另一位莫可疑（John Mccoy）教授爲包氏的學生，開粵語及中國俗文學等課，現在主持中日語言專修班（Falcon）。

我在語言系選了三門基礎課程：語言學理論及演習，語音學，變形語法。另外把包教授所開的四門漢藏語言學都修了，事實上時間都不夠分配，尤其漢語史有相當多的篇目要閱讀，包氏在漢藏語源的比較上，已有一千多條可信的對比，又有十幾種閩語分區的語料，擬構一個古代閩語的韻母系統，這項研究在全世界還是創舉。中國古代語言的整個系統，高本漢架構於前，更精密的補苴，則有待各方言的古語重建及漢藏語言的比較，這些目前都還在起步階段，幸而有一個每年舉辦的國際漢藏語言學會議，已辦過第十屆，一九七七年十月在華盛頓特區喬治城大學舉辦的是第十一屆，由該校中日文系教授楊福綿神父主持，筆者隨包教授躬逢其盛，去年該會由阿里桑那大學主辦；今年將到巴黎舉行，國內的語言學剛在起步，真需要加強與國際漢藏語學界連繫。

四、鐘塔、雪、狗

美國較古老的大學，都很重視自己的傳統，康大也有一百年的古老建築，即圖書館東側的文理學院，古樸而堅實的石砌方形建築，為成一個寬闊的「藝術四方院」，芳草如茵，中間走道兩頭，康乃爾及懷特兩先生的銅像遙遙相對。雪季以外，陽光普照的中午，席地午憩的學生以及他們的狗，呈現一種鬧趣，牽著狗上學的大學生隨時可見，語言系有位女學生把狗拉到教室上課，先哄牠在地氈上睡覺，居然也各安其業。一邊打毛線的女學生，一樣能夠即時發問，這些教室內的自由行為在國人看來簡直是不成體統，但並沒有妨礙美國的教育及學術；當然美國大學生程度低劣，錯別字連篇的也不在少數。然而在我們接觸另一種文化時，實不宜急急下判斷，筆者這一年之間游走在三個大學校園（包括一九七八年七月參加 LSA 在伊利諾大學・香濱校區），暑期班的教師穿涼鞋、短褲、手端著咖啡上課者屢見不鮮，可是課堂上那種學生搶著發問，師生辯論的教學情緒，使我也活潑起來，感到思緒跳動的歡忻，也就不禁對國內大學刻板的教室氣氛先起了個大問號。

如果站在四方院東北角的瓊森藝術博物館頂樓，喀優卡湖、康大及綺城全景一覽無遺，這座十字方形的建築由我國名建築師貝聿銘所設計。但代表康大的標幟是座落於尤里斯圖書館前，高達一百八十三呎（五十六公尺）的石砌方形鐘塔，頂樓懸掛十幾口大大小小的銅鐘鐵鐘，鐘與鐘間有鐵線相鈎連，再引到下一層的控制室，有一座木架的鍵盤，有如一個粗笨的風琴，琴鍵即二三十根可以上下敲打的横木，每小時打一次鐘，可傳遍全校每一角落，至於中午十二時四十五分及下午六時各有一段十五分鐘的鐘樓音樂，節奏入扣，聲波悠遠，有如沉鐘暮鼓，綺色佳的人也習慣以它爲一處勝景。登上數十級樓梯，可到琴房參觀工讀生裸露上身，一腳蹬著琴板，兩手配合樂譜選擇橫木鍵，每敲一下是一個音符，看他奏完十五分鐘已汗流浹背。然而鐘聲已成康大的聲音，這種人工演奏的古鐘，大概也是康大人的一份驕傲吧！

從十月下旬初雪，一個月左右的秋山紅葉便收場，到復活節已漸積雪，元旦到舊曆年，簡直是積雪壓孤城，溫度常在攝氏零下十度以下，每天早上家家自掃門前雪，據說有一個人曾滑倒在人家門前，到法院去告那家人門前雪未掃，獲得傷害賠償，這種卡特式的人權，在租賃的房間內，從幾個老美學生聊天中說出來，倍覺領悟深刻。走筆至此，竟發現掛一漏萬，康大的體育活動、社團活動，中國留學生的校園活動，康大新舊校長接任的隆重大典及校內電腦中心的完善系統，都非三言兩語所能交待，由於篇幅的限制，只好留待他日補敘。

原載《師大校刊》231-232 期，民國六十八年元月

海外漢學研究系列報導

— 法國社會科學高等學院東亞語言所的中國語言學研究簡介

引　言

記得國文學會的《文風》第四十七期有一個「漢學研究專輯」，做得很用心，可能該期也是有史以來最後的一本《文風》。對於身在國文系而有幸第三度出國研究的筆者而言，那個專輯曾經給我很深的感動，它象徵世界上最「古老」的一個“國文系”，也要揚帆出征。至少那些編輯群的學弟妹們，他們確曾經想放眼天下或者從經史子集的夾縫中，透見一線天光，看到不管是國學或漢學，中國的文、史、哲或經典研究不能再睜一隻眼閉一隻眼，置身世界漢學之外。近年出國講學、研究進修的同仁絡繹於途，古老的國文系在學術體質上是否正蘊含一點風吹草動？

范宜如老師來信約稿，加上賴明德主任的叮囑，亓婷婷老師從哈佛大學拋回的一塊「金磚」(國文系所通訊第三一期)，難道就爲引出巴黎這塊璞拙的「語意」？

儘管許多歐洲人，對於中國所知有限，保有傳統漢學圖籍上那些古老東方文明的印象，但是做爲世界漢學重鎮的法國，亦如其他歐美國家一樣，對中國的研究已不再侷限於傳統的「漢學」（Sinologie），而把它從歷史、語言、文學、哲學的傳統研究擴充到對中國（大陸和台灣）社會、政治、經濟、法制等方面的現代化研究。有一派人主張用「中國研究」代替「漢學」這個含混的名詞，但是也聽到老一輩的漢學家排斥這種見解。

法國漢學有較長的傳統，但世界在變，法國的制度也在蛻變中，正好可以反應這種新、舊並存的多元特性。以高等教育而言，巴黎擁有兩個系統，一為普通大學系統，即改制後的巴黎大學（Université Paris），由“一大”到“十三大”，其中有多數屬於理工科大學，只有若干校（如七大、八大）有東亞語言文化系；另一系統是傳統的「學院」（école）系統，如法蘭西學院（Collège de France）、法國遠東院（EFEO）、高等研究實驗學院（EPHE）、社會科學高等學院（Ecole des Hautes Etudes en Sciences Sociales, 簡稱 EHESS）、東方語言學院（LINALCO）等。巴黎大學頒授學士到博士學位，ECOLES 只收研究生，兼有研究與教學雙重任務，這種傳統的研究機構，譯為「學院」，並不貼切，究其人力，研究人員實多於教學人員，或相當於「研究院」，地位最高的「法蘭西學院」（陳祚龍教授主張正名為「法國元老教授院」），則是純粹學術機構，設有文理各科講座、主講者皆該科之大師，聽講者完全沒有資格限制，但不授學位。這種制度由來已久。

狹義的“漢學”文憑可以從大學的「中文部門」或上述的「學院」分科中選讀。巴黎最重要的兩個中國語言學專業的學府即「社會科學高等學院」的「東亞語言學研究所」（簡稱 CRLAO）及「國立東方語言學院」的中文系。外省雖有三、四所大學（如波爾多三大、里昂一大、埃克斯馬賽一大）也有中文部門，但皆非以語言學見長。

「東亞語言研究所」全名 Centre de Recherches Linguistiques Sur L'Asie Orientable，成立於一九六○年，初名「中國語言研究所」，原隸“實驗學院”（EPHE）的第六科（經濟及社會科學）。EPHE 是最古老的 ECOLE（設立於一八六八年），原分六科，其中第四科（歷史學及文獻學，敦煌研究組屬之）、第五科（宗教學，下有道教研究及西藏宗教研究中心）及第六科皆包括漢學，由於社會科學分工的重要，其第六科從一九七五年獨立為社會科學院，原來附在其中的「東亞語言研究所」（一九七一年改為今名），也就成為該校的兩個中國研究單位之一。雖然該所研究範圍包括中、日、韓、越四種語言，但是漢語的研究仍是最重要的部分。另一個中國研究單位為「當代中國研究及資料中心」（簡稱「中國中心」），這兩個“所”（或中心）都受到法國「國科院」（CNRS）的重點支持。

國家圖書館東方抄本部、法蘭西學院漢學研究所圖書館及本校的「中國中心」，為巴黎最重要的漢學圖書資源，另外還有許多圖書館或博物館都有漢學研究資料（如遠東學院、吉美博物館），只是並非專收漢學資料，至於中國語言學藏書則要數「東亞研究所」的收藏最富（約有書名七千多種）。

東亞語言研究所的中國語言研究

這個研究所的創辦人是李嘉樂（Alexis Rygaloff）教授，草創時期（一九六○～一九七一）以研究現代漢語的語法和音韻為主，其後增加了“術語學”，也兼顧了古漢語及方言學，從一九七一年至一九八五年的十四年間，該所有穩定的成長，也訓練了今天該所的研究班底，這當然與國科院編號 URA1025（最初爲 ERA350）計畫的合作協定有關。一九八六年至一九九一年由現任所長貝羅貝（Alain Peyraube）和李嘉樂共同主持，一九九一年以後李氏由行政上退休，目前主要由貝羅貝和日本語研究的 Irene Tamba 共同負責。

（一）研究人員

根據一九九三年該所的「科學彙報」（Rapport Scientifique）該所實際整合三十一位人員，其中研究員十九位（內九位隸屬國科院研究員，九位屬高等教育人員及一位中等教師暫時調往該學院工作。）五位編制爲技術研究員（一位屬 CNRS，四位屬該校。）兩位行政助理。我們只介紹其中研究漢語的人員，括號內爲中文名字及原屬單位，先列**國科院專任研究員**：

Francois Dell：漢語，tagalog 語。（國家博士）

Redouane Djamouri（羅端）：古漢語語法、甲骨文、蒙古語文。

Michel Ferlus：南亞語（austroasiatique）、壯侗語（tai-kadai）

Robert lljic：漢語（國家博士）

Alain Peyraude（貝羅貝）：漢語歷史語法；句法結構的變化。（國家博士）

Liaurent Sagart（沙加爾）：漢語語音史、贛客方言。（國家博士）

Yau Shun-Chiu（游順釗）：視覺語言學、漢字學。（國家博士）

次列**技術工程人員**：

Joëlle Busuttil：辭典、術語學。

Michel Dallidet（戴利德）：辭典學（漢法）。

Chang Ming JANIN（華昌明）：圖書目錄、中共的婚姻政策。

Alain Lucas（呂嘉）：古代漢語語法、語言政策。

Fancis Renaud（何諾）：形式語義學、計算語言學。

次列教育－研究人員（非專職研究人員）：

François Cheng（程抱一）：符號分析應用於漢學（東方語言學院教授）

Michel Desirat（鄧士涵）：閩方言研究（東方語言學院講師）

Félicité Maury（蘭霏莉）：句法學、語義學（波爾多第三大學講師）

Alexis Rygaloff（李嘉樂）：東亞語言文字的共性（社會科學高等學院研究導師）

其他研究人員：（打*計號者一九九三年六月以後已離開該所的研究組）

Christine Lamarre（柯理思）：漢語歷史語法，客語（大阪女子大學）

Waltraud Paul（包華莉）：現代漢語語法（德籍，博士後研究）

*Marie-claude Paris（白梅麗）：漢語語法、語義和普通語言的關係（巴黎七大教授）

*Monique Hoa（華衛民）：現代漢語句法、法漢比較（關聯詞）、北京語輕重音（勒阿弗爾大學）

*Éliane Cousquer：數學基礎詞匯，機讀翻譯及自然語言處理研究（里爾科技大學）

（二）學術研究

一九九一年以來該所有五個中心研究項目：

1.漢語歷史語法和語義研究

2.中、日、韓三種語言的語法

3.漢－法詞典的編纂

4.音韻學，文字學和視覺語言學

5.越－孟語支研究

由於研究室不足，僅有少部分研究人員常駐該所，多數研究人員在家裡進行研究工作，定期提出報告或出版，從近年該中心的出版情形，可知其對漢語的研究是接近全方位的。下面列舉該所歷年來出版的“語匯叢刊”的一部分，可以窺其研究範圍：

沙加爾：《贛方言－音韻和詞彙研究》（一九九三年，法文）

游順釗主編《漢語十論》（一九九三，英文）

任小波：《漢語被動結構的句法》（一九九三，博士論文，法文）

游順釗：《手勢創作語言源起》（一九九二，法文）

馬新民：《一種華北方言－陝西南莊話》（一九九二，博士論文、法文）

CRLAO 編：《中法辭典》（卷一：A-B）（一九九〇，該所主編）

包華莉：《漢語動賓結構的語法研究》（一九八八，博士論文，法文）

何諾：《語意運算在漢語時空詞語中的應用》（一九八八，法文）

徐丹：《漢語中的複指》（一九八八，博士論文）

呂嘉：《中國語言學書目：一九七五—一九八二》

華衛民：《北平話的輕重音》（一九八三）

沙加爾：《香港粉嶺崇謙堂客家話的音韻》（一九八二）

白梅麗：《漢語的“的”字結構》（一九八〇）

貝羅貝：《現代漢語處所方位結構》（一九八〇）

游順釗：《廣東話的否定式》（一九八〇）

此外，貝羅貝所長《漢語歷史語法—與格結構自公元前十四世紀至公元十九世紀的發展》（一九八八，法蘭西學院漢學研究所專刊二九）是一本重要的語法史著作。游順釗教授長期研究手語及漢字的視覺分析，他的前期著作已譯成中文《視覺語言學》（大安出版社），這是研究古文字學者值得借鑑的一個方向。沙加爾教授是該所研究漢語音韻、方向及漢語言學的一位傑出學者，近年最引人注意的一片著作爲《漢語南島語同源論》（Chinese and Austronesian:evidence for a genetic relationship）發表在美國加州的「中國語言學報」二一卷第一期（一九九三）。

在老一輩的研究人員中，不能忽略兩位學者，一爲該所創辦人李嘉樂教授，他著有《漢語基礎語法》（一九七三），近年研究主題爲「東亞語言與文字的共同基礎特點」。另一位是程抱一教授（Prof Francois Cheng），他也是一位符號學與詩學名家，長期在東方語研學院任教，著作甚多，他也是該所創辦以來，李嘉樂教授的合作伙伴，包括中法詞典編輯組的成員。「中法詞典」爲該所創辦初期的主要目標，爲了廣範整理科技詞彙，該所還徵調若干學科出生的人員如何諾先生即出生物理學，他也在七十年代文革末期到過中國大陸學習漢語兩年（同期還有貝羅貝、戴利德），由於經費的關係，該項辭典計劃，在出了兩個字母（A-B）之後，目前已趕不上進度，主要由戴利德先生負責，還找一位來字大陸的發音人合作，其收詞及用法完全是「北京口語」，不包括臺灣地區的用法。

（三）學術活動

該所為巴黎地區東南亞語言研究的中心，因此也是舉辦中國語言學活動的主要場所，其定期活動集中在每年四到六月。今年有三個主要系列活動：

A.上古漢語音韻、語法、構詞、語源系列演講。（三月一一日—五月一三日）共有五個專題：分別由沙加爾（上古漢語音韻與構詞）、呂嘉（上古漢語的致使式）、游順釗（甲文到玉璽上的性別標幟）、羅端（甲文語法）、姚榮松（上古漢語詞源問題）。本系列由沙加爾教授規劃主持。

B.上古文字的書寫與辨認專題討論會、三月廿九日全日討論會，共發表十篇文章，上午四篇為非漢字的專題，含美索不達米雅楔行文字，埃及項行文字、赫梯文（古敘利亞北部）、馬亞文字。下午六篇全為漢語古字，包括甲、金文及兩個解字的專題。該系列由游順釗教授規劃主持。

第九屆東亞語言學研討會

五月五－六日，共分八個場次，宣讀論文二十四篇，其中現代漢語佔十篇，其他語言包括日、韓、越、泰及菲律賓土話（Tagalog），Tagalog 是由夏威夷大學知名南島語教授 Stanley Starosta 主講。另一位受邀參加研討會的國外學者是澳洲 LABROTE 大學語言系的 Hilary CHAPELL 教授，主講“漢語的否定式”。這項會議由該所沙加爾教授和日本語的負責人 Iréne TAMBA 共同策劃。

值得一提的是去年（一九九三）六月二三－二五日該所主辦了第二屆中國語言學國際研討會（第一屆在新加坡大學，第三屆今夏在香港城市理工學院），由蔣經國基金會、法國國科院及巴黎第七大學等支持。這是一項目前規模最大的國際中國語言學會議，由設在美國加州大學爾灣（IRVINE）分校的『國際中國語言學學會』所創始。第二屆會議共宣讀論文八五篇，包含中國語言學的各種領域（偏重現代漢語），該項會議的兩個特約主講人爲康乃爾大學的梅祖麟教授和聖彼得堡大學知名漢語學家雅洪托夫（Sergei YAKHONTOV）教授與會學者來自全世界，包括來自國內的湯廷池、李壬癸，龔煌城等十幾位。

（四）出　版

該所除了出版前述的『語匯叢刊』（Langages croisés）之外，尙有《東亞語言學報》一種，每年出版兩期，創刊於一九七七年，雖然刊名如此，仍以中國語言學的論文佔多數，隨著中國語言學國際化的潮流，近年刊載的論文，英文論文篇幅往往有超過法文的趨勢，這也反映了該刊在國際上的日趨重要。

結　語

以上從法國漢學機構到東亞語言所，做了鳥瞰式的介紹，由於篇幅限制，祇好把有關中國語言學的課程及教學情形省略，留待以後再作專文報導。中國語言學祇是當代漢學研究的一個部分，但它卻代表一種基礎的研究，由傳統的語言文學不分家的漢學，到今日儼然科學分工的『東亞語言學』作一個科研的領域，該所已走在世界潮流的前端，類似的單位在中、日兩國，祇有中央研究院歷史語言所，中國社科院語言研究所（北平）、日本東京外國語大學亞非語言文化研究所可以相比，這四個東亞語言研究的重鎮，過去都有輝煌的成就，而且個有所長，作爲一個中國語言學者，應該從這些資源中截長補短，自然可以提昇國內的研究水準，從而在國際中國語言學研究的潮流中，拓寬自己的視野。（一九九四年三月卅日寄自巴黎）

原刊〈國文系所通訊〉，中華民國八十三年四月廿五日出刊，第三十二期）

書法界奇人　岳公夫子

岳公夫子爲當今書法界奇人，既以其青壯歲月，作育桑梓達四十年，栽成桃李，何止三千，退休之後，衡諸常情，當是含飴弄孫，耘花蒔草，或遨遊四海，登高舒嘯，或品茗論世，月旦人物，何等歡愉恬適！然先生不此之圖，六年以來竟以練字爲日課，孜孜不倦，每日濡筆常逾十小時，可謂廢寢忘食，不知老之將至云爾，因而贏得親友「書癡」之雅號，不亦奇乎！

先生出身書香世家，自幼濡染庭教，書法根柢早已深植，故於任教期間，即以課授書法而見長，且數十年如一日，樂在其中。先生早歲即以書法自勵，惟學童習字，須以楷書爲先，先生遂不肆意於行草之創作，以免因己之所好而影響後生之所學。及至榮退，乃如釋重負，天馬行空，略無依傍。然先生猶未敢自擅，以爲天下書法豈有不經臨摹苦練者，古有詩云：「棄筆成塚墨成池，不及羲之及獻之；筆禿萬管墨千錠，不作張芝作索靖。」此理至真。故舉凡先生之所好，如外丹功、登山、慢跑，皆有益於練字之運氣與功力。先生之奔波南北，或遠遊大陸，亦無非廣蒐歷代法帖、碑林，或請益當代名家，以取法乎上，而折衷於右軍行草之矩範；先生將書道與生活合而爲一，故融鑄傳統兼能創新筆意，論者謂先生之字貌具有生命力與靈氣，良有以也。孔子曰：「加我數年，五十以學易，可以無大過矣。」又曰：「七十而從心所欲不踰矩。」余觀先生行草之瀟灑自如，實已寓窮神知化之易道，且不斷自我提昇，與時並進，必不難臻從心所欲之境。然則先生之退而不休，嗜書如命，適足體現一位退休教師追求自我理想、再造生命高峰之心路歷程，亦爲退休生涯樹立典範。先生以六年來之成果，初展於斗南，即獲各界好評，大小報刊相爭報導，讚譽不絕。今夏八月間雲林縣立文化中心之個展，必將騰譽於藝林，而「岳山書法展」專集之問世，更將洛陽紙貴，蓋嘗沐先生春風之後生晚輩，均將人手一卷，絡繹於途，則人人再沐春風有日，先生固未嘗退休人也。

明張紳《書法通釋》有云：「古人寫字正如作文，有字法，有章法，有篇法，中篇結構首尾呼應，故云：一點成一字之規，一字乃終篇之主。」先生數十年來之教學，必以書法作爲合爲一事，實得古人書文同法之秘鑰。余於先生書法體例形貌、運筆技巧不能贊一詞，實因小時了了，雖然步上國學教授之途，但所學偏枯，對書法一藝始終不登堂奧，未敢唐突。惟書法藝術係中國文字對世界藝術之偉大貢獻，作爲一個中國語言學者，從書道窺測中國文人內在語言世界，亦「文化語言學」新課題之一，此乃岳公書法展予我莫大之啓示。本於此一學術目的，誠宜劍及履及，重回余久已荒蕪之樂園，以岳山老師之精神爲標竿。

巴黎旅次，自傳真機中接獲內子傳來先生手諭及各報競相報導「岳山書法展」之剪報，真是興奮有加。先生之行草與奕奕之神采，俱令人仰之彌高，而囑余作「序」，欲使我誠惶誠恐，一以余對先生之藝術成就，待尙學習，何遑作序；再則以晚輩爲夫子作序，實愧不敢爲。爲答謝先生厚愛，爰以此文恭祝先生書展成功，爲雲林藝壇再啓新頁。是爲跋。

受業　姚榮松敬筆

中華民國八十三年六月五日于

巴黎社會科學高等研究院

談語言學發展的趨勢和特質

— 訪姚老師榮松

採訪：陳嘉琦、黃淑美

國文系的課程實際上已有許多關於語言學方面的專業，如聲韻學、訓詁學、文字學、國文文法等，這些都屬於傳統語文學方面，另外還有國語語音學、中國語言學概論及語言學三門，都相當於「普通語言學」的課。

從廣義的語言學來看，國文系實際上已經在作一部分語言學的工作，但就語言學這個大的範圍而言，歷史語言學也不過是其中的一小部分，是傳統的語言學，現在有人稱爲文獻語言學。何以稱爲文獻語言學？因爲我們處理的都是書面的、文獻的東西，文獻語言學實際上就是語文學，是語言學的前身。

語言學的涵義以及特質

語言學是一門科學，但不完全是社會科學，因爲它是跨在人文跟社會中間，爲什麼？因爲我們所處理的語文，事實上是一個很抽象的東西，因爲一般的社會科學所處理的是一個特定的人或社群的行爲，或者是一個社會現象，但是語言學處理的是人的語言，語言在我們生活上的角色就相當於空氣和水，是人所必需的。你說它是工具，也不一定是，它是一個我們思想所憑藉的東西，表面上也說它是一個人的行爲，在過去三、四十或五十年代，結構派語言學家當時即把它當作行爲，因爲語言左右著行爲，因此語言本身也可以是一種行爲，所以視語言學爲社會科學。

但是事實上這只是某一個階段這樣說，譬如說現代語言學就不認同這點。在一九五八年以後，美國有一個語言學革命，倡導人是麻省理工學院的語言學家杭士基（Noam Chomsky），所謂的語言學革命是針對結構主義的語言學而言，杭氏對語言有一個重新的、革命性的看法，認爲語言其實不只是一個行爲而已，人類的語言可以說是人類心智的能力，也就是內在於人類的心智能力，因而也就開創了「衍生變形語言學」的派別，這個理性主義的語言學認爲語言研究不只是透過語言行爲去觀察，還需要詮釋內在的能力，所以整個語言學的目標是找出那個能力，怎麼去描述與解釋那個能力。過去傳統的語言學會描寫一個語言系統，我們會去記音、分析語音、歸結出最適當的音位系統，建立這個語言的語音結構，然後我們再去分析它的語法。

在杭士基以前，語意比較不受語言學家重視，傳統的語意學本來屬哲學的領域，過去的語言學家如結構派學者即盡可能把語音、語法的研究和語意的關係減低，因爲語意不容易客觀的研究。相反地，語音系統的描寫卻很容易進行，語音有它的系統性，在國際音標的大表上，所有人類所能發出的語音都可以從這裏找到定位，找出多少個聲母、韻母、多少個聲調等配合起來，以有限的語音的結合可以表現無限的語言結構，這些在結構派是可以很清楚的描述出來，但是新的語言學家並不認爲結構派已經把語言描述清楚，結構派所描述的是一個表象，很簡單的語言現象而已，它並沒有辦法解釋人類語言中普遍存在的歧義的現象，譬如說我們講一句話，這句話有兩種意思，我們對話人怎麼會很自然的了解這句話是什麼含意？語言的歧義性大概有幾個重要的特點，譬如說怎麼去解釋語言的歧義，跟人類的語言是怎麼學來的可能是同一件事。

我們過去只教人家怎樣去練習刺激反應，不斷練習音標、句型，但是兒童獲得語言能力是不是真是這樣一回事？如果觀察小孩語言成長的過程，紀錄他四歲以前說話的特殊現象，會發現孩子學語言會從他容易的地方學起，所以「爸爸」、「媽媽」是他最容易學會的稱謂，「舅舅」、「嬸嬸」便比較難，這些現象顯示小孩學語言有一定程序，而且這個程序還是普遍的。大抵學音韻的順序差不多，學語法也有相同的規律，所以人類學語言好像有一套規律在裏面，證明人的語言發展是差不多的。小孩在四歲之前學會母語的一般規則，包括發音和語法規則，以後他學的不斷增加的只是辭彙。爲什麼在這麼短的兩三年之間，小孩的語言自然就發展了，也就是說人類語言的能力是內在的，過去認爲語言完全是後天學習的，這可能是錯的，可能語言就是先天的東西。

怎麼說是先天的？現在語言學的一個方向是用某一些語法的範疇去找出全世界語言的普遍性，似乎能建立許多共同的地方，也就是說語言表面上看起來很複雜，但是我們神經系統所反應的語言能力其實是有很多共同的成分，這證明語言可能是人類的本能，不完全是學來的，如果只是學來的，這種差異性應該很大，例如有些小孩語言好的不得了，有些則很差，但是實際呢？沒有某些人母語講得特別好，這種對語言習得的觀察有新的解釋，而結構派語言學所描述的語言事實，在對人類所面對的複雜語言現象上，相對地就顯得較膚淺了。

事實上語言是一個開放的系統，沒有一個語言學家能把所有可能的句子列舉完，因爲語言是一種社會現象，每一個人有每一個人的特色，會創造自己的個人語（ideolect），這些歧異的地方都是以前語言學家所不太去描述的。語言可以說是用一套很有限的規律系統創造無限多的句子。語言學家覺得很奇怪，有很多話我們都沒聽過，但是我們可以懂，原來這些都在規律中。人類的語言能力是這樣神奇，孟子云：「人之異於禽獸者幾希焉。」這「幾希」便是人禽的辨別，從儒家來看這幾希是人的理性，如仁義理智四端等。其實從客觀來看，這些東西很難有證據，比如你怎能證明動物沒理性？真正最能具體區分人類和禽獸不同的地方就是人類有語言，動物只有傳訊的能力，沒有類推的能力，像人類能夠學第二外國語，沒有一種語言我們學不會，可是動物沒有一種語言真正學會，這可能是人跟禽獸最大的不同。

語言研究的出發點－語感即言談

回過頭來說我們國文系所修歷史語言學方面的東西，我們處理古代的東西和前面所說的語言學差不多，我們沒有真正去想這些東西的意義，也沒有真切的語感判斷。實際語言的研究一定要從語感出發，研究一個不熟悉的語言，土人就是語感權威，他說是即是，說非即非，不過語言學家不是只研究是非，他知道一個語法現象合不合理，也知道程度的差別，所以他會做很多的記號，如：

*「連老李老張都出去了。」

打*號表示不合理，

??「我連一毛錢都有」

打兩個問號表示極不能接受，

？「我一毛錢沒有」

打一個問號表示可疑，

「我，他的家沒去過」

可接受度就比上面的句子高，事實上說話是不打草稿的，只要對方聽得懂，事先並沒有一個絕對的規範，過去的語言教學都是找最完美的句子來教，當你拿最好的句子來研究，顯然你會失掉很多語言現象，例如當代研究語言的一個新領域是「言談」(或叫「篇章」)，所謂「言談分析」(discourse analysis) 是把「言談」當作一個對象，研究很多語用和語意的問題，譬如說你爲什麼要這樣講，在講過這句話以後爲什麼要講那句話？問話爲什麼要這樣問而不是那樣問？言談中語調的變化、主題的發展等等、這些都是言談分析。你能想到人類使用語言的種種問題，它都想解決。

現代語言學研究的領域很廣，也講求精確。你要說出一個理由來，要能夠具體描述出來，甚至要求用公式寫出來。

國文系本身對語言學應有的認識與肩負的使命

國文系的同學似乎很怕抽象的符號，事實上有很多學問研究到最後都是很抽象的，都應該可以用符號來表達的。我想國文系除了真正選修過本系開的「語言學」或「中國語言學概論」外，對當代「語言學」可說相當陌生，但是在大陸，很多的中文系如北大中文系就叫中國語言文學系，許多大學有語言研究所，把語言研究當作很重要的部門。而在台灣這方面可以說非常落後，語文科系簡直沒有語言學的背景，現代語言學至少在五十年代全球就開始風行，不斷翻新。我們等到很多人到國外唸語言學學成歸國，六十年代開始推廣，國內大學到目前還只有輔仁、清大兩個語言學研究所。語言學變成外文系的專利，他們可以用這個當論文，我們國文系只關心古代文獻。可是語言學研究一定要從現代的東西，以現代的東西作基礎，像研究古音，我們歸納一些音類以後，最後一定要構擬古音，也就是推測古代的音讀。怎麼去擬測？就是根據我們現在的方言，因爲語言是延續的，在演變的過程中，有些會分化、合流、變易、失落，但是萬變不離其宗，像印歐語言學把中間的變遷弄得一清二楚，而我們還沒有。

國文系和中文系本身應該要替自己的語言作出一點貢獻，如果我們只是看看古代文獻，對於古代語言沒有一點好奇，要想建立古代漢語的系統，談何容易？對於當代活生生的語言研究都沒有成績，歷史語言學的任務恐怕也無法完成，並不是說文字、聲韻、訓詁跟語言學沒有關係，其實這些本身就是朝這個方向在走，但是並沒有和現代語言學作一個結合，不能夠開展，主要的原因就是沒有語言學的背景。國內中文系最初都沒有開語言學，現代也僅有一兩門課，點綴一下，除了清華中文系以外，語言學普遍不受重視。中文系本來就有責任訓練很多人去調查方言，至少要把現代語言紀錄好，作好方言的描述、比較，在地圖上用語音、詞彙、語法來畫「等語線」，這不是兩三天便可以做好，可是如果我們對國內語言學一無所知，古代文獻很多的解釋是跟現代脫節的。我們不能說書面語言就跟活的語言沒有關係，譬如說韓愈寫古文，他的文法規律固然受了傳統的影響，但是他也受了當時口語的支配，所以他寫出來的風貌，會和司馬遷不一樣，會跟任何一個時代不一樣。

如果我們看現代語言學的範圍，會發現國文系所唸的語言學範圍是非常窄的，是以語文學爲主，即傳統所謂的小學。我們並沒有真正接受語言學的訓練，即科學的語音學、語意學和語法學理論的訓練，語言學的核心就是研究語言本身的東西，它的三個最主要部份即語音、語法、語意。語音方面還可以細分成語音學和音韻學，語法學也可以分出構詞法和造句法，語意學可以分出語用學，以上是「微觀的語言學」。廣義的語言學還包括歷史比較語言學、心理語言學、社會語言學、人類語言學（研究人類語言的早期型態）、語言哲學、數理語言學、實驗語言學、電腦語言學、神經語言學、語言規劃、語言教學，這是「宏觀的語言學」，它的重要性已經超過純粹的理論語言學。因爲語言學也有相當的傳統，研究到某一程度，理論本身並不是最重要，需要的是更廣的去看語言和整個人類每一部分的關係，這是語言學的大用。

研究語言學的先決條件與心理準備

談到研究語言學的條件或心理準備，真正想純粹攻讀語言理論，是非常寂寞的。語言研究者最重要的條件是興趣，其次，你必須懂得發音，要能夠聽音，辨音能力強，還要肯思考，接受一點科學的訓練。當一個語言學家（Linguist），沒有硬性規定要會幾種語言，通常比別人容易多會幾種語言，語言學家的表達能力不一定比別人強，但是他的分析，接受會很快。語言學家把人類語言分成兩個部門，一個表達能力，一個是語言本能。語言的表達能力跟經驗、訓練有關係，語言表達能力和分析能力不一定相等，有些人說得天花亂墜，但是他對語言一無所知，語言學家也可以知道一種語言的全盤底細，卻也可能是使用該語表達很差，學習語言學客觀的條件就是學會的語言愈多愈好。

學習語言學的心理準備有三：第一、要認識語言學是一種科學，要有科學家的耐力、細心和審慎的科學態度。第二、要認識語言學是現代很重要的學問，跨越的範圍很廣，將來可能每一門科學都會借重語言學，在台灣語言學還是很冷門，你要有眼光，看得遠，這對將來整個學術會有很大的影響，語言學遲早會變得很熱門。第三、現代語言學研究很注重科際整合的方法，因此必須多充實相關的學科，如心理學、社會學、人類學、理則學等。

現代語言學研究可以應用的資料

現代語言學的對象就是現代活的語言，不只是我們用的母語、標準語、我們周遭所能接觸到的都是研究的對象，任何階段的語言本身就是語言研究的範圍。研究語言學必須要有語料。語言資料一部分靠自己調查，最根本的方法：自己要建立資料庫，另外可以借助別人的資料，作不同的分析，不可能一個人把所有語料調查完，平常最重要的語料是字典，另外就是流行的口語。此外，歷代的書面語，遍布在文獻上都是語料。我覺得國文系的任務是語言學的改革，因此舉凡兒童的語言習得，中小學生的語言發展，國語文教材及教法，都可以當作活的材料來研究。

語言學目前發展的趨勢

綜觀現代的語言學理論的發展，有幾個大趨勢：第一、是理性主義抬頭，以解釋人的能力作爲中心，關心人和語言的關係，而不是語言表面的現象。其次是科際整合下的分工，語言學的理論只是本體及語言研究的根據，但是整合才是語言的應用。現代宏觀的語言學在科際整合下，還有各種新的整合科學正在形成，不純粹是理論方面，這是現在一般研究方向，在國內外都是這樣。第三、就語言理論本身即微觀語言學——語音、語法、語意三者來看現代語言學發展，目前最重要的是語意學之研究，從整個語言學研究發展的歷史來看，剛好是一個階段銜接一個階段。

從十八世紀開始研究，人類是從語言學最外在的語音學開始研究的。國際語音學會是從一八八六年創立，而於一八八八年發明國際音標。語音學爲語言學中發展最久的，理論也相當完善的一支。語法學的研究則是次於語音，雖然語法的資料自古已有，古代能寫語法，表示語法已有研究，二者研究是一樣早。但整個語言學研究發展到了語音學研究得差不多後，語法學才變得很重要，尤其是變形衍生語法學派研究以語法爲重心，語音學、語意學都是語法學的一種解釋，被組織在整個語法系統裡面。現在經過三十、四十年，語法學也差不多發展得很完全，現在整個最重要的研究是語意。從近幾十年來看它的發展，我們已有些跟不上，有很多新的理論出來，而且語意研究不完全是語言學，它跟哲學、心理學、邏輯學都有關連。在早期認爲語意無法研究，現代則不然，認爲語言是一個完整的整體，我們可能先有語意、才去組織語音、語法，所以語意研究顯然變成現代語言研究重心。

至於研究的新方向，現在語法的研究，在六十年代的語言學革命之後變形衍生語法統治了三十年，甚至影響到歐洲。美國在過去三十年是世界上語言學最發達的國家。現在這個學說不斷修改，連杭士基這位大師也把他早期的想法作了很多修正，他是一個階段一個階段受到語言整合科學的挑戰，原來變形衍生語法那套理論經過三十年，又恢復到百家爭鳴的時代，很多新的學派起來，不是很快能夠統一，現代語言學本身就是一個變動的東西，它的歷史只有一百年左右，所以變的性質很強。所以有時辛苦調查語言的人，反而是基本最能掌握語言學脈搏的，因爲無論如何變換理論，都只是在理論形式上調整，要有語料作依據，所以語言現象本身就是語言學的最後依據。

中國語言學涵蓋的內容

最後談中國語言學的內容，第一個部分便是傳統的語文學，也就是我們國文系目前所開的課，現在我們必須賦予它語言學的內容，在傳統語言學的基礎上要加進現代語言學的方法，希望從傳統語言學中推陳出新。我們要繼承，更要發展：在文字方面包括文字學、古文字學，而古文字學又包括甲骨學、金石學，將來可能還要包含簡帛學；傳統聲韻學可細分爲古音學、切韻學、等韻學；訓詁學也可以開出爾雅學、方言學；文法的研究可以用主題或斷代來研究（如西周金文語法）；就是傳統語言學的範圍、敦煌文書研究本身也可以納入歷史語言學的研究。

第二個部分是屬於「當代中國語言學」方面，以現代漢語爲主。現代漢語的研究必須加強，至少可以有下面的分科：(1) 國語語音學；(2) 國語語法學；(3) 漢語方言學；(4) 少數民族語言學；(5) 漢藏比較語言學；(6) 中外語言的對比研究等。另外還可以有不少新的專題，如：(7) 漢語詞彙學；(8) 漢語詞源學；(9) 中國語言史；(10) 漢字問題；(11) 雙語問題；(12) 語言與文學……等。

× × ×

中國語言學的新方向是在心理語言學上研究中國語文的特質，社會語言學上研究漢語將來要走的方向，其他如：方言的比較、語言的規範、中文電腦、語音合成、語言翻譯、語言哲學等。語言哲學或語意學有兩個方向，一個是哲學的研究，另一個是純粹語言學的研究。這兩條路徑將來還要交會，這都是中國語言學將來走的方向，當然整個漢語的調查、描寫和語法研究，以及一部完整的漢語史，仍是當前中文系在中國語言學方面的主要任務。

本文刊載於《文風》第四十八期，國立台灣師範大學國文學會出版，77 年 5 月 30 日。

我在台文所的日子

我國大學台灣人文學門系所現況調查彙編序

一、前　言

教育部爲全面檢視國內大學台灣人文學門系所開辦之現況，並展望其未來之發展，包括：大學台灣人文學門系所定位、發展方向、課程，師資質量、學生出路，大學與台灣主體性教育的配合，以及台灣人文學門如何因應全球化等問題，透過研討會的方式凝聚社會及學界共識，作爲未來改進發展之參考。本《彙編》即爲研討會的前置作業，爲會議籌備的一部分。

二、「台灣人文學門」應分為五類系所

本《彙編》要介紹的台灣人文學門，目前只限於四類系所，即：台灣文化系所、台灣文學系所，台灣語言（文）及其相關系所暨台灣史研究所。爲什麼只介紹這四類系所？我們是循名責實，以當前人文學門中標誌著「臺灣」爲學門範圍者爲主要對象。到目前爲止，這類典型的「臺灣系所」，共有十八個，其中以「台

灣文學」與「台灣語文」爲大宗。「台灣史研究所」只有二所，還沒有設系。純粹以「台灣文化」立所的也只有一家（台南大學），以「台灣文化」爲部份立所也有一家（台灣師大），如果把台灣師大「台灣文化及語言文學研究所」視爲整合的「台灣研究所」獨立出來，那麼應該分爲五類，表述如下：

（一）台灣研究所------目前無此名目，僅有「台灣研究中心」（政大）。

台師大的「台灣文化及語言文學研究所」（2003）暫歸之。

即將成立（93.12 月已通過）的長榮大學「台灣研究所」或將成爲名實相符的代表所。

（二）台灣史研究所-----政大（2004）、師大（2004）

（三）台灣文學研究系所------可以分爲三種發展階段。

台灣文學研究系所-----成功大學（含學士 2002、碩士 2000、博士 2002 三級）。

台灣文學系-------------真理（1997）、靜宜（2003）

台灣文學研究所-------清華（2002）、國北師（2002）、台大（2004）、中興（2004）、中正（2004）、政大（2005）。

（四）台灣語文系所---------目前尚無系所兼備。名稱有多種，由簡及繁：

台灣語文學系-----------中山醫大（2003）、台中師院（2004）

台灣語言學系-----------真理（2002，麻豆校區）。

台灣語言及語文教育研究所-----新竹師院（1997）（2003 博士班）

台灣語言及教學研究所----------高師大（2002）

台灣語文與傳播學系-------------聯合大（2004）

（附）客家語文研究所-------------中央（2004）

民族語言及傳播學系------------東華（2001）

（五）台灣文化研究所--------------台南大（2003 今名，前身「鄉土文化」研究所 1996-）

鄉土文化研究所-----------------（花蓮師院 1999）

客家文化研究所-----------------（高師大 2003）

客家社會文化研究所-----------（中央 2003）

民族文化學系--------------------（東華 2003）

族群關係與文化研究所----------（東華 1995）

南島文化研究所------------------（台東 2004）

三、當前台灣人文學門四類系所發展的背景

由於第一類「台灣研究所」目前尚有名無實，台師大的三合一研究，也不能獨立成類，它分三組招生、開課，也只能算是整合型的「台文所」，未來的「台灣研究所」或將標榜「台灣學」或以政經社會為主軸。因此，本文仍依原始規畫的四類系所作一回顧。

根據教育部提供的「台灣研究【本土教育】相關系所」一覽表，依設立學年度排序，第一個成立的研究所是國立東華大學「族群關係與文化研究所」（84 年度），其次是國立花蓮師院的「多元文化教育研究所」（碩士班 85，博士班 92），接著是真理大學「台灣文學系」的出現（86），這是台灣文學世界第一系，也是開天闢地以來，台灣文學教育自立門戶，和中國文學分庭抗禮的一塊里程碑。

從相關的文獻來看，「台灣文學系」的出現，是走過一段艱辛路，原來在真理設系之三年前，也就是 83 年 6 月，靜宜大學中文

系的鄭邦鎮教授就在第七屆全國教育會議中，提出設立台灣文學系的議題，同年靜宜中文系申請在中文系下分組招生（台灣文學組、文學傳播組）被否決（1996.4.29），引發靜宜中文系的抗爭與質疑，並獲得台灣筆會、台灣教授協會等 18 個團體之連署聲援（1997 年 5 月），同年真理大學成立第一個台文系。這只是文學教育體制他的第一步，但這個開端，卻也使台灣文學的研究得到了強烈鼓舞。靜宜大學到 92 年才設系，的確也令人同情。

從設立年度排序看，89（2000）成大台文系設碩士班，二年後（2002）居然獲准同時開辦學士與博士班，成爲全方位的台灣文學養成教育所，由國立大學拔得頭籌，也並不意外，這是以陳萬益所長爲首的另一群精英，包括林瑞明、呂興昌、陳昌明等，2003 年國家台灣文學館成立，林瑞明成爲首任館長，以工學院起家的成大，由於地緣上的深厚文化土壤，竟成台灣文學的「全台首學」（鄭邦鎮用語），這完全是學校發展的均衡宏觀所致。據云成大於 87 學年度即獲准成立碩士班，但學校乃禮聘清大陳萬益教授專責籌設費時兩年有餘，成爲全台第一所台灣文學研究所。清華大學也在 2002 年成立台文所，陳萬益也就回到清華大學。

相較於台文系所的艱辛跋涉，台灣語言及語文教育的設所，是由鄉土語言的教學需要而開端，其前身是師院普設語教系的播種，不過如同全國中文（國文）系所對鄉土語言的興趣缺缺（中文系連漢語方言的研究皆稀稀落落，因此，全國九所師院的語教系在 1997 年核准設所時，居然沒有一所語教所，而分別設立了諸如民間文學所（花師院）、兒童文學研究所（台東師院）、應用語言文學研究所（台北市立師院），這些系科基本上沒有離開文學所的格局，比較特殊的是新竹師院，成立台灣語言與語文教育研究所，成爲第一個以台灣語文爲對象的語言研究兼語文教育研究所，但並非獨一無二，五年後（2002）高師大也成立類似的研究所，但竹師已設博士班（2003）。按兵不動的語教系，如嘉師院併入嘉義大學、屏東及台南師院至今未設語教所。至於國立台北師院也在 2002 年成立第一個台灣語文系，跟成大的台灣文學系性質不同，是以台灣語文爲對象。至此，師範院校中的語文教育系所，已有三家，居龍頭地位的台師大，也非睡獅，2002 年擬提出設立「台灣語文系」，未獲校內通過，2003 年改弦更張，台灣文學太敏感，稀釋爲 1/3，另加 1/3 文化，1/3 語言，分組招生，成爲第一所標榜整合型的「台灣文化及語言文學研究所」，名稱似乎太長，也簡稱台文所，2003 年獲准成立，2005 年進入第三年。還有一個彰師大正在醞釀，而高師大又在 2003 年成立了客家文化研究所。由此可見在台灣語文研究的領域，以師範院校居主宰地位。九年一貫課程綱要中，本國語文的改弦更張，英語的向下紮根滲透等，成了師大國文系、師院語教系，必須分出本土學門的主因，但是，更重要的原因是中（國）文系的貴古賤今，學生在古典文學及哲學的陶冶下，對語言學（中文系的文字聲韻訓詁，都是歷史語言學，也不離古典），不僅畏之、忌之，開設閩、客語言概論，常有不足開課人數之虞，之所以積重難返，就是這些系科對現代漢語的專業，沒有通盤規畫，教國語語音學也不著重當代語言學的成果，學生對當代語言不感興趣，當然對當代的台灣文學視之如敝屣，對於必須正視田野調查的台灣文化研究更是不痛不癢。但是台灣文學與語言的自立門戶，正反映中文系中的學術分工，已經飽和，這些與土地相關的學門，無法寄生在中文系這棵大樹老樹，分得一點莖鬚般的養分是不夠的，必須正視文學與當代社會的脈動，這不僅是綠色政府的德政，而是鄉土終將成爲主流學術的終極關懷。

其他兩類：台灣文化所及台灣歷史所目前只有獨立所，還不到設系的時候。目前台灣文化研究所只有台南大學一家，其他都是由客家、南島兩種族群文化分立的科系。有的叫民族文化學系，有的叫族群關係研究所，無非皆以南島民族文化爲對象，也有通稱「鄉土文化研究所」（花蓮師院），所以最早的文化研究所來自師院社教系的發展。第二梯隊的族群文化研究，包括東華、中央、高師大、台東，都設在原住民及客家人較多的縣市，這將成爲形塑台灣文化的重點學術據點，值得長期經營。但是台灣文化的範圍，其實包羅萬象，將來的分工也必將愈來愈多而細，目前六所師院，除了上述兩所外，都還在轉型當中，或許有更多的系所會增設。而另類的台灣研究也將不止是以文化爲主軸，可能結合現在社會科學領域的成果，形成新的「台灣學」領域。

台灣歷史的研究本來歸于歷史系，一旦台灣史與中國史的研究等量齊觀，分庭抗禮的時候，台灣史研究所自立門戶，只是一種學術專業分工的必然趨勢，實在不必以意識型態作爲分割之原因。不過歷史與政治的糾葛最深，我們要祝福歷史系所之看待「台史所」如自己出生之嬰兒，正如中文系看待台文系所、台語系所也要有此心情，我們出走不是要瓜分資源，而是覺得老家須要翻修，另外蓋在「壁角頭」，隨時可以回饋自己的故居。房子才蓋不久，必須讓親朋好友，一起察看是否有夠「粗勇」。

四、關於這本《台灣人文學門系所現況調查彙編》之緣起

二〇〇三年九月某個週末，爲師大台文所的規劃、籌備、創立，持續推展了兩年的莊前所長萬壽兄，打電話來所約我到教育部長室，同行還有清華大學台文所陳萬益教授，向杜部長提出一項檢視現有台灣人文學門系所現況並展望未來的研究計畫，這項工作似乎須要儘早著手，才能發現問題，免除因積重難返，無法建立台灣人文教育的主體性，這的確是好的點子，作爲整合型的師大台文所，似乎更有條件共同主持這項研究計畫，杜部長當場同意這個規劃並指示，爲了落實對現況之了解，必須先進行調查並把相關資料編成彙編，方便有人檢視查考。另外，有關現況之檢討，仍以論文形式發表，較爲具體。於是就把共識凝聚爲舉辦一次研討會，四場分門研討的論文發表，兩場分組座談的兩個議題，再整理出成果總報告。

經過商磋，由三個人擬定一份「我國大學台灣人文學門系所之現況與展望研討會」的計畫書，由於莊教授已應聘長榮大學研發處，陳萬益教授本年在休假中，故建議由台灣師大台文所承辦，個人初接任所長一職，對杜部長之前瞻性十分佩服，覺得這項研討會延續去年十一月本所成立揭牌日所主辦的一日型本土教育研討會之成果，並藉此得以深化，乃同意擔任計劃主持人，並由長榮、清華二校爲協辦，莊、陳二位爲計劃協同主持人，即著手草擬計劃，從九月下旬迄十月初完成，並承部長核示由高教司撥出經費，爲了使會前準備更周全，因此將業務費增列現況調查及彙編編輯工讀費，均蒙高教司同意。

從十月起進行籌備之作，由所內一、二年級同學分為兩組，一為會務組，另一組為現況調查彙編小組，由本所碩一林肇豊同學擔任召集人，調查彙編小組在短短兩個月設計了問卷，擬定訪談對象及訪問稿的問題，利用課餘，前往台北及新竹、台中、台南、高雄進行採訪，並整理冗長的錄音稿，同時利用回收的問卷精要補充附錄於各系所概況之後，洋洋灑灑兩百頁，分為整合類、歷史類、文學類、語言類、文化類等五類系所，條分縷析，把各系所參差不齊的網頁資料規格化，形成目前這個彙編，編輯小組的辛勞，寫在臉上，也散播在小小五坪大的專題研究室。成果是豐碩的，不過後續的會議記錄及成果彙編，可能還要偏勞這群整合型研究所的師生，不得不為眼前的這一步「小成」說一聲「嶄！」

姚榮松　謹識於台師大博愛樓十樓
台文所所長臨時辦公室　2005 年 1 月 5 日

本文原為《我國大學台灣人文學門系所現況調查彙編序》，該書由教育部委託，台灣師大台文所主編發行，2005 年 10 月出版，原序包括〈我國大學人文學門四類系所現況調查分析〉一文，現在恢復為兩篇。

我國大學台灣人文學門四類系所現況調查分析

一、研討會之宗旨

教育部為全面檢視國內大學台灣人文學門系所開辦之現況，並展望其未來之發展，包括：大學台灣人文學門系所定位、發展方向、課程，師資質量、學生出路，大學與台灣主體性教育的配合，以及台灣人文學門如何因應全球化等問題，透過研討會的方式凝聚社會及學界共識，作為未來改進發展之參考。

二、「台灣人文學門」應分為五類系所

本文要介紹的台灣人文學門，只限於四類系所，即:台灣文化系所、台灣文學系所，台灣語言（文）及其相關系所、暨台灣史研究所。為什麼只介紹這四類系所?我們是循名責實，以當前人文學門中標誌著「臺灣」為學門範圍者，為主要對象。到目前為止，這類典型的「臺灣系所」，共有十八個，其中以「台灣文學」與「台灣語文」為大宗。「台灣史研究所」只有二所，還沒有設系。純粹

以「台灣文化」立所的也只有一家（台南大學），以「台灣文化」爲部份立所也有一家（台灣師大），如果把台灣師大「台灣文化及語言文學研究所」視爲整合的「台灣研究所」獨立出來，那麼應該分爲五類，表述如下：

（一）台灣研究所 — 目前無此名目，僅有「台灣研究中心」（政大）。

台師大的「台灣文化及語言文學研究所」（2003）暫歸之。

即將成立（93.12 月已通過）的長榮大學「台灣研究所」或將成爲名實相符的代表所。

（二）台灣史研究所 — 政大（2004）、師大（2004）

（三）台灣文學研究系所 — 可以分爲三種發展階段。

台灣文學研究系所 — 成功大學（含學士 2002、碩士 2000、博士 2002 三級）。

台灣文學系 — 真理（1997）、靜宜（2003）

台灣文學研究所 — 清華（2002）、國北師（2002）、台大（2004）、中興（2004）、中正（2004）、政大（2005）。

（四）台灣語文系所 — 目前尚無系所兼備。名稱有多種，由簡及繁：

台灣語文學系 — 中山醫大（2003）、台中師院（2004）

台灣語言學系 — 真理（2002）。

台灣語言及語文教育研究所 — 新竹師院（1997）（2003 博士班）

台灣語言及教學研究所 — 高師大（2002）

台灣語文與傳播學系 — 聯合大（2004）

（附）客家語文研究所 — 中央（2004）

民族語言及傳播學系 — 東華（2001）

（五）台灣文化研究所 — 台南大（2003 今名，前身「鄉土文化」研究所 1996-）

鄉土文化研究所 — （花蓮師院 1999）

客家文化研究所 — （高師大 2003）

客家社會文化研究所 — （中央 2003）

民族文化學系 — （東華 2003）

族群關系與文化研究所 — （東華 1995）

南島文化研究所 — （台東 2004）

三、當前台灣人文學門四類系所發展的背景

由於第一類「台灣研究所」目前尚有名無實，台師大的三合一研究，也不能獨立成類，它分三組招生、開課，也只能算是整合型的「台文所」，未來的「台灣研究所」或將標榜「台灣學」或以政經社會爲主軸。因此，本文仍依原始規畫的四類系所作一回顧。

根據教育部提供的「台灣研究【本土教育】相關系所」一欄表，依設立學年度排序，第一個成立的研究所是國立東華大學「族群關係與文化研究所」（84 年度）。其次是國立花蓮師院的「多元文化教育研究所」（碩士班 85，博士班 92），接著是真理大學「台灣文學系」的出現（86），這是台灣文學世界第一系，也是開天闢地以來，台灣文學教育自立門戶，和中國文學分庭抗禮的一塊里

程碑。

從相關的文獻來看，「台灣文學系」的出現，是走過一段艱辛路，原來在真理設系之三年前，也就是 83 年 6 月，靜宜大學中文系的鄭邦鎮教授就在第七屆全教育會議中，提出設立台灣文學系的議題，同年靜宜中文系申請在中文系下分組（台灣文學組、文學傳播組）招生被否決（1996.4.29），引發靜宜中文系的抗爭與質疑，並獲得台灣筆會、台灣教授協會等 18 個團體之連署聲援(1997 年 5 月)，同年真理大學成立第一個台文系。這只是文學教育體制的第一步，但這個開端，卻也使台灣文學的研究得到了強烈鼓舞。靜宜大學到 92 年才設系，的確也令人同情。

從設立年度排序看，89（2000）成大台文系設碩士班，二年後（2002）居然獲准同時開辦學士與博士班，成爲全方位的台灣文學養成教育所，由國立大學拔得頭籌，也並不意外，這是以陳萬益所長爲首的另一群精英，包括林瑞明、呂興昌、陳昌明等，2003 年國家台灣文學館成立，林瑞明成爲首任館長，以工學院起家的成大，由於地緣上的深厚文化土壤，竟成台灣文學的「全台首學」(鄭邦鎮用語)，這完全是學校發展的均衡宏觀所致。據云成大於 87 學年度即獲准成立碩士班，但學校乃禮聘清大陳萬益教授專責籌設費時兩年有餘，成爲全台第一所台灣文學研究所。清華大學也在 2002 年成立台文所，陳萬益也就回到清華大學。

相較於台文系所的艱辛跋涉，台灣語言及語文教育的設所，是由鄉土語言的教學需要而開端，其前身是師院普設語教系的播種，不過如同全國中文（國文）系所對鄉土語言的興趣缺缺（中文系連漢語方言的研究皆稀稀落落，因此，全國九所師院的語教系在 1997 年核准設所時，居然沒有一所語教所，而分別設立了諸如民間文學所（花師院）、兒童文學研究所（台東師院）、應用語言文學研究所（台北市立師院），這些系科基本上沒有離開文學所的格局，比較特殊的是新竹師院，成立台灣語言與語文教育研究所，成爲第一個台灣語文爲對象的語言研究兼語文教育研究所，但並非獨一無二，五年後（2002）高師大也成立類似的研究所，但竹師已設博士班（2003）。按兵不動的語教系，如嘉師院併入嘉義大學、屏東及台南師院至今未設語教所。至於國立台北師院也在 2002 年成立第一個台灣語文系，跟成大的台灣文學系性質不同，是以台灣語文爲對象。至此，師範院校中的語文教育系所，已有三家，居龍頭地位的台師大，也非睡獅，2002 年擬提出設立「台灣語文系」，未獲校內通過，2003 年改弦更張，台灣文學太敏感，稀釋爲 1/3，另加 1/3 文化，1/3 語言，分組招生，成爲第一所標榜整合型的「台灣文化及語言文學研究所」，名稱似乎太長，也簡稱台文所，2003 年獲准成立，2005 年進入第三年。還有一個彰師大正在醞釀，而高師大又在 2003 年成立了客家文化研究所。由此可見在台灣語文研究的領域，以師範院校居主宰地位。九年一貫課程綱要中，本國語文的改弦更張，英語的向下紮根滲透等，成了師大國文系，師院語教系，必須分出本土學門的主因，但是，更重要的原因是中（國）文系的貴古賤今，學生在古典文學及哲學的陶冶下，對語言學（中文系的文字聲韻訓詁，都是歷史語言學，也不離古典），不僅畏之、忌之，開設閩、客語言概論，常有不足開課人數之虞，之所以積重難返，就是這些系科對現代漢語的專業，沒有通盤規畫，教國語語音學也不著重當代語言學的成果，學生對當代語言不感興趣，當然對當代的台灣文學視之如敝屣，對於必須正視田野調查的台灣文化研究更是不痛不癢。

但是台灣文學與語言的自立門戶，正反映中文系中的學術分工，已經飽和，這些與土地相關的學門，無法寄生在中文系這棵大樹老樹，分得一點莖鬚般的養分是不夠的，必須正視文學與當代社會的脈動，這不僅是綠色政府的德政，而是鄉土終將成為主流學術的終極關懷。

其他兩類：台灣文化所及台灣歷史所目前只有獨立所，還不到設系的時候。目前台灣文化研究所只有台南大學一家，其他都是由客家、南島兩種族群文化分立的科系。有的叫民族文化學系，有的叫族群關係研究所，無非皆以南島民族文化為對象，也有通稱「鄉土文化研究所」（花蓮師院），所以最早的文化研究所來自師院社教系的發展。第二梯隊的族群文化研究，包括東華、中央、高師大、台東，都設在原住民及客家人較多的縣市，這將成為形塑台灣文化的重點學術據點，值得長期經營。但是台灣文化的範圍，其實包羅萬象，將來的分工也必將愈來愈多而細，目前六所師院，除了上述兩所外，都還在轉型當中，或許有更多的系所會增設。而另類的台灣研究也將不止是以文化為主軸，可能結合現在社會科學領域的成果，形成新的「台灣學」領域。

台灣歷史的研究本來歸于歷史系，一旦台灣史與中國史的研究等量齊觀，分庭抗禮的時候，台灣史研究所自立門戶，只是一種學術專業分工的必然趨勢，實在不必以意識型態作為分割之原因。不過歷史與政治的瓜葛最深，我們要祝福歷史系所之看待「台史所」如自己出生之嬰兒，正如中文系看待台文系所、台語系所也要有此心情，我們出走不是要瓜分資源，而是覺得老家須要翻修，另外蓋在「壁角頭」，隨時可以回饋自己的故居。房子才蓋不久，必須讓親朋好友，一起察看是否有夠「粗勇」。

四、台灣文學系所之現況分析

依本次會議承辦單位所編「我國大學人文學門系所概況調查彙編」共分五類系所，合計有25個系所教學單位，其中系所比例表計如下：

	獨立所	獨立系	系所合一	合計	博士班
整合類系所	1	0	0	1	
歷史類系所	2			2	
文學類系所	5	2	1	8	（1）
語言類系所	3	5	0	8	（1）
文化類系所	6	1	0	7	

以下各節分析各類系所現況僅就課程、師資兩方面重點提示，不作價值判斷。

台文系所目前有八個，其中兩個獨立系（真理、靜宜），一個全方位系所（成大），是目前發展較均衡的一個台灣人文領域。成立時，1997年有一系，其餘皆在2000年以後。而以2002年達全方位狀況。公私立學校之比例爲6：2。

（一）台灣文學系的課程架構

以目前設系的三校爲例，作一比較，包括畢業學分、必選修學分比例，是否有分組設計，開課總學分數。

	畢業學分數	必修學分數	通識/核心	專業選修
真理台文系	128	62	42	24
成大台文系	136	68	30-32	36-38
靜宜台文系	141	52（*58）	35	20（外系）

*九十二學年度爲 58

「彙編」的資料，無法完全反映靜宜的畢業學分，另根據「九十三年度大學部課程規劃」，成大在學分數上較真理爲多，但真理的通識高達 42 學分，佔畢業總學分 1/3，不無特色，三所台灣文學系 93 學年度開課專業與通識之學分比例如下：

真理台文系，93 學年度專業課程數目爲：

大一 6 門（開兩學期，共 16 學分）通核 20 學分。

大二 9 門（開兩學期共 26 學分）通必 12 學分

大三 7 門（開兩學期共 24 學分）通選 8 學分

大四 7 門（開兩學期共 18 學分）通選 4 學分

成功大學規畫的科目繁多，統計如下：

核心課程（30~32）14 科

專業必修（68）27 科（其中有三組三選一）

專業選修（36~38）46 科

靜宜大學將課程規畫爲五大課群，分別計其已開出之科目數：

1.文學課群，共有必修 10 門，選修 23 門。

2.民俗文化暨鄉土教學教材課群:無必修，選修 9 門。

3.語言暨母語教學課群:必修 5 門，選修規劃中。（僅開一門）

4.文學傳播暨劇場實務課群:無必修，選修 13 門。

5.台灣研究相關課群:必修 13 門，選修 11 門。

（二）台灣文學所的課程架構：

目前有六個台灣文學所（不含師大），「彙編」資料過於簡陋，有多所未列出全部課程架構，例如清大、國北師、台大、中興、中正等。以下根據比較完整的資料，比較成大、清大和國北師四所碩士班及成大博士班：

	修業年限	畢業學分	論文學分	必修	選修	有無先修課程規劃	跨選規定	外語要求
成大（碩）	2-4年	39	6	12	21	有		
清大		30		6	24	無	修讀本所開課不得少於2/3	英文（高級一年，必）
國北師		32		8	24	無	選修中6學分開放所際校際選課	第二外語（二學年，可抵免，零學分）
台大		40	6	22	12	5門	跨所3-6學分須經所長同意	高級英語
成大（博）		36	12	6	18	5門，至少十小時可抵免。		英文，第二外語

（三）台灣文學所的課程分類（暫以成大等四校博、碩士班為代表）

1.成大碩士班

專業必修：12學分科目如下：

台灣文學史專題研究　　　一上下（3，3）

文學研究方法與論文寫作　—下（3）

田野調查　一上（3）
第二外語（1）（2）　一上下（0）
第二外語（3）（4）　二上下（0）
論文　二上下（0）

專業選修：至少21學分以上，目前已規畫26門課。皆博碩合開。

學分數爲每科一學期3學分，22門。
每科一學期2學分，2門。
每科上、下學期各2學分，2門。

2 成大博士班

專業必修：6學分（論文12學分另計），共五科：
第二外語（1）（2）　一上下（0）已修過者可抵免
第二外語（3）（4）　二上下（0）已修過者可抵免
學術英文（1）（2）　一上下（0）
台灣文學專題研究（1）（2）　二上下（3，3）
論文　三上下（6，6）
論文　四上下（6，6）

專業選修：
科目名稱同碩士班（全部會開）

3 國北師課程三領域：
a 台灣語言課程：
b 台灣文學課程：
c 台灣文化課程：以上三組合計規畫科目有65門。
必修課程，四門，8學分，科目如下：
台灣文學史專題　一上下（2，2）

文學理論與批評　　　　　　　　　二上下（2，2）

碩士論文　　　　　　　　　　　　（0）

4 清華大學基本課程規畫共分八類

a 文學理論與批評　　　　　　　已規畫五門

b 文學史（含斷代史）　　　　　已規畫四門

c 台灣文學與世界文學　　　　　已規畫五門

d 作家、作品論　　　　　　　　已規畫七門

e 主（專）題研究　　　　　　　已規畫三門

f 文學與文化研究　　　　　　　已規畫二門

g 原住民文學與文化　　　　　　已規畫三門

h 文獻研究（例如：書報討論）　已規劃一門

5 台灣大學規劃課程：

甲、必修科目：共 22 學分，其科目如下：

台灣文學史專題討論　　　　　一上下（3，3）

台灣語言概論　　　　　　　　一上下（2，2）

文學理論與文學研究方法　　　一上下（3，3）

論文　　　　　　　　　　　　（6）

乙、選修科目，分基本選修科目與專題選修科目。前者每兩年開一次，後者不定期開設，每科均爲一學期 3 學分。

a 基本選修科目，已規畫 15 門。

b 專題選修科目，包含以下四類，科目另訂。

（一）具代表性個別作品專題研究。

（二）具代表性個別作家專題研究。

（三）文學出版、文學社團與文學運動專題研究。

（四）歐、美、日、大陸與台灣文學比較專題研究。

（四）台灣文學系的師資現況

由於師資是決定系所課程開設能否正常化、理想化的關鍵，目前新設獨立系所僅有四位專任之編制，其不足者，由聘不足額之專任，以轉聘兼任替代，以便開設更多之課程，或由中文系所合聘，不佔員額，似可開更多科目，但多聘校內，較少兼任（如台大）。至於三個台文系中，原本師資尚稱充實的真理，由於課程不以多取勝，相形之下靜宜和成大兩系，不但在專業科目和專任師資的量，均遠較獨立所爲充足，其中全方位的成大，因有三階的課程，因此師資最稱完備。以下僅就三系所的專任師資略作比較：

專任人數	教授	副教授	助理教授	講師	93 兼任人數	校內支援師資	最高學歷	專任人數
成大	7	1	1	4	1		1	博士 5 碩士 2
真理	5	（客座 1） 從缺	2	0	3	5		
靜宜	9	2	2	3	0	5	2 （合聘）	鄭邦鎮在中文系
清大	4	3	0	1	0	4		
國北師	7	3	3	1	0	6		
台大	5	5	0	0	0			全與中文系合聘
台師大	2	1	0	1	0	8	4	

這些資料是由許多線索拼湊出來的數字，與各系所最新狀況有可能小有出入，因爲部分網站未提供教師的學經歷或職級，因此有部分從缺，有待後續的調查，台師大雖屬綜合類型，也是三分之一的文學所，所以也就把師資附於此，但這不表示文學組的

師資，而是三組合計的師資，比附於此，只方便參考。

五、台灣語言類系所之現況分析

根據「現況調查彙編」，現有台灣語言類的系所共有 8 個系所，與文學類系所的系所總量相等，不同的是，相較於文學類的三個系，各所（其中二個系所合一），語言學類有五個學系，三個研究所，尚無系所合一的單位出現。而博士班也只有新竹師院一所。公私學校之比爲 6：2（與文學類同），其中真理大學擁有台灣語言系，與台灣文學系，靜宜大學雖然在 2003 年才成立台文系，但其中文系早在 1996 年即分爲中國文學組與台灣文學組招生，應是半個台文所，足見私立學校在台灣文學系所類之催化過程中，常扮演推動者的角色，先知的號角，多來自上帝關愛的教會學校，這說明西方教會在台灣文化的教育體制化的落實上，實有舉足輕重的地位。台灣語言類系所的另一個系是中山醫學大學的「台灣語文學系」，向來台灣人文學門多從文學院，尤其中（國）文系、歷史系兩系分出，而語言系所則牽涉到多元族群語文，因此除了台灣語言（文）系所外，增加其他兩個族群的語言系所。而醫學院面對多語社會的病人，本來就該注重多元族群的研究，這或許是醫學大學願投入台灣語文的教學研究實具有一定的普世價值。

（一）五校台語系的課程架構

	畢業學分	專業必修	選修	通識必	通識選
真理台語	128	64	22	30	12
中山醫大台語文	128	74	54		
中師台語文	148	80	40	10	18
聯大台語與傳播	140	68	36	20	16
東華民語及傳播	136	48	45	43	

（二）五校台語系的課程分類

五校教學目標各有專注，因此在課程規劃的領域分類，各不相同。以最新 2004 成立的台中師院台灣語文系為例，這是第一個也是唯一培養小學母語教育師資為目地的專業學系，其四個創系理念，即宣告了台語文教育的領域：

1.台灣語文的範圍：以台灣的口語知識能力，旁及文字，史地、民俗、音樂、戲劇等。

2.語言教育的範圍：以閩南語為主，但客語、南島語之基本知識並列為必修課程。

3.人才培養的範圍：培養台灣鄉土教學師資，兼及語言文學研究，鄉土文化研究，及社區文化建設，觀光導遊人才之培育。

4.應用與理論兼顧：該系課程以實用為主，但同時兼顧理論，以輔導有志深造之學生。

五個台語文學系中有兩個系兼傳播學系，確認本土語言振興的工作，傳播工作尤爲關鍵，這是台灣語文與科技整合設系的新思維。不過早在 2001 年東華大學的「民族語言與傳播學系」已創立在先，其課程的專業性，可以從課程規劃 2.3 條見其端倪：

「2.專業選修科目可選民族學院所開課程，惟以十二學分爲限。」

「3.學生畢業前必須在社會學、政治學、經濟學、管理學、心理學、藝術概論〈或美學〉等六個學門領域中，至少修習一門，方得准許畢業。」

最新成立的聯合大學「台灣語文與傳播學系」更有系統的整合，例如其主系必修、選修爲：

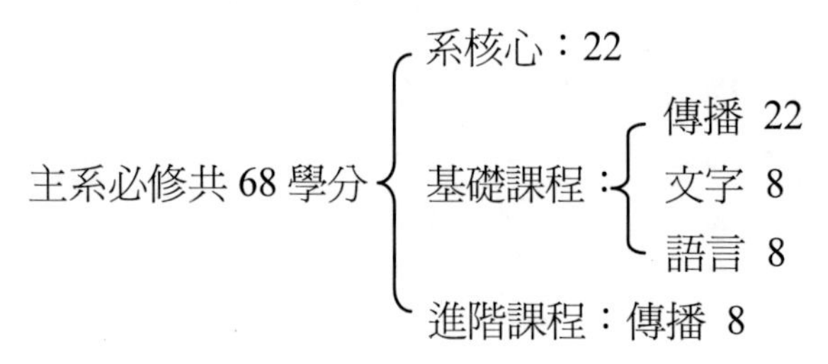

主系選修
- 語言和文字：22
- 核心：6
- 傳播：8

從其四年的課程規畫，也可以看到傳播學爲理論之主軸，而台灣語言則包括語言、文學兩大類，可以參考「彙編」的課程部份。本文指出台語文系未來除了「語文教育」一條路外尚有整合的類型，其空間是無限寬闊的。

（三）三所「台灣語言所」的課程架構及課程分類

具體言之，有兩所性質相近的新竹師院和高師大，另一個2004 年成立爲「客家語文研究所」標誌語文教育，可望成爲全方位的客家語言文學研究所。

茲將三所之課程架構比較於下：〈以碩士班爲例〉

	畢業學分	專業必修	選修
新竹師院〈碩〉	36	13	32
高師大	38	15	23
中央大學	27	13+9〈必選〉	14

（四）三所台灣語言所的課程分類：

新竹師院台語所必修 4 門：1.論文（4）
2.語言研究（3）
3.台灣語文教育研討（3）
4.台灣語言音韻研討（3）

高師大台語所必修 6 門：1.論文（6）
2.句法學研究（3）
3.音韻學研究（3）
4.語言對比分析（3）
5.研究方法（3）
6.語言學教學方法論（3）

中央客語所必修 3 門：1.論文（0）
2.漢語方言通論（2）
3.客語記音與分析（2）

另加必選課程 3 門：1.語音（3）
2.詞彙（3）
3.文字（3）

目前已規劃必選課程 14 門課，每門皆 3 學分半年。學生必須至少選三門。

值得一提的是新竹師院的「台語」是朝向分組選修的方向，除了共同選修的語言學理論課程（目前規劃 25 門），並有分組選修課。針對三種語言的八項議題開課，其課目的組合如下：

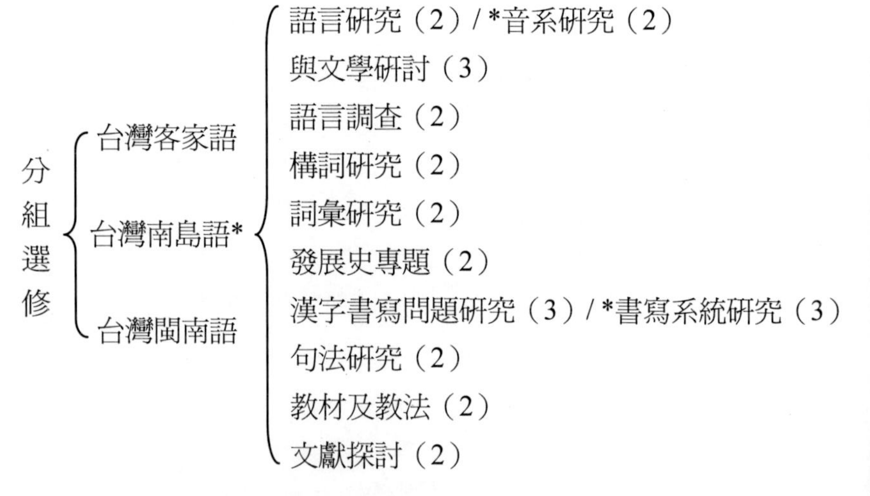

南島語有兩門名稱略作調整，以*表示。

高雄師大在選修上亦分三組，與竹師院大同小異。

新竹師院博士班畢業學分爲 22，其中基礎課程選修 8 學分，專門課程選修 14 學分。不含論文 4 學分。

（五）三所台灣語言所的師資現況

獨立研究所的特點是師資編制僅四員，博士班再加一、二名員額，新竹師院台語所成立已 8 年，專任師資一直維持二、三人，但大量的課程完全由兼任支援，由於地緣之便獲清華大學語言所的大量支援，使得該所在語言理論上不虞匱乏。以下就現有三所師資作一比較：

	教授	副教授	助理教授	兼任人數
新竹師院〈台語〉	2	0	0	23
高 師 大〈台語〉	2	0	1	1
中 央 大〈客語〉	1	0	1	

這三所台語所在專任教師人數上均止於 2-3 名，新竹師院的 23 名兼任教師是歷年兼任名單，目前每學期應維持 8-9 名，因無年度資料，存而不論，不過高師大及中央客家所，師資亦未有突破，個人認為專任教師太少，徒然使大量的規劃課程流於紙上談兵，恐難達成既定的目標，不過走過八年，又已成立博士班的兼任教師模式，似乎也是目前唯一能保持教學成果的方式。台灣語言所的困境，從師資的清單上顯露無遺。

六、台灣文化系所之現況分析

文化類系所目前有六校，其中東華大學具備「民族文化學系」及「族群關係與文化研究所」，是目前在大學部和研究所平行發展的大學。成立於 1996 年的國立台南大學，於 1996「鄉土文化研究所」，是第一所以鄉土文化為範圍的研究所，成立於 1995 年的國立東華大學「族群關係與文化研究所」，是第一所以族群文化為研究對象的研究所，1999 年國立花蓮師範學院也成立「鄉土文化研究所」，2001 年東華大學增設「民族文化學系」，2003 年高雄師範大學的「客家文化研究所」，國立中央大學「客家社會文化研究所」、台東大學「南島文化研究所」相繼成立，而台南大學亦將「鄉土文化研究所」改名為「台灣文化研究所」。六校七個研究單位概以「台灣文化」、「客家文化」、「民族文化」為名，且六校均為國立大學。

（一）東華大學「民族文化學系」之課程架構：畢業學分 135 學分，必修學分數 38 學分，通識學分 45 學分，專業選修學分 52 學分。

師資現況：專任人數 8 人，其中專任教授 1 人，專任副教授 1 人，助理教授 6 人，兼任教師 8 人，最高學歷博士 8 人。（「彙編」漏列此系現況）

（二）六個研究所之課程架構：

	修業年限	畢業學分	論文學分	必修	選修	有無先修課程規劃	跨選規定
台南大學	2-4		0（必修）	8		無	開放總學分 1/3
花蓮師範學院		32	0	10	22		僅限慈濟、東華最多學分，且每學期不得超過在校學分 1/3
高雄師範大學		34	3	16	18		
中央大學		27	0（必修）	9	18	第一年必須修習相關客家語言和社會科學理論	開放 6 學分

東華大學		30	0	12	18		
台東大學			0	15			

（三）台灣文化類研究所課程分類

1.台南大學台灣文化研究所

專業必修：8 學分、科目如下：

社會科學理論與方法　一上下（2，2）

台灣文化專題研討　一上下（2，2）

獨立研究　二（0）

研撰論文　三（0）

專業選修，目前規劃共 23 門

學分數為每科一學期 3 學分，19 門

每科一學期 2 學分，4 門

2.花蓮師範學院鄉土文化研究所

專業必修：10 學分，科目如下：

引導研究　一上下（1，1）

鄉土人文研究　一上（3）

鄉土人文理論　一下（3）

獨立研究　二上下（1，1）

專業選修：22 學分

研究理論與方法領域（三選一）　一上下（3，3）

實務應用領域（三選一）　一上下（3，3）

東台灣自然地理專題　一
台灣史專題　一
地質與人專題　二
鄉土教育研究　二

3.高雄師範大學客家文化研究所

專業必修分爲語言、理論、論文、方法四類，共 16 學分：
（1）語言類：客家話導論　上（2）
（2）理論類：3 學分（五選一）
（3）論文類：碩士論文寫作與指導　（3）
（4）方法類：質化研究法與實習　上（4）
量化研究法與實習　下（4）
專業選修：專題類型、共 26 門，選 6 門，共 18 學分。

4.中央大學客家社會文化研究所

專業必修：分爲語言、理論、論文、方法四類、共 9 學分
（1）語言類：客語記音與分析　上（2）
（2）理論類：3 學分（五選一）
（3）論文類：碩士論文寫作與指導　（0）
（4）方法類：質化研究法　上（3）
量化研究法　下（3）
實習　（1）
必選 4 學分
專業選修：專題類型，共 29 門，選 6 門，共 18 學分

5.東華大學族群關係與文化研究所

專業必修：12 學分

專題討論	上下（2，2）
社會科學研究法	上下（2，2）
族群關係	（3）
文化理論	（3）

專業選修：18 學分，目前規劃共 53 門

學分數爲每科一學期 3 學分 51 門

每科一學期 2 學分 2 門

6.台東大學南島文化研究所

專業必修：15 學分

南島社會文化通論	一（3）
社會文化理論	一（3）
資料選讀	二（3）
區域民族誌（三選二）	（3，3）
方法論　（三選二）	（3）

專業選修：目前規劃共 8 門，皆爲 3 學分

（四）台灣文化類系所師資現況

台灣文化類的師資是最多元的，其來源大抵有二類：（一）屏師院民間文化研究系統—多屏師院社會科學教育系的師資，偏於大學史、地系出身相關人類學、社會史、社區文化、宗教文化、民俗文化、鄉土文史之人才。（二）新開設之客家與南島文化各所，則爲原有民間文化系校及客家社會、文化、歷史、民俗、語言及

南島文化、歷史、人類學概論、多元文化、族群關係方面的師資，以民族學研究所出身者爲多。以下是簡明的師資統計。

	專任人數	教授	副教授	助理教授	兼任人數	最高學歷
台南大學台灣文化所	4	1	3	0	13	博士 4 位
花蓮師範學院鄉土文化所	4	1	1	2	5	博士 1 位
高雄師範大學客家文化所	1	1	0	0	議聘中	博 1 位
中央大學客家社會文化所	3	1	0	2	8	博士 3 位
東華大學族群關係與文化所	5	4	1	0	9	博士 5 位
台東大學南島文化所						

七、台灣歷史類系所之現況分析

歷史類系所目前有兩校，其一爲國立台灣師範大學的「台灣史研究所」，成立於 2004 年 8 月 1 日，另一則爲國立政治大學的「台灣史研究所」，也是成立於 2004 年 8 月。這兩間研究所都是以台灣本身的歷史作爲主要研究對象。

（一）台灣史研究所之課程架構：

台灣師大台史所畢業學分 30 學分，必修學分數 4 學分（台灣史料研究法）與專業選修學分 26 學分（含所外選修 4 學分），畢業論文 0 學分。

根據「國立政治大學台灣史研究所修課注意事項」，政大台史所畢業學分 32 學分，並規定碩一、二年級每學期修課之上下限爲碩一（全）6-12 學分，碩二上 6-12 學分，碩二下 2-12 學分。

	修業年限	畢業學分	論文學分	必修	選修	跨選規定
台灣師範大學		30	0（必修）	4	26	
政 治 大 學		32		7	25	附注（一）

附注（一）：政大規定選修學分中 17 學分必須修習本所或本校外所台灣史相關課程（須經本所認定），外系則可自行修習本所、外所或外校課程（依政大校際選課及出國選修兩辦法規定）。

（二）台灣史研究所課程分類

1. 國立台灣師範大學

專業必修：4 學分，科目如下：

台灣史料與研究法　　　一上下（2，2）

專業選修，目前規劃共 23 門

2. 國立政治大學

專業必修：7 學分，科目如下：

專題指導　　　　　　　一上下（2，2）

日本史學名著選讀　　　二下　（3）

專業選修：25 學分

（三）台灣史研究所之師資現況

台灣師範大學師資現況：專任人數 2 人，皆為專任教授；兼任人數 5 人，其中兼任教授 2 人，兼任副教授 2 人，外聘兼任教授 1 人。

政治大學師資現況：專任人數 3 人，其中教授 3 人，助理教授 1 人；兼任人數 2 人，均爲教授。

	專任人數	教授	副教授	助理教授	93 兼任人數
台灣師範大學	2	2	0	0	5
政 治 大 學	3	2	0	1	2

八、整合型研究所的現況分析

唯一代表所爲「台灣師範大學台灣文化及語言文學研究所」。這個所標榜整合型，一開始即分三組招生，有關課程架構、課程規劃〈目前規劃 39 門選修，及每組十三門〉及師資現況可參考彙編第一題資料，不作評析。

本所畢業學分爲 34，三組的共同必修爲四門 12 學分，分列如下：

台灣文化研究導論　　　一上（3）
台灣語言通論　　　　　一上（3）
當代西方文化理論選讀　一下（3）
碩士論文　　　　　　　二上、下（0）

另兩門共同選修爲：

台灣文獻導讀研究　　　一上（3）
文化人類學　　　　　　二下（3）

分組的精神在於各組須選修本組科目 16 學分，及選修「共同選修科目」或他組科目 6 學分，共 34 學分。因此共同選修並非必選科目，而視爲共同的學術基礎科目。以上六門（共必與共選科目）其實即本所課程設計的精神，可以看出本所是從文化組的基礎課程出發，再作三組的分工，希望向深厚的文化學訓練（必修佔二門，共選佔一門），去研究台灣的語言文學。目前這種整合尚在實驗階段，在開課上力求三組平衡，也必須考慮校內外所的選修及跨校選課之必要。由本所每學期均有八位兼任教師及二至三位校內支援教師，並尋求更多的專業兼任教師，可以看出整合的第一步是網羅天下精英，才有可能在這個台灣人文系所林立、師資有限、求才孔急的競逐中，力爭上游，創造新的台灣人文學的整合模式。我們正在眼觀四方，匍匐前進。

九、結　語

本文撰寫之目的，本擬作爲《我國大學台灣人文學門系所現況調查彙編》的緒論，以便在各組研討之前作一概況的分析，不作價值判斷。但由於資料的不齊全及寫作時間不足，僅就前四類系所的課程架構及師資現況兩項作出概況說明，恐難達成原始撰作之目的，只有期待研討會後，再作全面之補充。

原載姚榮松等編輯《我國台灣人文學門系所之現況與展望研討會論文集》頁 15-30，國立台灣師範大學台灣文化及語言文學研究所主編、出版，2005 年 10 月。

迎新送舊話成長

「台灣文化及語言、文學研究所」今年第三屆招生，每一組錄取四人，比去年的每組五個人少，其實沒有減少，今年試辦甄試入學，報考九人，錄取了洪儷嘉（師大英語系應屆）、林佳怡（台大中文系 90 級）、楊順明（東吳中文系 68 級）三位。第二屆錄取生黃清榮，因故未能報到，今年捲土重來，又錄取了。第一屆十人中，張雅惠赴日進修一年，第二屆的張雯華因同時考上南湖高中教師，不能放棄應聘，因此辦休學，今年可望正式就學，可是又有黃千芝同學，上到期末辦休學。今年入學名單，楊順明是有名的詩人羊子喬，李南衡是台語工作的老先覺。看起來，本所的走勢應該長紅。

第一年迎新，負責籌劃的人是文學院王秘書心蕾。籌備期間多虧王秘書的不辭辛勞，並找到國文系剛畢業的吳佩娟小姐擔任行政助理，這一年半的辛苦，都是莊所長一手撐著，包括空間的爭取、規劃，一切甘苦皆寫在本所「成立經過」中，莊所長最重視歷史的第一次，因此書曰：「由曹永和院士在五坪小教室（即博愛樓十樓 1031），上本所歷史性的第一課。」曹老師年逾八〇，鄭良偉教授年逾七十四，莊前所長也邁向六十六。歲月不饒人，卻一步也停不得，莊教授自去（2003）年八月榮退後，又擔任長榮大學台灣研究所籌備所長，短短一年規劃出一個嶄新的南台灣的台灣研究新重鎮。進入第三屆，師大台文所將慢慢從新成立獨立所的名單中被淡忘，雖然空間仍舊困難，在楊前總務長壬孝的關愛下，才在綜合大樓九樓增加一個套間，分兩間教室，這是在都市叢林中得到的寸土，堪告慰于前所長者僅此而已。也感謝國語中心鄧主任，將705每天下午空下來給我們專用。

記得第一屆迎新會在綜合大樓504室舉行，老師有莊所長、曹院士、趙天儀教授、許俊雅教授和本人「五位老師迎十個學生」，接著在十一月舉行本所揭牌儀式，並舉辦「台灣本土教育的規劃與展望研討會」。全所十人上下，沆瀣一氣，效率高。十三行博物館的校外教學，二二八牽手護台灣在國父紀念館擔綱，為第一年點綴得生氣虎虎。看一下所徽設計：

L和C加上接符台灣圖，構成「台」字的行書。而L既可代表Language也代表Literature，C正代表Culture整合語言、文學合成的文化研究，必須立足或憑恃台灣。正是本所立所精神所在，也就是「建構台灣思想」、「推動主體價值」。李前總統本年三月十九日蒞校在「第四屆台灣文化國際研討會」的開場演講中提出「台灣意識不能有漂流思想」，換言之，獨一無二的台灣，永遠是我們生死以之的中心價值。

93年6月，莊前所長已做了屆齡退休的打算，希望我接任所長一職。凡人皆眷顧「天下第一系」（國文系），那裡學生多、資源富，比方說自己熬了三十年才有一間獨立研究室，但眼前是台文所有缺，我為何想合聘，腳踏二條船？說穿了是利之所在？系教評會沒有同意我合聘，我就成了台文所專任教授，經營這個「鼻屎大」的新所，許多人向我道賀，因為這裡海闊天空，沒有陳規，一切自創，我已認識到這一點，因此，就在93年8月2日台灣師大各單位主管聯合交接典禮上，從黃光彩前校長手中，接下莊所長給我的重負。這一年裡我做了幾件堪稱有進展的事，而兩場學術研討會不與焉。

1.九十三年八月份新聘林思如小姐擔任行政助理，原助理吳佩娟考到國中教師新職。聘到臨時工讀生湯乃璇小姐接替爲進修而離職的陳俊男先生。校內工讀生則有碩士班獎學金工讀及一位國文系三年級的莊子儀。

2.九十三年九月二十三日本所「專業技術人員聘任準則」經本校教評會第200次會議通過，十一月五日本所93年度第一次教評會通過下學期新聘作家李能祺（李喬）擔任兼任教授，開設「台灣文化史專題」，其代表作《文化・台灣文化・新國家》（春暉出版社）經校外兩位名教授審查一致通過，經提交文學院第96次教評會全票通過，並提校教評會94.11.17日第201次會議審查，14位委員出席投票結果爲九票同意，三票不同意，二票廢票而決議爲「因未達出席委員三分之二以上同意，不通過。」案經陳校長裁示：「未達三分之二之同意票仍有商榷空間，可視爲九票，請人事室提會覆議。」按依實際人數的2/3是9.333……。人事的慣例爲十票才是 2/3 以上。此本無疑義，而黃前校長的認知其實是希望人事的解釋權鬆綁，校教評會也宜個別考慮獨立系所目前所需特殊人才的用意，正因爲作家李喬（同時也擔任國策顧問），寫作大河小說聞名當代，並出版文化評論，著作甚多，經過數十年的觀察分析（如《台灣人的醜陋面》、《台灣運動文化困局與轉機》、《台灣文化造型》、《文化心燈》等），適合開一門「台灣文化史專題」，從作家兼文化人觀點，應能符合期待，但是校教評是由教務長及六個學院院長爲當然委員，另爲不擔任行政職務的各院教授代表，理應有一定的超然與公正，首先必須尊重各系所教評會及院教評會全體委員的認知，換言之，台文所的兼任教授已經在院教評會全票通過下，卻遭到校級教評委員三票反對、二票棄權之命運，如果排除文學院三票（院長加兩位各系代表）同意票（因院教評會的全票通過，當然可做如此假設。）那麼其他五個院長及各院代表中既然有五票不認同文學院教評會之審查，究竟他們憑什麼認定李喬不適合教這門課，或其成就不足以等同教授級專業人員，而必須貶爲副教授或講師而後快，李喬曾獲台灣文學、文藝、評論、社會科學人才，台灣文學特別貢獻獎等八種獎，符合「聘任準則」中教授級專業人員之資格。系、院無疑義。其短篇小說全集十冊，八十九年由苗栗縣文化局出版。相關的文化論述近十種，加上經典的大河小說《寒流》三部曲，其他著作一整箱俱在教評會會場，仍然無法受到校級委員的尊重。由於校教評堅持凡本學期不通過，祇能下學年再提案，沒有覆議的成例，換言之，黃校長認爲票數的商榷空間就是只差一票，應該在覆議時針對提聘系所的說明，重新考量該項人事案的合法性，以解決本所已經開課的燃眉之急，結果 94.1.26 第 202 次校教評會雖聽取本人之說明，仍然作成不能覆議之決議，這是校教評會對本所人事案的不公不義！我們不願揣測作成如此荒謬決議，無視學術倫常的校評諸公，究竟是否受到政治干預，平心而論，個人已秉公處理，感受到在一個學風保守、沈痾已重的師院體系內，改革的力量不堪一擊。同樣，沒有學士學位的作家葉石濤卻獲成功大學頒贈榮譽博士，再特聘爲講座教授，而著作爲新一代作家之冠的李喬，任教中小學四十年退休，七十歲高齡仍願走入學院講授一門課，卻因格於形勢徒呼奈何，個人真對不起李先生，因爲他本無所求，是我判斷錯誤，急於找他來開課，才惹此塵埃，而李先生竟一笑置之，且勉勵我說：「儀式辦完了，就當什麼事也沒辦過。」光憑這句話就足以警醒那些只有法規的教評委員大人。這件事是成事不足，敗事有餘，記之以惕來茲。

3.本校 95 學年度「配合國家重大政策請增員額、經費系所班組」申請案，受理領域包括「台灣研究相關系所教師在職修碩士學位班 15 名（指國立大學院校核撥師資總員額）」，本所合乎「申請設立碩士在職進修專班者，須已設立相關碩士班兩年以上」之規定，乃於 94 年 1 月 17 日向進修推廣部提出「增設台灣研究及母語教師在職進修碩士學位班」計畫書，擬招收台灣研究組 15 人，台灣母語師資組 20 人（分兩班上課），擬聘師資 4 員。經進修部 94.2.2 部務會議通過，並送請教務處提校務會議通過報部。

4.94 學年度招生本所仍招收十五名，唯部分採推薦甄試入學，本年度決定錄取三名（各組一名），共有九名考生申請，採書面審查及面試兩階段，共錄取洪儷嘉等三名。

5.94 年 4 月 22 日出席教育部第二屆本土教育委員會，報告目前各大學院校、系所，有關台灣史教學現況，本所提出「我國國內大學台灣人文學門系所之現況與展望研討會

（94.1.8-9）」教部委託專案總結報告 39 頁，並提出十二項建議，其中建議國家圖書館籌設「台灣研究中心」已由杜部長責成國圖「漢學研究中心」規劃，國家圖書館已於 94 年 5 月 27 日邀包括本所莊萬壽教授及本人出席籌設「台灣研究中心」座談會，並已於 6 月 3 日完成籌設「台灣研究中心」計畫草案。

6.本所九十四學年度擬增聘助理教授級以上專任教師一名，本所已於 4 月初在自由時報、台灣日報刊登徵聘啓事，並透過師大首頁、青輔會、國科會網頁等公告。4 月 25 日截止收件，共有十二名具有國內外相關科系博士畢業生應徵申請。經 4.29 日第四次所教評會初審五名進入複審，包括由校外委員論文審查，並於 5 月 16 日召開第五次教評會，進行學術與教學報告面試，五位中選兩位最優者，進行投票，最後決定聘請廖振富副教授爲專任教師。廖振富教授民國 86 年畢業於本校國文研究所，博士論文爲《櫟社三家詩研究》，近作爲《櫟社研究新探》（正由國立編譯館出版中）。近年有關台灣古典文學論述頗豐，著重文本，並可爲本所新開《台灣古典文學研究》、《台灣文學史》等課程。該聘任案已於本月 13 日院教評會通過，並送本月 15 日九十三學年度第六次校教評會通過。同時通過本所新聘施翠峰、李筱峰、范銘如、陳茂泰、陳培豐等五位兼任教授。

7.爲響應本校學發處 94 學年度「學術研究計畫補助」計畫徵才重點（二）語言、文學與文化研究及（三）台灣研究。兩項議題均爲本所研究之重點，乃由本人擔任計畫總主持人，並請許俊雅教授擔任協同主持人，提出整合型的計畫構想書。

計畫名稱爲：語料、文本與台灣文化史之建構

五個分項計畫名稱及主持人分別爲：

1.從 1888-1948 年教會公報的文學詞語探討台灣文化特質

（主持人：李勤岸助理教授）

2.由台、華、英、成語、俗語、諺語互譯進行語言文化對比研究

（主持人：曾金金副教授）

3.從台灣地名的語言層次與變遷探討台灣多元文化的疊置現象

（主持人：姚榮松教授）

4.從台灣旅遊文學的作品解讀台灣文人的國族想像

（主持人：許俊雅教授）

5.清代台灣方志中有關庶民消費生活之書寫

（主持人：蔡淵洯副教授）

計畫期限爲二年，總經費概算爲二百四十五萬元新台幣，希望能獲得審查人之青睞而入選，本所若能推動類似之整合型計畫，相信對今後學術及教學，均有提升之作用，更期盼在實踐中，提高本所之競爭力、台灣人文學門的領航地位。

本所爲加速國際化之競爭力，自九十四學年度開始招收外籍生，本年度核准錄取名額二名，共有四位日、韓學生申請入學，經過本所組成三人評審委員會，對申請資料進行書面審查評分，尤重其學術背景及學習參與台灣文化、語言、文學經歷及華語文能力之評估。決定錄取二名，一爲日籍的石原武峰，畢業於日本國立東京學藝大學多語言多文化學系。另一名爲韓籍的朴美熙，畢業於韓國首爾市淑明女子大學中語中文系，副修史學。

迎新是本文的主題，由於第一屆的學長，都在今年 5 月底才提出論文研究計畫之申請，即使早已申請計畫者，目前尚未申請碩士論文考試，因此今年並無畢業生，唯一要歡送的是莊所長的榮退，去年八月辦理退休，仍然在本所兼課，並同時規劃了兩次學術會議，讓我們彷彿忘了他是兼任，九月十九-廿一日的台灣文化國際研討會落幕後，又忙於結案，幾乎忘了退休是生命的一次大躍進，無論如何要辦一次學術演講會，讓他把四十年的學術心路，一次傳承給本所的師生，這就是榮退一年後，才辦歡送會的理由。我心裡不願他退，因莊老師正是台諺所謂「大欉樹仔好蔭影」，我寧願他永遠退而不休，因爲我正乘著莊老師的蔭涼，才有一年來差強人意的成果。我們覺得莊老師永遠是台灣文化的燈塔，他不僅照亮台灣師大台文所，也照亮了每一個需要的角落。

本文原見於台文所 94 學年度新生座談會手冊 94 年 6 月 21 日晨四時於博愛樓

閱讀無數山　重逢新李喬

— 序《李喬的文學與文化論述》

緣　起

這本論文集將是台灣文學研究的一塊較大的里程碑，原因不只是篇幅稍大，對於當代台灣文學作家的國際學術研討會，議程三天，並且在台北及台南兩地舉行，恐怕是前所未見。更重要的是與會的學者，不論主講或討論人，均爲國內外台灣文史界的精銳，針對李喬先生的主要作品，從文學創作（長短篇小說）、文化評述、影音製作、作品外譯等四個面向，進行深入而緊湊的討論，文學批評與文化論述，往往需要從多角度反覆辯證，我們發現集結在這裡的論文，多數擲地有聲，短短三天的發表與討論，時間卻仍感不足。李喬先生就像一位用功而含蓄的研究生，聚精會神，神采奕奕的全程參與三天的議程，其中有兩場分 AB 場，被迫只能選一場聽講，誠非得已。本來應該敦請作家親撰與會感言作爲序文，以光彩論文集，但是我們的主角選擇沉默，正如在開幕式已表明，作家本人在這次研討會的角色，就像剝光衣服躺在解剖台上，心肝肺腑，將一覽無遺，「隨在你啦！」，哪有被解剖者跟醫生對話的道理？事實上，我們觀看這三天的全程錄影，李喬先生僅三次被主持人點名講話，分別是第一天在師大的開幕式，第二天第四場 B（許俊雅主持），第三天在長榮的綜合座談（莊萬壽主持），會後我聽到李喬「老師」（會場中多人如此稱呼）表示本次會議論文水準甚高，理論充分，但是「大師」心中自有一把尺，他認爲論文集不必全收，總要取精用宏，因此我們進行匿名審查，好不容易汰去兩篇。也許並不符嚴格的審查要求，但對主辦者而言，我們卻珍惜每位與會者嘔心瀝血的成績單。

為什麼是李喬

2007 年 4 月 27-29 日這場名爲第五屆台灣文化國際學術研討會的學術盛筵，主題是「李喬的文學與文化論述」。由台灣師範大學台灣文化及語言文學研究所與長榮大學台灣研究所合辦。爲什麼大會選定這樣的主題？說來話長，要從 1995 年 4 月李喬在台灣師範大學「第一屆　台灣本土文化學術研討會」發表論文〈台灣主體性的追尋〉談起。這是李喬首次應台灣師範大學人文教育研究中心之邀請，發表論文。1996 年 4 月「第二屆台灣本土文化國際學術研討會」，李喬發表了「當代台灣小說的『解救』表現」。同年 5 月受邀擔任台灣師範大學 1996 年春季人文演講（駐校作家），由人文教育中心舉辦「李喬週」活動。1996 年 12 月 25 日出席了　臺灣師範大學國文系、中央日報主辦「解嚴以來台灣文學國際研討會」，發表「台灣文學主體性探討」一文。由此可見，李喬有關台灣文學主體性的建構，自 1995-1999 年，有三篇重要論述在師大發表。2003 年台灣師大也在莊萬壽教授的籌劃下，成立了國內第一所整合型的「台灣文化及語言文學研究所」分爲文化、語言及文學三組招生，以培養台灣研究的通才與專業並重爲教育方針。1999 年本人承乏所務，莊前所長爲延續人文教育中心已舉辦三屆的台灣本土文化學術研討會（1998 年第三屆國際會議與政大民族系合辦，主題爲台灣原住民文化教育），並繼續深化本校台灣學研究的火種，建議由本所接辦第四屆台灣文化國際學術研討會，以示薪火相傳，會期爲 2005 年 3 月 19-21 日。由於莊教授已自師大榮退後，受聘長榮大學擔任台灣研究所之籌備工作，因此建議由本所與該所合辦，本屆主題延續李喬 1995 年的基調 — 台灣主題性的追尋，定爲「台灣思想與台灣主體性」。並由台灣哲學會協辦。會議邀請李前總統登輝在開幕式上致詞，強調「凝聚生命共同體意識」與「新時代台灣人的主體覺醒」。李喬先生在會中發表〈台灣思想初探〉一文，並在長榮大學發表專題演講「台灣主體性與台灣思想」（三月二十一日第三天議程）。

鑑於李喬曾出席了前四屆的研討會，2005 年 9 月間，在莊前所長的建議下，我們決定以作家「李喬」作爲第五屆台灣文化國際研討會的主體，並且在研討會計劃書中列出下列的理由：

> 本次會議之所以選擇李喬先生為研討會主角，主要有以下幾點重要因素：
>
> 1.李喬的作品已經有部分譯成英、日文，為提高國際能見度，本會希望透過國際學術會議將臺灣作家向更廣泛的世界介紹，達到本土化與國際化的雙向交流目的。
>
> 2.臺灣知名作家中，如鍾肇政、葉石濤、鄭清文、柏楊等人，均已辦過多次國際學術研討會，惟獨李喬先生尚無類似研討會議舉辦。李喬在 1956 年發表了第一篇小說

——〈酒徒的自述〉之後，中短篇、長篇等作品大量產生，1968 年並以〈那棵鹿仔樹〉獲第三屆台灣文學獎（後來的吳濁流文學獎）。1981 年再獲第四屆吳三連文藝獎小說類。除了小說方面的文學創作外，緣於對台灣的關切，也發表一些評論著作，探討台灣人、台灣文學、台灣文化等種種問題，提出許多深刻的見解。因為有這樣的深思與睿智，繼台灣文學獎、吳三連文藝獎之後，在 1993 年李喬又得到巫永福評論獎的肯定，集創作與批評於一身，兼作家與思想家之雙重身份。接著在 1995 年獲台美基金會社會科學人才成就獎。綜觀李喬的著作的質量與社會活動力方面都不在前人之下，所以應該更值得受到重視與討論。

3. 李喬自從第一篇著作問世以來，歷年創作不輟，已經累積有上千萬言，可謂著作等身。而且文體多元，角度廣泛，誠如 2006 年國家文藝獎評審所言，李喬的小說是：「題材多元廣闊，不僅反映台灣社會生活的現實面，同時充滿形而上的哲學思考，寫作形式多樣而富實驗性與變化性，具有社會關懷及人文視野。」影響勢必更長遠，值得大家深入探討與系統分析。
4. 李喬身具客家血統，且長期投入客家文化推廣運動，所著文化評論多所創見，不但是臺灣文學史值得探究的一頁，也是客家文化史功不可沒的前輩。

作爲土生土長的客籍作家，李喬自一九五九年發表第一篇小說，迄今近半世紀，其中短、長篇作品大量問世。一九七八年開始創作《寒夜三部曲》，是臺灣文學史上大河小說的一部巨構。除創作外，兼爲臺灣文學評論家及文化評論家，長期對臺灣人的成長歷史，臺灣文化的重建，臺灣主體性的追尋，論述不斷。李喬在當今作家中的跨文學與文化的兩棲作戰，是無人能出其右的。在獲得八種海內外文學、文藝評論、文化社科人才成就諸項獎後，去年（二〇〇六）獲得藝文界最高榮譽的國家文藝獎。其文學與文藝評論已充分具有國際知名度，因此以李喬作爲台灣文化研究的主題，對於台灣文化主體的建構具有深遠的意義，這也是我們以之爲研討會主題的原因之一。

怎樣的李喬

基於上述的理由，本次會議的目的，希望藉此探討李喬的作品特色與價值，同時也探討李喬創作以外的文學理論及文化運動者的多重角色，我們列出以下的徵稿子題：

1.李喬的文學創作（含長短篇小說、散文、詩、戲劇等）

2.李喬的文學批評

3.李喬的文化、思想評論

4.李喬與當代社會思潮、台灣社會運動

5.李喬與當代台灣作家的比較研究

6.李喬作品的外譯問題。（本項只對海外學者約稿）

作家李喬首先是一個文學人，而且自成一家，有其特殊風格。通過作品的分析，突出作家的風格，是最古老的批評方式之一。有關李喬小說的評論，隨其數十年的創作不斷，已累積無數篇什，小說自選集或他選集的出版，通常會附上「評論引得」，再透過專書集結若干評論，無疑是方便讀者、研究者的文獻工作，苗栗縣立文化中心，2000 年出版了《李喬短篇小說全集》10 冊，另加資料彙編一冊，對李喬文學的傳播及研究，立下了汗馬功勞。通觀本論文集，專以單一短篇小說立論的不過五篇，另一方面，長篇小說相對受重視，《埋冤・一九四七・埋冤》有三篇論文，《寒夜三部曲》也有二篇論文，《情天無恨》《藍彩霞的春天》則有合併討論之實，如果加上兩篇探討《重逢夢裡的人》，可以說本次會議，深化了李喬長篇的研究，而這些探討，又以不同的主題呈現，比方陳建忠比較了李喬與林燿德二本「一九四七」的敘事之差異，楊翠從三個長篇中論李喬小說中的「女性塑像」，陸敬思從「寒夜三部曲」看出台灣歷史的社區發展並突顯了「孝與命」的觀點，都可以看到，李喬小說的研究變成了台灣文化史的探討，這跟李喬作品的「宏大敘事」大有關聯。

文學的李喬

欣賞文學李喬，千萬別錯過三木直大與鄭清文兩篇主題演講。鄭清文和李喬這兩位情同手足的作家，對彼此身影的「熟悉度」，應該可以「千載知音，難得共時」來形容，所以鄭的演講幾乎是不作第二人想的推薦名單。至於三木直大教授的演講卻出於筆者之「慧眼」，個人與三木先生素昧平生，卻深為其論文題目所吸引 ——「李喬文學中的現代性、鄉土性、大眾性」，一方面作為李喬《寒夜》日文版的共譯者（另一位為岡崎郁子），筆者相信這篇論文可以代表李喬文學的諸多面向，也能代表一位國際學者研究李喬文學的高度，相當符合大會的主題，就私下徵求三木教授的同意擔任第一場專題演講，感謝三木教授的勉為其難，還勞動陳玫君小姐擔任口譯，成爲本次會議唯一用日語宣讀、中文口譯的一篇論文。三木教授指出用現代性、鄉土性更能走出「現代主義文學」「鄉土文學」這些相對概念的多義性，並且從讀者閱讀的角度，重新界定了「大河小說」的視域，已爲李喬文學批評打開另一個窗口。

鄭清文演說的論述方法簡明而清晰，就是「演講大綱」的兩句話：

臺灣文學的特色是：鄉土，寫實，反抗，歷史。

臺灣的許多作家，大致是依著這些特色建立台灣文學。

於是鄭清文從〈人球〉開始，列舉了〈山女〉〈鱒魚〉〈我不要〉〈修羅祭〉〈回家的方式〉〈孽龍記〉〈大𧋍〉等短篇，《結義西來庵》《埋冤・一九四七・埋冤》《寒夜三部曲》《情天無恨》等長篇，論證了他的觀點，這些作品裡包含鄉土、寫實、反抗、歷史四種特色，因此李喬文學可以作爲台灣文學的代表之一，是全方位的，更確切地說，這是台灣許多作家共同依循的特色，也因而共同建立了台灣文學，文中提到前輩作家賴和、楊逵、張文環、吳濁流、鍾理和、鍾肇政等，以寫實爲主軸，由鄉土入手，不論是日治或國民黨統治，反抗是「文學者的良識」，拿吳濁流的《亞細亞的孤兒》和李喬的〈人球〉作爲對比，他說，吳濁流把寫好的作品藏起來，李喬卻拿出來發表，這是很大的差異。「李喬將很多真意隱藏在作品裡面」李喬將〈人球〉的重心放在退行的現象，這是障眼法。〈人球〉寫的是，在沒有自由，沒有自尊的情況下，人的退行、人的畏縮。這是人在某種情況下，欲哭無淚的悲情。

我們看到了鄭清文式的文學批評，全文的焦點是回答了「台灣文學是什麼？」這個大議題，「就是台灣人寫的文學」，這不是狹隘的排他主義者的定義嗎？不是，鄭清文接下說「只要承認自己是台灣人，所寫的文學就是台灣文學。」這也界定了有些在台灣住了四、五十年的作家，他們寫的作品是不是台灣文學的問題。從他的論述裡，看到了台灣文學的博大高深，李喬文學具備了所有特色，可以視爲典範，台灣文學於焉確立。個人從大學三年級以後是文學的逃兵，更不懂台灣文學的定義，讀了李喬、鄭清文的作品後，現在我懂了，而且還有一股「回家」的衝動。鄭清文演講的末段利用登山作比喻，他說：

> 要了解李喬的作品，也許，也需要爬一點山，需要一點山的高度。

又說：

> 李喬的文學，不要說面，至少有幾個點，也的確達到了台灣文學的高度。

林鎭山和江寶釵爲鄭清文國際研討會論文集取名爲「樹的見證」；個人想：「李喬文學與文化論述」的論文集，也許可以取名爲「山的高度」，命名權應該歸鄭清文。李喬與鄭清文小說的比較，有李進益之專文，李喬與鍾肇政的傳承關係，也有錢鴻鈞的論述。

文化的李喬

收在論文集的二十四篇論文，大約有十四篇涉及文化議題，僅有十篇純就文學層面論述李喬，如果加上的兩篇專題演講，我們可以說文化與文學論述的比重是 14：12，這個比例恰恰可以說明本次研討會論文的取向，固然有些撰稿者是李喬建議的名單，但是題目是作者自訂的，有十位由徵稿錄取的年輕學者，都是台灣文學、語文系所的助理教授及近兩年出爐的文學博士，唯一的博士研究生紀俊龍，則是碩士論文就開始了李喬文學論述。研討會不可能網羅所有的李喬研究者，但是學院派的李喬研究已逐漸形成隊伍。早期的學位論文都集中在李喬文學作品的探討上，文化論述的探討相對的少。

由本次會議論文的取向：討論長篇小說多於短篇小說；短篇小說也多涉及文化論述，正好說明李喬研究的轉向。例如：周慶塘就分析了八〇年代五篇膾炙人口的「政治小說」（小說、告密者、泰姆山記、薛龍記、死胎與我），綜合作家寄寓文化理念的具體成果；盛鎧〈共同體的失落〉是短篇小說〈兇手〉的社會學新詮；趙映顯把李喬〈小說〉裡的「雙重殖民地性」延伸到「反抗」的具體實踐，說「李喬通過〈小說〉追求破壞時間上的同時性，進而破壞以大陸爲中心的想像共同體。」真是別出心裁的「閱讀策略」。林開忠與李舒中共同探索了李喬「反抗」論述的原委，他們則以《藍彩霞的春天》、《告密者》爲文本，試圖指出李喬文學作品中的後殖民現象，同時呈現台灣殖民性的詭辯色彩。楊翠〈「大地母親」的多重性〉中，也見證了「反抗之必要」。我們看到顯微鏡中的李喬「反抗」文學之筋脈。游勝冠將李喬 1998 年的《台灣人的醜陋面》視爲台灣本土源遠流長的後殖民論述之一種，進而思考如何理論化爲一部台灣人精神史。張修慎論及李喬文化論述與戰前台灣文化論述的接軌問題。馮建彰則以「台灣現代性的未竟之業」，把李喬社會文化評論看成民族誌書寫，兼論其書寫技術之未盡完善，以這樣的文章殿底，正好表現李喬文化論述的永續性，可以不斷延展。

特別要推薦兩篇文化論述。一是陸敬思〈從《寒夜三部曲》

透視了番仔林社區〉是傳統文化的縮圖，提出「命」和「孝道」在李喬小說人物中的關鍵地位，從而看到「台灣歷史上一個社區的發展」，這是何等深刻的見解。另一篇同屬客籍的台灣歷史界大老李永熾在第一篇論文中，即爲李喬的文化論述做了破題的工作，他指出：「台灣文化在過去四百年都在他者的異化下失去主體，換言之，他者變成主體，主體變成他者，這種價值觀顛倒情境，一般人雖略有所知，卻不是安於現狀，就寧願被馴化。李喬是個有主體性的人，他不能安於此，也不願被馴化，乃爲台灣文化展開顛倒的再顛倒，以恢復台灣文化的自我。」具體的步驟即「以此爲基礎建立國民共同體，由國民共同體型塑台灣新國家。」

影音李喬

李喬是個活力作家，用筆他刻畫了《台灣人的醜陋面》（1988）、《台灣文學造型》、《台灣文化造型》（1992），也點了《文化新燈》（2000），他的更大意圖即爲國家造型（《文化、台灣文化、新國家》，2001）。他的文學文化論述有大量的短評形式在報刊發表，最近苗栗縣政府國際文化觀光局集結出版成《李喬文學文化論集（一）（二）》（2007：10）。這些還不夠，李喬運用口說，用影音創造李喬文學的大眾性，那就不止於文學，而是「文化論述的社會實踐」，李喬節目成爲客家電視台的瑰寶，李喬當然是主持自己的節目，包括《大愛客家週刊》（1998-2000 年）、《文學過客—說演劇場》、《李喬現場》，前後八年。

這些節目，完全被劉慧真如實做了文本紀錄，也進行初步分析。節目從大愛電視台、公視，做到客家電視，其中最令人激賞的莫過於《文學作家》(26 集，描述 25 位台灣文學作家及一個客籍詩人的合集)，劉慧真以製作人的身份，指出這個節目的意義在於：台灣文學、客家發聲，同時也是台灣多元環境的呈現。影音李喬另一個高峰是《李喬現場》，播出 195 集(每集 30 分鐘)，其中收視排行前 20%者有 38 集，每集有 1-2 位來賓，議題攸關時局或客家族群權益等，李喬不止書寫歷史，他活在當下，「以行動證成其文化論述絕非書齋內的空想。」

論述祇此一篇，不嫌少。

世界的李喬

詩人杜國清教授是這次會議的顧問之一。在美國加州大學聖塔芭芭拉分校主持台灣文學研究中心，並主持《台灣文學英譯叢刊》的出版，已達 22 期，每期有一個主題，可能是目前台灣文學英譯的最主要刊物，研討會籌備一開始，我就向杜教授請教李喬《寒夜》的英譯者，從中得知在英國的劉陶陶與美國的陶忘機，先後從事英譯《寒夜三部曲》的訊息，但是我祇聯絡上陶忘機教授，並向他邀稿。有關日譯的部份，也由黃英哲教授的協助，找到了岡崎郁子與三木直大兩位教授，本來希望他們都能出席，兩位都回應了論文摘要。同時杜國清教授也介紹了陸敬思，他本人也堅定出席，我想正可以排出一個專題場次，就是「台灣文學外譯的回顧與前瞻：以李喬《寒夜》爲例」，當時還想邀請齊邦媛教授做個專題演講或主題談話，可惜事與願違，陶忘機教授時間似乎「喬」不過來，岡崎教授也因個人因素無法成行，這個專題就由杜國清教授來主講了。

杜教授「從李喬作品探討台灣文學的外譯問題」，提出了五個論點：（1）什麼是台灣文學？（2）台灣文學的主體性與傳統；（3）李喬作品與台灣文學的主體性；（4）李喬作品在翻譯上的問題；（5）台灣文學外譯的展望。

除了討論人李奭學的翻譯觀點外，這一場也有主持人陳芳明的對話，我們必須重申，李喬作品外譯必須歸功於前述幾位外國學者，但是爲什麼不是由台灣文學館甚或文建會來主導呢？國內的暢銷書外文中譯者不在少數，相對的中書外譯的耕耘者太少，能否由各大學的翻譯研究所組成一個「台灣文學外譯中心」，進行有計畫性的台灣文學名著出版計畫，我們在這裡寄希望於未來的大有爲政府，珍惜台灣文學的外譯，台灣文化才能走出去，台灣的能見度才能提升。

文章僅此一篇，聲音已經出來了，不嫌少。這條路還有得走，我們期待另外展開台灣文學外譯爲主題的研討會來推波助瀾。放眼國際的「李喬學」，這是一個新的出發點。

朝向文學聖山

我最欣賞的李喬文學主題是「回家的方式」系列，李喬果然回家了，2005 年 4 月由印刻出版《重逢夢裡的人—李喬短篇小說後傳》，成爲李喬小說的自註，這真是轟動文學後生，這下慘了，李喬短篇小說的研究者不是要「掛筆」、「吊鼎」了嗎？不用怕，許素蘭和紀俊龍分別討論了這本書，一個從「後設意圖」去解析李喬玩的遊戲，一個正經八百地耙梳李喬夢境中出現多方交流的多層命題。

李喬選取過去三十七個短篇小說，進行後傳，無非要證明小說的人、事、時、地、物都是有憑有據，偉大的小說家是不向壁虛構的。〈泰姆山記〉串聯了歷史文本，也串通了大河小說的文本，陳龍廷、陳鴻鈞的論述，使我們爬到了文學聖山的峰頂。總之，這個論文集字字珠璣，拙文未暇點名的還有多篇，就留給讀者個人品味吧。

感謝與展望

這個論文集的完成，首先要感謝文建會、客委會、國科會、教育部及台灣師範大學術推動組，尤其要感謝莊萬壽教授從頭到尾的敦促與參與，大會總幹事廖振富教授的指揮若定，鄭瑞明所長主持長榮議程的完美無暇，並撰寫一篇宏觀的序言；尤其要感謝文建會給予充裕的出版費，又容忍因個人編輯經驗不足，所造成論文集出版之延宕，沒有這些助力，我們不可能有這種成果。

編輯過程中，本所陳龍廷老師的執行編輯，爲版面、封面均費神甚多，助教胡珍瑜小姐全程負責行政業務，包括和出版社的聯繫等，辰皓國際出版製作有限公司的不計工本，也都是本書的功臣。個人也慶幸能主持這場研討會全程計畫，爲台灣文學的推展，略盡棉薄之力，衷心期待「李喬學」的加速日程，形成台灣文學界的領航燈。

姚榮松　敬述於台灣師大台灣文化及
語言文學研究所　二〇〇七年歲杪

原載《李喬的文學與文化論述》一書，為 2007 年第五屆台灣文化國際學術研討會之論文集。姚榮松、鄭瑞明主編，台北市：師大台文所；台南縣歸仁鄉：長榮大學台灣研究所出版。2007.12

懷 人 篇

懷念阿母（台語）

阿母郭氏諱世，民國九年（一九二〇年）七月十七日（農曆庚申年五月初二亥時）佇雲林縣斗六鎮下柴里庄出世做郭家个大查某囝，外公諱啓房是一个樸實个田庄人，播田割稻以外，閣會曉歕吹挨絃，隨團演奏，兼賺外路，生活袂講外艱苦才著（ciah4-tioh8）。阿母排第四，頂懸有三个阿兄，外媽真爻做針黹，阿母嘛自細漢著會曉紩（thinn7）衫紩紐，時常佮兄哥鬥陣作穡，沃菜挽瓜，挲（so）草（除田中草）絪（in）柴（捲乾草綑），逐項攏真伶俐。

阿母二十四歲嫁來隔壁庄頭溫厝角做姚家个大新婦，姚家是一个大家族，種作幾甲地个田園，頂頭有乾家官（翁姑）佮老祖媽（曾祖母），下面有四个細叔佮三个細姑仔，閣拄著空襲爆擊个戰爭尾期，民生凋敝，阿母初入門，著愛面對一家十幾人个大口灶，煮飯、洗衫、飼豬、拾柴，大小項空課，暝日做無停，阿母真認份，孝敬長輩，盡心盡力，攏毋別有加句話。

民國三十五年，榮松拄出世無到二個月，阿公續來棄世。進前姚家猶閣有一件大代志，就是佇公學校教冊个叔公，爲著查某阿祖（曾祖母）叫伊辭掉空課蹛厝捍家業，煞予日本人徵調去南洋充軍，後來聽講佇戰地失蹤，尾仔並無轉來。隔轉年，阮查某阿祖嘛無去。一个大家族佇兩年內經歷了世代交替个轉折，阿媽佮嬸婆是兩大房个視大人，阮阿爸是大囝，大房祖業經營个重擔雄雄著落佇伊个肩胛頭頂，阿母嘛無輕鬆，除了奉待乾家，照顧細叔、小姑以外，愛閣育飼家己个心肝囝。好佳哉！阿媽（祖母）真儼硬，勤儉持家，捍頭真在，嬸婆嘛因爲有五叔過房，承歡有時，對我這个新生侄孫，特別痛疼。

民國三十九年，阿母三十歲，三月姚家大房分家火。阿爸分著祖公仔留落來个甲外地田園，火力才出世四個月，阿母欲育飼二个囝，閣欲佮阿爸落田作穡，內外兼顧，干礁（kan-na）煮食對大口灶變細口灶，實在嘛無加較輕鬆。細漢時，阮對阿爸个印象是伊有較恬靜，毋拘伊足愛畫圖，少年時伊著有想欲做畫家，佇迄个大家族這是一種夢想，自從分隨人以後，伊有家己个自由，少年時無法度實現个願望，嘛得著起碼个滿足。阮會記得伊尙介輒畫圖个所在，就是坐佇眠床頂，利用後窗檯面，就畫起來。有時干礁用一本手記簿，一枝鋼筆，伊嘛會湠（tang3）畫規晡，遮个手記簿中个小品畫作，阮細漢時真合意，可惜阿爸攏無留落來，干礁留佇大廳壁頂掛咧迄三幅畫，也會用得講是伊个代表作，題作：「鐵橋」、「馬尼拉港」、「菸草園」。阮毋知阿母對遮个傳家寶个看法，毋拘阮咧想：若無阿母个包容、隱忍佮原諒，恐驚阿爸就無遮个作品留落來。

阿母是一個標準个台灣農家婦女，伊透早著起床，起火焄飲糜，天澹澹光，就卡緊捧一堆衫褲去溪邊洗，轉來晾衫、食早頓了就卡緊落工去田裡，中晝有閬縫，伊就去菜園仔，晚頓食飽後，定定著愛綑柴，疊疊佇灶前。有个小空課，阮卡大漢个時，就會曉鬥相工，親像洗碗、景衫、煮飯佮掃塗骹。會記得佇阮小學四年級个時，因爲學校佇咱个庄頭，有一暫（cam7）仔，阮攏走轉去厝食晝，有時阿母猶未轉來，阮先煮飯，阿母若傷晏轉來，阮就藽采白飯扒扒咧，閣走倒轉去學校赴上課。隔二、三年以後，阿爸有幾若攏出外四界討趁，阿母猶原是暝日走從（cong5），有時囡仔發燒，伊就趕緊抱著阮兄弟，走去隔壁阿丹庄就診，煞尾攏無代志。天地保庇，阿母真罕得破病，若有小可受著風寒，伊嘛是用堅強个意志力克服，自阮有記憶到今，阿母假若毋捌有什麼大病。

阿母是一个儼硬、仁慈、忠厚、不驚予人偏（phinn）去个莊跤儂。伊做人方正、爽直，佇數十年个家族生活中，伊罕得佮人計較，恬恬付出，人情世事齊齊到，所以得到阿叔、阿嬸、阿姑个敬重，每一遍阿母若轉去，因攏相爭安排請伊食一頓。別人若對伊有人情，伊永遠囥佇心內。有什麼好食物，伊就趕緊分予厝邊隔壁，親情五十。會記得佇阮阿爸拄才過身个時，猶有一寡小數（siau3）欠親情朋友，阿母攏記佇伊个頭殼內，一條一條唸予阮知，清清楚楚，無外久著佮人清到利利利。按呢講起來阿母實在是老父个好家後。

民國五十八年六月榮松對師大畢業，父母第一擺做伙來台北參加阮个畢業典禮。毋拘阮爲著欲閣考研究所方便，煞留佇台北，無欲轉去故鄉教冊，父母一定有淡薄仔失望，迄陣火力猶佇桃園讀中正理工學院，佇父母身軀邊咧讀冊个，干礁建賢、建標兩个小弟。民國六十年，建賢爲著欲閣重考大專，留佇厝內準備，有足足一年个時間陪伴父母，經常替阿母煮飯分勞，會用講是囝兒反哺个開始。兩年後，兩個細漢囝嘛攏來台北，建賢揣頭路，建標上延平高中，予大兄親自督教，當時攏無戴念著父母的孤單。自迄陣阿母就給阮講：「恁兄弟若像鳥仔飛飛出去啊，父母袂輸咧守空鳥仔岫。」即馬給想起來，是阮做大兄个傷（siunn）無體念父母个處境，有夠無情義，爲著欲予幼弟考大學卡有機會，竟然堅持愛伊來台北讀高中，減少伊佇故鄉陪伴老母三年个機會。

民國六十六年，阿母已經五十八歲，火力任職陸軍飛彈勤務處少校所長，同時結識同事翁明玉小姐，阿爸就叫伊卡緊完婚。榮松幸運考椆教育部公費留學獎學金，赴美國康乃爾大學留學一年，無疑誤六十七年七月，阮拄佇欲轉來个途中，阿爸煞因爲腸仔病延遲救治來棄養，厝內賰一个老母家己過日，欲閣顧田園，實在不忍，隔年長孫女文涵出世，阿母才歡喜甘願來台北佮兒孫蹛做伙，田園个代志就委託阿叔管理，忙碌一生个阿母，拄好六十歲開始含飴弄孫。榮松佮麗月嘛佇六十八年底結婚。以後每隔一年攏有孫仔出世，阿母是歡喜悉孫，按呢伊又閣開始無閑幾若冬。阿母捌講「悉孫毋比做穡，釉（tiu7）仔（稻子）干礁愛食田水，囡仔嬰是㧌欱欱（hap hap），閣愛煮奶矸仔，有夠厚工。」喙按呢唸，伊嘛照起工來行，毋捌簡化育嬰手續，阿母接受新的觀念，有噹時仔真緊。

阿母自二十四歲嫁來姚家，佇田莊中間過三十六年，來繁華都市二十四年，伊个生活史會凍分做三個階段：第一段對做囡仔到三十歲以前，是由做人个查某囝到做姚家个大新婦，攏是無看著家己，伊認真做好家己个角色。第二階段：三十歲到六十歲，伊是一个模範母親，也是阿爸个賢慧、儼硬、勤儉、有志氣个「家後」，伊嘛是農村中機動个後勤—農婦部隊成員，伊對台灣農業个貢獻嘛値得肯定。第三階段是來台北以後二十四年，伊是阮阿爸這柱个中心，含飴弄孫，發揮三代同堂个功能，予阮兄弟姆姆和諧相處，同舟共濟，伊教查某孫台語講到真輪轉，伊嘛感覺這幾年滿四界去遊覽个快樂。

毋捌字个阿母佇八十二歲時，提著一張由長老教會松年大學艋舺分校頒予伊个學士照，照片中透出小可傷紅个胭脂，看起來比實際年齡少年，阮笑講喙唇那以赫呢紅？阿母有一點仔歹勢笑咧講，是某某同學教伊愛愈紅愈少年。這層代志予我想起五十幾年前，阿母三十歲左右，有一工阿爸煞將阿母个一張烏白半身相用手繪做彩色照片，不但胭脂薄施，而且雙唇胭紅，後來這張母親个肖相加裝相框，掛佇故居个睏房大約有十幾年，可見這是老爸投佇阿母身軀頂个「藝術火花」。阿母也一度爲老爸自甘墮落而傷心落淚，她佇田園、廚房、溪邊（洗衫）、赤腳醫生館（鄉下小醫生）之間走從，毋捌字个老母比捌字个老爸閣卡𠢕跤。六年前，阿母佇一个偶然个機會，入學做松年大學个學員，每禮拜去上課三个早起，阿母佮新店厝邊个劉玉鶯老太太，坐公車上學，形影不離。起初阿母看著一寡講義，總是感歎家己毋捌字，阮著鼓勵伊講：『到底是你毋捌字？抑是字毋捌你？幾若十年來，你嘛無感覺字有路用，今仔日會感覺歹勢，就是你進步。』阿母以後就無閣再怨歎，每一節伊攏真認真咧聽長老佮講師的金言玉語，每一份講義攏會帶轉來予阮看，慢慢仔，毋捌字个老母竟然會曉寫毛筆字，會曉做花，會曉祈禱等等，伊不時給『天父上帝』講做『天地上帝』，並無影響伊對任何神明个虔誠，這點反而凸顯長期伊燒香拜佛个功效，阿母心中並無掛礙，伊相信个應該是萬教合一。

阿母真愛運動，透早五點外，社區公園就有伊个跤跡，伊嘛不時參加各種旅行，放眼看世界，予伊感覺這幾冬來伊个人生增加真濟色彩。這嘛是阮感覺真驕傲个。阿母个身體一直攏真勇，但是歲月不留情，這二年來，伊个喙齒有卡穲淡薄，食物件有卡慢，伊个腰嘛卡袂接（cih4）力，行路有卡慢，但是大體看起來，伊確實比同年个人攏卡勇，阮拄咧慶幸『厝內有一寶，老人尙介好』，伊个孫仔配義嘛不時會摸阿媽个面講：『阿媽你足古錐个！』

三月十九日下晡三點是一个劫數，阿母爲著欲去看伊的咳嗽，佮建賢手相牽，行未過行人穿越線，就去予一台貨車由後面撞著頭，一聲倒落去，就按呢失去知覺，顱內出血嚴重，搶救無效，天人永隔，阮已經哭到無聲，雖然阿母彌留三日，平和安詳，完全無半點痛苦，對阮囝兒孫仔猶是留落下一个天道的疑惑，汝一生積德無量，厚愛蒼生，是安怎會發生這款代誌咧？用這款方式來離開汝熱愛个世間佮親人。阮無想欲閣寫落去，因爲汝已經做仙做神去啊，希望汝好好行，阮一定會照汝幾十年來的教示，完成汝个願望。不知汝个有聽見無？阿母。

孝男　榮松 火力 建賢 建標 泣述
2003 年 4 月 17 日拜四下晡

懷念芳仔姑

— 兼致李、林、姚三姓的晚輩

兩個禮拜前，由您的孫子銘家及義子火力轉述您仙逝的噩耗，本來應該立刻到府中悼念，致上痛失長輩的哀思，因為教學忙碌，未能盡此心意，今藉此短文，追憶在故鄉溫厝角從小看著我們長大的阿姑家中的點點滴滴，留下懷念感恩的麟爪。

記憶中，阿姑是我們溫厝角姚家父執輩的堂姊，也是堂叔公的掌上明珠，為繼承祖業，就按台灣習俗，與由李家過繼給林家的姑丈（單名寶），戴林李雙姓（林李寶），不同於複姓結縭，習俗上姑丈作為入室之賓，須讓長子繼承母姓，習俗謂之「抽母豬稅」。這就是我小時候經常看到表兄傳宗，三不五時到我家走動，並稱我父執輩為「舅舅」，尤其最愛與大舅（我父親）開講喝酒、做藝量，特別親近的原因，原來這也是一種同宗的認同。傳宗表兄似乎以繼承母姓為榮，因我們小時了了，兄弟們讀書常得第一，傳宗表兄又以我為榜樣，私訓諸子要向這個「阿叔仔」看齊，因此坤榮、銘家、銘烈三個表弟，在求學過程中，多少受到父親的激勵與壓力，至今對於我們這些同宗的「阿叔仔」，都有幾分親切，我們四個兄弟中，老二火力則親上加親，自小給姑媽「做客囝」（義子），過年時多賺一包紅包，每逢開春也得去向乾爹娘「摜麵線」孝敬一番。我因從小體弱，父母早就把我許願給「帝君公」（關帝爺）做義子，我們溫厝角的「帝君公」，就供奉在庄頭距我家側門僅有五十公尺之遙的葉家祖祠，逢年過節，我得去葉家向義父關老爺上香叩謝。也許是關公保佑，使我這一生考試順遂，一路考到師大的「國家文學博士」，在師大任教快四十年，不愛舞文弄墨，也沒有成爲家喻戶曉的作家，只是個「老教授」而已。

如果以我們溫厝角的祖厝做「庄中央」，那麼住在我家庭院大門外約二十公尺之遙的阿姑𠊎兜（爲什麼不說姑丈兜，因爲阿姑才是我們姚家的現今最老的親長輩啊！）屬於庄尾了。一條大馬路由古坑、枋橋（竹頭角）、沿著村中的溪流，穿過溫厝公墓、重光國民小學（我們小村的文化中心），穿過庄頭，向西直通將軍、斗南，在出庄頭之前，西南開叉（支線）循庄尾（我家中心說）向阿丹、崙仔迤邐而去，在出庄尾之前有一個斜坡，兩旁有桂竹茂林，就是出庄的一個交通孔道，一座長百餘尺的水泥橋，橋下溪邊就是全村婦女每日清晨浣紗洗衣的地方。更古的時代，人們甚至用水桶到溪邊挑水入廚房蓄水缸。我在初中以前，也曾有挑水的經驗，一大早不是到庄頭（過馬路到極東方向）的「阮全寶」姑丈家院落旁汲井水（阮家姑婆叫玉蘭姑婆，和庄尾的「金蘭」阿姑您的名字只差一個字！），或者由我家「壁角頭」經過隔壁阿鐘家側面小路到竹仔腳，挑取橋頭上游未被洗衣污染的清水，挑一桶水的時間來回約二十分鐘左右，這是我小時參與勞動的忠實記錄，如果「芳仔姑」還像幾年前作九十歲生日時那麼清朗健談的話，或許可以給林家、李家、姚家的子孫作見證，說明我小時候多麼像一個「模範少年」喔！

現在我要唱名道出我們這些同輩林、姚兩府的兄弟姊妹的童年。家嚴姚獻堂（與台灣名人林獻堂同名），生於民國十一年，如果在世是 88 歲，比阿姑您小六歲，家慈不幸在民國 92 年三月謝世，現在陽壽應是 90 歲，也比阿姑小四歲，但是我們這邊的父執輩（您的堂弟妹）—春興、春發、貞雄、順龍四個阿叔，父親是長子，我又是長孫，而林家姑丈，又以傳宗表兄爲長子，繼承姚氏香火，所以林家的繼承者，就輪到老二林中村兄。中村阿兄大我一兩歲，小時候常在我家住處周邊或庭院玩起家家酒、捉迷藏，常常躲在庭院中「洋麻骨」架成的小空間（洋麻莖剝皮曬乾，可以做成一片片的「屎爬棒」，代替衛生紙），下雨的時候，來不及爲這些未乾的「洋麻骨架」蓋上一層防水膠布，通常也任由雨淋然後再曬就乾，因爲這些麻莖的主要用途不外是當柴火，因中村兄比我們年紀稍大，點子也多，就有點像辦家家酒的軍師，雨中仍在「洋麻骨小屋」中穿梭，興致更濃，後來中村兄就隨父執的安排到北部來學工夫，與童年玩伴疏遠了，竟然成了修理自行車的師傅，在台北縣開起修車行，有一技之長，退休後又應徵了台北縣的清潔隊，每天爲縣民服務。中村兄的同姓山水、山賀（今名水來），都是很古意的小弟，因爲年齡關係，較少玩在一起，但是山水後來也學到一身麵包師傅的功夫，趁大錢，起新厝佮「別莊」（三峽那個別墅太令人驚羡！）

我比較熟悉的是芳仔姑的這些千金，一共有三位，他們都有共同的特質，秀外慧中，講話「輕聲細嗓」，待人又親切。老大爲林守姐，很早就嫁給郭啓忠阿叔，因輩份關係，我稱呼他阿嬸的機會比阿姐多的多。最熟的是菜子姐，很精明幹練，民國五十四年我考上師大（學校在和平東路一段），附近最主要的商圈是南昌街，食衣住行樣樣都有，菜子姐就在南昌街一家服裝店當店員，一天要站好幾個小時，但每次我去逛都看到他清秀的臉龐，面露微笑，還會噓寒問暖，我這個大學生初到台北，（還是「草地倯（ㄙㄨㄥˊ）」（鄉巴佬），也不會問候阿姑、姑丈您們好不好這類應酬，後來菜子姐嫁到臥龍街一帶，姊夫林金龍一表人才、手腳俐落，做鐵窗賺大錢。那是六、七十年代，台灣經濟起飛的年代，我在大學時期擔任家教，也常騎腳踏車往和平東路二段「坡心」，臥龍街一帶，最遠到六張犁，那時馬路兩旁都是稻田，常喚起我斗南家鄉的田園回憶。大學畢業時，也曾想過要是在台北買一塊田，讓父親耕作，多麼寫意，但那時（民國 58 年）一個月起薪一千多元，只能做一套西裝，根本買不起台北一小塊土地，但是我卻一住四十年（今年是我大學畢業四十週年，我的大學同班均已從中學教師退休快十幾年了，只有我還在師大混日子。）完全沒有回鄉的念頭，我小時候的左鄰右舍，像同班的孫壽（阿重）、郭添財（阿財）、阿月、阿珠，這些同窗都不再有聯繫，倒是因林金龍住在大安區，我母親 60 歲以後就和我們同住，因為火力給阿姑作義子，林府的婚筵喜慶，我們都不缺席，所以和林家小妹林牡丹，也就越來越熟，牡丹妹在諸姊妹中最為清秀甜美，初中後即在台北自力工讀，完成高商學業，應是會計專業，因此嫁得金龜婿顏郎，落落大方，精通航太產業，這就令我們姚家子弟自慚形穢了。

阿姑！在細數您的長子傳宗的子女 —— 孫輩坤榮、銘家、銘烈三兄弟及您賢慧的長媳陳純嫂子之前，我必須向您請教兩個小問題：一個是您的小名為何叫阿芳（ㄆㄤ），所以我自小就稱妳芳仔姑，這個答案我突然想起，古人名字與小名必有關聯，妳的本名是金蘭，蘭花是香的，常常出汙泥而不染，所以祖輩送妳「阿芳」的小名，就是芬芳四溢的美事。而妳一生輔助屈身姚家的夫婿李寶姑丈，養育這麼多兒女（四男三女），在溫厝角靠以維生的是那幾坵肥沃而狹小的田園，多麼艱苦的苦日子都熬過來了。其實您比我的父母都還幸運，因爲家父從小嚮往遠遊，卻被家產束縛，以致後來自甘墮落，傾家蕩產，家母因此也含辛茹苦了數十年，才把我們兄弟拉拔長大。但是我觀察您們林家子女，從小就能自立更生，到處學工夫，或到台北來謀職，再補習進修，最後不管男女均有好職業，子女繁昌。現在我赫然看到這張大紅的「訃聞」上面子孫上百人，真是昌隆萬世，就這一項已令人驕傲。現在您大行的日子高齡九十四歲，也比家慈多在人世十年，如果家慈地下有知，她也會高興來向您送行，因爲她在台北生活的歲月，與您們姚、林兩姓子孫是最親密的「庄裡人」，光林金龍府上就不知道去吃過多少次喜酒。這一切趨於完滿、完美，一定可以使您含笑九泉，所以我要問您這一些掌故，讓您的晚輩知道一些「光陰的故事」。

我的第二個問題是我的大弟「火力」，當時是怎麼情況，您願意收爲義子，是他長得聰明伶俐，還是您作爲姚姓的千金，擔心只有長子傳宗一人承擔姚家煙火，有點單薄，所以又向叔伯這邊爭取多一層因緣，多一層保障，如果您當初有這樣的想法，我更佩服感恩，是因爲火力與您的母子關係，才使我們兩家由溫厝角（傳宗與大舅過從最密，幾乎是酒友死黨。）延伸到台北，我們與中村、山水、菜子、牡丹，不但時有聯繫，就是銘家工作的「春天素食」也和我有地緣上的關係。我們雖不常去和平東路上的「春天」吃素食料理，但銘家三不五時會來電與我們討論一些生活際遇上的問題，我因爲忙碌，反而很少主動邀約這些親族一起聚會，我認爲您教育子女是成功的，所以當銘家透過火力希望我有祭文向您老人家致敬時，我心裡有萬分的感動，因爲我爲家慈寫了一篇文言文的「事略」和一篇台語的「懷念阿母」的祭文，但是卻不能爲芳仔姑也寫一個類似的行狀事略，只好就我們溫厝角姚、林結緣的歷史，做了一點回顧。現在訃聞上您已正名爲「李媽」、「姚老太夫人」，我認爲非常好，兼顧了姚李兩家的面子，我也很佩服中村等三個兄弟返祖歸宗，正名爲李姓，而出嫁的女兒就保留林姓，這樣就面面俱到，姚林李一家親，何必分彼此呢！

紙短情長，寫到這裡，已經有些泫然欲淚了。

謹以此文，告慰芳仔姑在天之靈，並與老伴

林李寶姑丈，雲遊四海，快活如天仙。

陽世叔伯孫仔

姚榮松敬撰

泣輓

民國 98 年 11 月 20 日午刻

祭三叔（伯）文（台語）

維民國八十六年國曆十二月廿二日之良辰

侄兒榮松代表仝沿親堂孝侄兒十個，孝侄女素真等八個，謹以香花酒禮之儀致祭於三叔（也是三伯）大人之靈前講：

親愛 ê 三叔佮三伯，榮松代表阮十個侄兒佮八個侄女佇恁老人家 ê 靈前來講一寡咱叔孫仔（或者是伯孫仔）ê 心內話語。今旦日佇你面頭前 ê 侄兒佮侄女干但有十四個惹定，因爲職十四個仝沿 ê 親堂兄弟姊妹攏佇台北附近 teh 食頭路，平常時阮嘛毋捌有遮濟仝輩 ê 親堂鬥做伙，這是阿叔你給（kā）阮籠倚（óa）來 ê，若閣給恁這柱 ê 淑慧、政光怹（in）五個姊弟仔算參倚來，攏總阮一沿 ê 親堂兄妹就有十九個佇遮，這嘛是咱姚家下一代從來毋捌有 ê 代志。所以，今仔日對咱姚家來講，是一個偉大 ê 日子，阮看著姚家 ê 團圓。

佇我 ê 記憶中，阮細漢嬸仔（五嬸）、阮老父佮阮阿媽（分別在 64、67 佮 74 年）彼三擺 ê 喪事，是阮自細漢到今（taⁿ）所經歷 ê 咱 ê 家族大事，攏佇故鄉溫厝角 ê 祖厝 ê 門口埕辦代誌，有真濟厝邊頭尾、親情五十攏來鬥相工，暗時誦經 ê 時，對阮囡仔人來講，甚至有一寡鬧熱 ê 感覺，因爲規門口埕，電火光炎炎，恰若佮辦喜事 ê 情況無差偌濟。

但是佇這半年來，咱姚家相連續辦二擺真沒仝款 ê 喪禮，就是七月十八日佇桃園市立殯儀館送阮三嬸（或三姆），也佮今仔日tsit場爲三叔你所辦的告別式欲同款，遮是台北縣立板橋殯儀館崇仁廳，無仝ê所在，無仝ê廳，佮七月送阮三嬸上無仝款是阮阿母（你ê大嫂）今仔日因爲參加長老教會松年大學ê團體去美西遊覽，所以𣍐凍來送三叔仔。仝款ê是你在生ê兄哥阮二叔春興，小弟阮四叔貞雄，五叔順龍攏全到，你ê姊妹、妹婿、佮溫厝角姓姚ê親族代表佮其他親友代表，個規台車透早四點半出門，差不多七點出仔就來到靈堂頭前，這嘛是咱姚家自古以來頭二擺是用另外一個方式舉行喪禮，即個例打破咱祖傳ê家禮，也予咱下一代仔認識著時代無仝款，咱ê親堂兄弟ê關係嘛已經佮頂一代人真無相仝，阮了解著三叔（三伯）你四十外冬前已經選一條離開祖厝ê路，這是無法度ê，但是阮嘛知影其實阮tsit代多數ê親堂兄弟，嘛佮三叔（三伯）你仝款，註定愛做「出外人」，或者叫做「台北新故鄉ê新住民」，此後阮若欲予咱ê家族感久長存在，就愛平常時有聯絡，愛趁長輩在生ê時，盡量製造見面ê機會，但是對政光、明邦in來講，這是無公平ê，in已經無家己ê序大人通好做媒介，按呢是毋是會佮親堂閣較生疏咧？我相信buē按呢才著，因爲經過tsit擺ê安排，咱已經在心理上扭倚來真接近，咱會當予乎伊閣較親咧，所以今仔日tsitê集會，就是三叔（三伯）你欲予阮tsit沿親堂相存問、相痛疼ê一個開始，所以是真特別ê日子。

二十年前我佇師大做助教ê時，有一幫去阿里山迌迌，捌對車頭打電話予恁，彼陣我已經給你當做嘉義人，佇我初初決定欲留佇台北教冊ê時，嘛意識著tsit半世人可能會變成台北人，所以去嘉義會想著恁，就若像阿叔到台北會想著遮ê孫仔仝款。會記得彼陣恁問我有對象抑無？我就較緊講有，免予你操心。

阿叔，你佇我 ê 心目中，就永遠是親像夾佇阮相簿內底彼張你穿軍服騎馬 ê 少年軍人，雄姿英發，猶有一張是你佮三嬸結婚時 ê 家族合影，新郎新娘徛（khiā）佇正身大廳 ê 門跤口，咸兄弟並徛第二排，前排坐 ê 攏是長輩，佮今仔日少年新人坐佇前排中央無仝款。可惜以後阮就毋捌閣看著恁佮家族 ê 合影，後來阮才漸漸了解著原因，因為你想欲 ùi 祖公 ê 土地上完全抽離開，所以才無欲保留祖產。

半世紀以來，台灣農村起了大變革，就是多數 ê 少年人，攏著愛離開農村，像阮大多數親堂兄弟即馬攏佇台北仝款，阮不過是追隨你 ê 腳步離開溫厝角，最後佮你完全仝款，佇新 ê 故鄉安家落戶，毋過你佇四十年前，就選擇即條離開家族 ê 職業，一切對頭來，一定比阮即馬閣較艱苦、閣較徬徨，當你打出 tsit 條家己 ê 路，而且二十年後轉來故鄉斗六、虎尾、北港任職，做副分局長 ê 時，並無偌濟人為你驕傲，因為在家 ê 人，容易 buē 記得出外人 ê 心酸、ê 打拚。但是此時此刻，咱全部姚家 ê 囝孫，攏感覺非常驕傲，因為你是咱姚家唯一一個貢獻社會四十年 ê 高階警官，阮敬佩你！

感覺驕傲 ê 同時，阮嘛感覺見笑，因為明知你人無拄好，阮竟然無閒好去看你，這證明阮 ê 自私，對三叔無夠尊重，無夠惜念，你 ê 警政一生，阮到 tsit 幾日才慢慢仔了解，願你在天之靈，會當原諒恁 ê 孫仔 ê 無知佮不孝。

對堂弟明光、政邦 in 兩兄弟來講，恁兩老離開了有較早淡薄仔，in 一定無法度接受即個事實，毋過，到今（taⁿ）為止，in 攏默默承受這一切，我相信 in 已經完全成長，變到閣較堅強嚴

（giám）硬，因爲恁兩老 ê 春輝已經早早照出 in 一人一條路，in 三個阿姊佮姊夫，也會給 in 相疼惜。大姊淑慧會予 in 倚靠好勢。請你放心。阮 tsit 沿 ê 所有親堂兄弟，我做大兄，也決定欲來整合遮 ê 兄弟仔，每年佇 tsit 工或者是七月十八日相招來鬥陣，或者到「北海福座」向恁兩老叩安，tsit 款 ê 想法，完全是 tsit 半年來三叔對我最大 ê 教示，希望佇遮講予你知，予兄弟知，向望恁兩老大人會當含笑九天，看著咱姚家 ê 下一代，會當蒸蒸日上，永植福田。最後，阮請恁，親愛 ê 阿叔（伯），永遠安息囉，阮最敬愛 ê 三叔（伯）！

（後記）本文是 1997 年 12 月 22 日在台北板橋殯儀館家祭三叔諱春發的祭文，由個人以台語唸出，當時幾度哽咽，因恐同輩兄弟姐妹袂記得我在長者面前的承諾，真想欲公諸世人，也作為個人第一篇台語習作。忽忽二年過去，三叔兩週年祭辰忽屆，拄好「蓮蕉花台文雜誌社」社長延輝兄聞余有此稿，力促交卷，余欣然承諾，亦誌兩人相知遇於台語文化之深也。 1999.12.24

原載《蓮蕉花台文雜誌》第 5 期，頁 12-13。

輓岳父林明鐘先生聯

岳父大人靈前

我愧乘龍憶喬岳生時生館自慚稱半子

公今駕鶴悵泰山崩後婿鄉從此仰何人

婿 **姚榮松** 叩輓

原載林麗月編《先府君林明鐘先生詩抄》未刊稿 1988 年元月

輓伯元師尊翁陳定湛先生聯

清公太夫子　靈右

以農學植根基轉警政而建功抗日保安播遷護眷

退伍毋忘初衷主農場匡財稅已著勳勞垂典範

得良師始拔萃結金蘭以淑世待人思厚治事惟勤

繼志皆為俊傑躋耄耋敘天倫驚聞鶴駕返仙鄉

門下再晚 **姚榮松** 叩輓

原載陳新雄編著《陳定湛先生夫人百歲誕辰紀念冊》頁 59，文史哲出版社，2011 年元月

永懷艾任遠老師

一、

八月二日由亓婷婷教授的電話獲知艾弘毅老師在美國過世的消息，過幾天得到一張打字的訃告便條寫著：前本校國文系教授艾弘毅先生，於七十一年八月一日退休。本（2000）年七月三十日十二時病逝美國，距生於民國前壹年三月二十一日，享壽九十有一歲。已於八月五日安葬於舊金山聖荷西百齡園墓園，艾夫人和銘益女士，爲國文系四五級校友。

消息的來源是在美國的艾師母，她先通知艾老師的吉林省同鄉劉正浩老師，據劉老師說艾師母希望艾師的東北同鄉或長白師院在台校友或北京師大旅台校友會能在報上發個訃聞，但聯繫的時間顯然太倉促而未能如願，艾師母和師兄妹等已把艾老師遺體安葬在聖荷西的墓園。

進一步的消息僅是更正艾師過世時間爲七月卅一日凌晨三時（台灣時間下午六點。）並知師母將在九月中返台，九月廿二日上午九時，國文系在勤七樓會議室舉行「艾弘毅教授追思紀念會」。

二、

師大是師道傳承的搖籃，任何師長的隕落，都會在學生記憶的深池裡，激起一陣陣漣漪，何況是像任遠師這樣的忠厚長者，不能不令人悵然久之。

我初識任遠師，時在民國五十七年秋九月。艾老師擔任國文系四甲的教學實習課，這是一門四年能力總檢驗的課，實用居多，理論不強，老實說，我並不特別看重這門課，但是當同學初次輪番上台試講初中國文時，有的口沫橫飛，更多的是支吾語塞，或落荒而逃，或垂頭喪氣，艾師總是以溫文儒雅的口吻（帶點捲舌的東北口音）鼓勵同學，說第一次上台，有此表現已難能可貴，希望再接再厲，令人感到溫馨，減去不少驚惶，也漸體會到教學的三昧，不外是充分準備，充滿自信和不卑不亢。就這樣我們由舊禮堂的試講到完成師大附中一個月的班級試教，五十八年的四月間，又有二個星期的環島參觀教學兼畢旅，每個人完成工作布署，戰戰兢兢。艾老師身體微胖（後來才知道民國五十八年老師五十九歲），陪我們上山下海，觀摩座談，一站復一站，一路談笑風生，沒有聽他說累。從此與我班結下不解之緣，畢業後，所有同學的聚會都不忘請艾老師，他總是有請必到，似乎成爲永久的導師，我門也逐漸忘了請別的老師。也許因爲他特別看重他帶領環島的第一班教學實習，也許是艾老師和煦的陽光，使我們孺慕益深。

八十四年十一月底，艾老師赴美前夕託劉老師轉贈他手編的《不自見集》，爲老師生平行述、年表及各類詩文題辭，更有二十幾頁留影。我特別留意老師只選三張團體照，兩張是和國立長白師院在台師友的合照；另一張竟是七十八年八月十三日「師大國文系五八級甲班二十周年紀念攝於東勢林場」，照片裡正是我們班，可見老師是拿這班作爲他在師大執教的「薪傳」象徵。更令人感動的是把照片中二十一位同學的姓名按前、中、後三排，逐一列在照片下方，其他兩張合照卻不如此。分明是怕日後忘了我們的姓名，或者怕別人不認識我們這群「徒兒」或「賢棣」。

畢業二十六年後，我開始讀八十五歲的艾老師，從他的《不自見集》，愈發想念他老人家。

三、

艾老師在國文系中算是第一代師長，在第一代師長裡面也許是較年輕的，我「斷代」的標準是：凡在師大前身省立師院或早年的國文專修科就過學的師長，都算第二代。艾老師畢業於北平師大，自屬第一代。台灣光復之初期，在省立師院任教的北師大校友就有章微穎、謝似顏、程璟、宗亮東、焦嘉誥、朱際鎰等，戰後台省各級學校師資缺乏，經多方延攬，北師大校友來台漸多，他們分散在全省各地，中學校長即有十多位。國文系的第一代師長近年幾已凋零殆盡，今年二月才辦過謝冰瑩老師的逝世追思會。像章微穎、許世瑛、程旨雲、魯實先、林景伊等都已逝世二十年上下，所謂墓木已拱，國文系也都辦過紀念學術研討會，並出論文集紀念，他們的學術和道德，都是幾聖超賢，長垂典範。還在系內兼任的只有九十四高齡的國學大師潘石輝（重規）先生，可謂碩果僅存。（松按：潘老師亦於民國　年逝世）。

論出身，艾老師二十九歲（民國二十八年六月）畢業於北師大國文系，較一般人至少晚了五年。他在北師大唸完大二即逢七七事變，所以後兩年學業是在流亡中的西北聯合大學（民廿七年遷陝西城固縣）完成的。接著任教西安力行中學、文治中學、西北師院附中，三十四年轉任西北師院講師，專教國語專修科學生。三十五年與何銘益女士結婚。曾奉黎劭西先生之命率國專科畢業生欲赴台推行國語，因情勢不穩而未能成行。民國三十六年返撫順就國立長白師院副教授職，民國三十七年以後隨長白師院師生播遷北平、湖南衡嶽、廣州而海南島，一路教學並未停頓，終抵台灣。民國三十九年長白師院在台奉令停辦，然而師生團結，每年集會，至民國七十六年仍有「慶祝國立長白師院創校四十週年紀念大會」之校友活動，那張七十二人的團體照正是任遠師旅台三十幾年的鄉情網絡，可惜我只認得任遠師一人。

艾師在民國三十年秋曾入西北師範學院教育研究所當短暫研究生，研究「漢中盆地區方音調查及其矯正」，研究雖未完成，但也可見先生學術取向是國語教育及方音研究，民國四十二年在屏東潮州中學與學生合編《同音字典》，六十一年發表《東北方言舉要》（八十四年有增訂本、文史哲出版），六十三年與師母合著《國語入聲新韻》（至聖書局），皆爲早年學術之發展。

艾老師在師大教了二十餘年文學史，退休後仍思有所述作，曾與編譯館簽約編「中國文學史」大學用書，七十八年卻「因老病交侵，退還編譯館文學史稿費」（《不自見集》卅一頁。）足見其退而不休，壯志不減，惜天不假年，當時已住在內湖翠柏新村的「老人安養中心」，翌年八十歲以後才移居美國，與子女長住。

艾老師在台教過的中學有潮州中學、岡山中學（以上並任教務主任)、北一女中、靜修女中;任教的大專院校前後有政工幹校、省立護專、台灣師大(以上專任)、國立藝專、輔仁大學、文化大學等。民國四十九年元月起在師大專任迄七十一年退休,六十年以後任國立編譯館高中國文、師專國文、國民中學國文等教科書編審委員。民國六十八年獲教育部頒「服務四十年資深優良教師」匾額。在「當代名人錄」(《不自見集》二六六頁「虛榮」類)卻有一段自謙的話:「艾氏半生栗碌、飽經風霜。初爲避秦,間關道路;繼爲家累,奔波衣食,故著述無多。」從集中編年體的「弘毅屐痕」,讀到其子女在台者五人,最小的兒子艾荃生於其四十八歲之年,以當年師大教授之薪水,則不能不奔波衣食,兼課兼差,勢所不免,艾師畢生清苦而又清廉,也許正是當年教授階層的一個寫照。

四、

艾師的自傳集《不自見集》,除收八十歲以前逐年行述外,尚有所作「詩歌」五十四首,「聯語及題詞」五十七題,哀祭文十五題,記敘文及記傳文二類三十九篇,論說文十五篇。其中詩歌頗見老師的文學才思。八十四歲所撰「我的史詩」凡二十二首絕句成爲組詩,反映多彩的人生縮影,茲選其十一首以供品味,各首前原文有小注,對其生平之關鍵事件多有詳述,可參考。

荒野兒童少見聞,八齡入塾讀經文,
業師賈武袁陳繼,努力深耕易耨勤。

(二十二首之三,按寫早歲就塾師多門。)

西豐中學幸蒙收，眼闊胸寬視自由，
最是歡欣鼓舞事，青天白日挂城頭。

（二十二首之五，按民十七年考入
西豐初中，十九年張學良易幟。）

東大附中東北雄，列名文七日方隆，
晴天霹靂瀋陽陷，轉眼嚴君又壽終。

（二十二首之八）

西豐師範業重修，偽滿臨朝日夜愁，
葬母拋妻離愛子，喬裝商賈抵燕幽。

（二十二首之十）

弘毅更名爭上游，日吞稀粥啃窩頭，
經年苦讀終償願，師大國文榜上留。

（二十二首之十一。按此師大乃北京師大也。）

四年大學好時光，半是逃亡半救亡，
國語推行曾致力，開班訓練掃文盲。

（二十二首之十三）

粉筆生涯五十年，陝甘撫順轉幽燕，
避秦海嶠屏高駐，台北長期執教鞭。

（二十二首之十四）

啟蒙小學初高中，文武專科教化同，
師大卅年轉眼過，而今贏得白頭翁。

（二十二首之十五）

鄉間陋俗重傳宗，艾氏姓孤興更濃，
九歲訂婚十五結，三男先後各追蹤。

（二十二首之十七）

平生憾事固多多，違命逃家掀巨波，
接眷不成心底恨，家庭重建最難過。

（二十二首之十九）

八四流光一夢濃，老來無事不從容，
河清海晏期明日，兩岸美洲幸共逢。

（二十二首）

其中第十七與十九首道出亂世兒女婚姻之顛沛，爲了求學，不得不兩度逃家，續逢抗戰、大陸變色兩次困頓，幾至拋妻棄子，其前妻梁氏不幸於勝利後不久病故，民國六十年六月八日之作「戒子詩」，讀之尤令人泫然：

蒲瓊與久荃　且聽我訓言　我年過週甲　殘燭晚風前
身心日漸疲　豈復任辛艱　授課時應減　百事宜戒貪
爾等應自立　奮飛可向前　當此青黃際　節流重開源
當花不必省　可省莫揮錢　積沙可成塔　星火足燎原
奢侈敗名節　勤儉可養廉　勗哉念此意　幸福自無邊

值得安慰的是師母所育三男一子，皆已完全自立，並在美各自發展，事業有成。《不自見集》中篇篇皆是至情至性文字，其中記敘類的「長白二十年序」「長白三十年特刊序」「國立長白師範學院簡史」「北師大校友在台灣」與紀傳類的「鄧芝園師與北師大」「方蔚東先生思想與志業」「年年有感話今昔」（趙麗蓮口述記錄）、「辦學有成的江學珠學長」「方公蔚東事略」等，皆可視爲近代教育史之第一手素材，因爲是同時代人寫周遭的歷史。艾師自五十一歲起主編長白師院院慶特刊；又曾任北師大旅台校友會總幹事（理事長爲杜元載前校長），七十四歲仍主編《北師大八十周年紀念專輯》，足見其畢生愛校尊師之風範，爲母校校友做無私的奉獻，然而這兩校校友旅台的歷史，是否也隨著艾師的凋零而如淡煙疏影，不再爲人們記起？

五、

讀艾師的自傳集，猶如一部近百年教育史，雖然仍有些片面性，但讀到先生有關師大國文系的人和事，還有我們熟悉的師母和師弟妹們（艾蒲三十六年生，余虛長一歲，故皆視爲弟妹）的點點滴滴，我彷彿成了艾家的至親，令我跌回一九七八年春在新澤西受艾瓊弟招待一夜的往事。彷彿艾老師此刻仍在師大爲兒女的前途打拼呢！

編按：艾弘毅老師為本校國文系教授，七十一年退休，今（八十九）年七月卅一日在美國病逝，高足本校國文系教授姚榮松先生特撰文憶述任遠師之生平以資悼念。

（本文原刊於師大校刊三八期），2000

師大國文系五八級甲班
師友輓杜勝雄聯

焚劍焚書　獨留傲骨
斯人斯疾　痛悼英才

（艾弘毅師輓）

同門問道賜何敢望回平生風義兼師友
設帳傳經手不曾釋卷一別音容兩渺茫

（師大國文系五八級甲班全體同學敬輓）

情志寄陶杜四載師大遨遊不意今日隨仙跡
言行依孔孟五年花女傳薪誰知明朝空音容

（師大國文系五八級甲班臺北市聯誼會輓）

傳先儒之絕學是經師亦人師樂道安貧追顏子
合釋道於一身遨仁山遊智水天真瀾漫似坡公

（張連康輓）

那個鬈髮是誰戲笑裏自有慧根原來老杜來也
聽說花女道他固執中另見情性不意阿雄去了

（翁以倫輓）

大德君無虧問默默蒼天從此驊騮空臺北
雄才且未盡歎茫茫泉路相隨鴻雁到花蓮

（姚榮松輓）

原載《山高水長》296 頁，河洛圖書出版社，1997 年 9 月。

四月 鐵打你

— 永懷孔仲溫

曾經以為你是重南輕北的檳榔芋
任陳年孔府佳釀也釀不出
任西子灣絃歌環伺的巨浪也捲不走
你挺南台灣的鋼鐵意志
一艘數億噸中鋼打造的世紀之船，破冰而南

南方豎笛響起自春耕的牧童
以幫滂並明、以轉注假借、以聲義同源
叩應清代學術殿堂
樸實終將綻出南有佳木的蔥蘢
你企圖扳回
北國冰山才吞沒咱大師兄創世紀葡萄園

從西子灣直航廣州灣　賓主歡盡中山
從武漢轉征威海衛　回鑾駐駕闕里
丹東煮文　長春論韵　章黃孔揚
都說孔府第幾代嫡孫多能
也兼任搶鮮

南台灣民眾 休閒版 頭條 西灣名廚

牧童突然直不起重重的脊梁，其實是腰桿
許是甲骨綴合潦亂了惺忪睡眼
許是四等輕重推移了歲月版圖
孔府美食竟成廣陵散
南國喬木擎如蓋人間四月天　但誰
許你一個鐵打你？？

補註：古虔師父痛如折臂，你該不是像小時候玩「踢銅管仔走去匿（bih）？」

2000.4.18 夜撰　晨 1:19 完稿

原載《中華民國聲韻學學會廿週年紀念特刊》，中華民國聲韻學學會，2002，四月出版。

輓龔煌城院士聯

鄉賢達龔公煌城院士吾師千古

跡起北港國語從日轉中志學英語教優而歷美窺歐

八年留德擷取比較法精髓幸因上庠親謦欬

名立南港考古由漢通藏窮研西夏學貫而訪日蒞俄

卅載著論打通漢藏語任督倏然燈滅若長蝕

姚榮松
林麗月　同輓

二〇一〇年九月三十日

與龔老師三段共事的追憶

平生風義兼師友

九月十三日晚上從洪惟仁電話中驚聞龔老師已於九月十一日往生的噩耗，我整個人呆住了；龔老師住院的消息如有所聞，又聽說家屬謝絕所有人探視，我明知龔老師是「台灣語文學會」的現任監事，而且今年十月中旬正籌辦第八屆的國際研討會，龔師大約自去年六月即不能出席理監事會，我身爲理事長，即應設法向老師報告學會活動之狀況，卻完全忽略了應有的禮節，以爲龔老師總有康復之一日，暫勿打擾，所以也像許多人一樣，「等待」這段與老師的空白時段，結果等到的是噩耗，死神何其殘忍，無顏面對龔師的「啓示」，剛好開學第一週，我依然等到週四上完本週的課，終於在龔師走後第七天的下午，才一個人前往三總門外的懷德廳去憑弔老師，奉上鮮花一束，在一柱清香中，向老師報告學會正要舉辦的例行活動，並向老師深致歉意。

龔老師雖是國際上大師級的院士，但卻是我們這群以各大學教師爲主軸的學術社團的推動者之一，以我熟悉的「中華民國聲韻學會」及「台灣語文學會」，龔師均爲會員而且每屆均被提名爲理事或監事，數十年如一日，我們以龔老師肯掛名爲學會理監事爲榮，這兩個學會均是國內最有活力的語言研究教學社團，龔老師的參與，給這個社群添加不少光環，使得學會追求邁向卓越，例如「中華民國聲韻學會」成立已近三十年，目前已歷十屆理監事會，龔老師不但一直支持該會，並擔任歷屆理事、晚近幾屆監事，更重要的是《聲韻論叢》自十一期轉型爲半年刊，要有實質的編輯委員，從十一期起個人擔任理事長，即敦聘老師爲編委，每期總要舉行初審及複審 2 至 3 次會議，龔老師必定與會，爲學術把關，有些稿件審查意見落差很大，龔老師憑其學術的嚴謹度，總能給我們很好的建議，因此，在個人擔任主編期間（11-12 期），我們編輯會議通常在本會秘書長葉鍵得任教的市北教大語教系（今改中文系）開會，秘書長一定協調到龔師能出席的時間開會，龔師從南港到城中，搭車近一小時，但是龔師從不遲到，而且每一次開就超過兩小時，老師也從不早退，這是《聲韻論叢》轉型爲學術期刊的關鍵，我們從與老師的共事中，學習到何謂學術、如何評斷學術意見的爭端，進而處理得合情合理，所以龔老師就成爲我們這群學會中人的「南針」，我們受到老師的啓迪是無限的、永恆的，老師雖然走了，我們卻也邁向成熟，能夠獨立運作。

這段學會共事的時光，老師只要能出席會議，擔任論文主講者、講評人或期刊審查人，均使人感受學術的嚴謹，但私底下老師也是每個人學術生涯的精神支柱，因此，用「平生風義兼師友」最能表示這段共事的心情。我私底下曾問，龔師同意擔任《聲韻論叢》的編輯，並不因爲我個人因素，至於台灣語文學會的參與，則是對洪惟仁會長的期待。我認爲龔老師長期對聲韻學會的投注，不僅是因爲何大安兄擔任過兩屆的理事長，更是因爲創會會長陳伯元老師的影響吧。

為閩南語正本清源

龔老師在台大中文系開設「漢藏語言學研究」(課名待查)大約在民國八十年前後，當時有許多旁聽生，包括我自己。教育部國語會稍早進行了兩大工程，一爲重修國語辭典，一爲編纂異體字典，這些工作在九十年代初期，基本已完成，有關本土語言的研究工作，隨著母語教學的呼聲也悄悄進行，第一個方案是由台大教授楊秀芳主編的「閩南語字彙」的計畫。該計畫自民國 84 年 7 月 1 日～88 年 6 月 30 日，爲期四年，主要針對閩南語用字選擇基本字詞，進行用字音讀及義項分析。「字稿」審查分書面審查與會議審查，書面審查人爲吳守禮教授與洪惟仁先生，會議審查由李鍌主委主持，委員有五人，即龔煌城、簡宗梧、董忠司、連金發及本人，定期開會，書面意見也由主編納入參考，並於會議中逐字逐稿宣讀，由現場五位委員進行意見交流，在充分交換意見後再逐字定稿，楊秀芳教授對漢字本字的考訂，確實下了一番功夫，就在這個工作會議中，個人首度與龔老師共同討論，印象中，龔老師一方面謙虛強調自己不是漢語專家，但常能提出一針見血或宏觀的音變分析，解決某些字的認定，在每一次共事中，我等於又能吸收不少課堂上聽不到的「文獻語言的審定」，龔先生的意見不見得特別多，但每一次「條分縷析」，常能博得在座委員的認同。這個會議前後將近一年。

與龔老師在國語會的第二次共事是在 2000 年由曹逢甫主委主持的「國家語文資料建構計畫」下的「閩南語常用詞典」的編輯計畫，由本人擔任總編輯，並選定張屏生副教授與林香薇助理教授擔任副總編輯，為了承續楊秀芳教授《閩南語字彙》的成果，本辭典成立了編輯委員會，也決定續聘龔院士、簡宗梧教授、董忠司教授、連金發教授、洪惟仁教授等五位委員，並由楊秀芳教授擔任副主委，並自九十年九月一日起展開編輯工作，在長達三年半的編輯過程中，編輯委員會共開十九次，平均每兩個月開一次，委員在百忙中進行複審稿件的回稿，並出席會議，討論體例，個別字詞的形、音、義及方言差異等相關問題，龔院士自上一個四年計畫（《字彙》）到這個辭典計畫的初步完成（三年半），一直沒有離開「國語會」這兩項審查委員會，可見他關心本土語言文化的生存發展，尤其辭典編輯涉及詞彙歷史及語言轉化，包括原始漢語及底層詞的用字問題，龔老師對古音的嫻熟及漢字的理據，均能剖析毫釐，令我受益無窮。

輓莆田黃天成師聯

天成老夫子 千古

晚學名齋經文緯武教法名家心齋坐忘真言教

東瀛獨造出道入儒上庠謦欬砥礪西風惠我多

受業 姚榮松 林麗月 敬輓

二〇一二年六月二日

哭伯元夫子

忽聞噩耗五雷驚，卅載紅樓夢亦傾[1]。
榮退方期追杖履，遠遊竟自遶仙城[2]。
文章學術騰中外，考古審音集大成[3]。
廣韻千年承百代，停雲詩酒振天聲[4]。

註：

1.民國58年有緣與伯元師同時參加師大畢業典禮，先生獲頒博士證書，二年後予入國文所，正式受業於伯元師，其後並蒙指導博碩士論文。62年碩士畢業，即入師大任教，迄民88年先生榮退，凡共事26年，先生退休後，獲任國文系榮譽教授，未嘗離開師大，余自101年2月1日起自臺文系退休，目前亦在國文系兼課，是與先生在師大相處近四十年，俯仰呼吸，無時不受先生薰陶。

2.《乾坤詩刊》55期（2010秋季號）「伯元詩稿」有「肝癌栓塞反應賦感」七律一首，其頷聯作「每遇醫來重把脈，卻常夜繞九幽城」。末聯云「自度此生無所憾，縱然撒手氣猶清」。

3.先生所著《古音學發微》、《古音研究》、《廣韻研究》、《聲韻學》、《訓詁學》均爲集大成之作。

4. 先生創立中華民國聲韻學學會迄今滿 30 年，2008 年宋本廣韻梓版千年，兩岸同道以學術研討會，接力盛大慶祝。又先生長期爲師大國文系汪雨龕師領袖之停雲詩社健將，所著《伯元吟草》、《伯元倚聲・和蘇樂府》，有聲於同儕。

後記：

八月一日驚聞伯元師噩耗，即由添富兄召集七、八位弟子，商議治喪事宜，並籌劃為伯元師在九月份「國文天地」編輯紀念特輯，「中國語文」同時出刊紀念文字，九月三日夜弟子等迎靈於中正機場，九月二十八日舉行追思公祭儀式，隨後樹葬於台北市富德公墓，期間由個人提議編輯《陳新雄教授哀思錄》，並負責編輯出版。悼詩嘔心旬日方成，不敢示人，幸經樹衡兄更動二字，方敢上網。憶去年九月嘗步韻伯元師「贈丁邦新有序」一首，伯元師曾更易 0 數字，拙詩方初見大雅；自今而後，痛失南針，無人指瑕，敢問小子何莫學夫詩乎？

2012.11.8 補記

姚榮松學思年輪

一九四六年　出生於雲林縣斗南鎮一個古地名猴悶溝、今地名溫厝角的小村落。父祖世代業農。

一九五三年　進入重光小學。

一九五九年　以第一名畢業於重光國小，考入斗六中學初中部。

一九六二年　斗六中學初中部畢業，以優異成績直升高中部。

一九六四年　當選全校模範生。青年節接受雲林縣優秀青年表揚。

一九六五年　七月，自省立斗六中學高中部畢業，旋以第一志願及系狀元考入臺灣師大國文學系。

一九六六年　在教育部歐洲語文中心法文班（夜間）註冊修業。

一九六八年　七月於歐語中心第七期法文科甲班修業期滿，獲結業證書。

一九六九年　六月，自臺灣師範大學國文系結業。

八月，進入台北市弘道國中任實習教師兼導師。

一九七〇年　七月實習結束，獲得台灣師大國文系文學士證書。同年並錄取國文研究所碩士班。

八月，徵召入伍，服預備軍官（十九期）官階爲少尉政戰官。

一九七一年　七月，以少尉廣播官自金門退伍。

八月就讀台灣師大國文研究所碩士班。

一九七三年　七月，完成碩士論文，獲得文學碩士學位。

八月進入台師大國文研究所任助理研究員。

一九七四年　六月，碩士論文《切韻指掌圖研究》收入《國文研

	究集刊》十八期。
	八月，改聘為台師大國文系助教。
一九七五年	六月，錄取台師大國文研究所博士班。
一九七六年	五月，參加教育部六五學年度公費留學考試，錄取于研究生進修類，主修語言學。
一九七七年	六月，赴夏威夷大學，參加美國語言學會（LSA）夏季課程，並修習李方桂、王士元、鄭良偉、李英哲等漢語相關課程。
	八月赴康乃爾大學語言學系註冊為研究生。接受導師 N.C. Bodman（包擬古教授）指導。
一九七八年	六月，赴伊利諾大學香檳校區，參加 LSA 1978 夏季課程，初識鄭錦全教授。
	七月，完成一年公費研究生進修。返台途中，父親撒手人寰，急奔老家服喪。
一九七九年	十月與林麗月結縭。卜居景美興隆路。
一九八〇年	一月，改任國文系講師，並繼續在國文研究所修習博士課程。
	十一月長子配義生。
一九八二年	六月，通過校內博士論文口試。
	十一月二十五日，通過教育部博士學位評定口試，獲得國家文學博士（評定委員為林尹、潘重規、高明、胡自逢、黃永武、劉兆祐、丁邦新）。
一九八三年	八月改聘為師大國文系副教授。
一九八四年	獲得哈佛燕京學社邀請，八月赴哈佛大學為哈燕社訪問學者。
一九八五年	八月，訪問學人研究結束，返台灣師大任職。
一九八六年	九月長女景純生。
一九八七年	六月指導第一位韓國留學生任靜海完成碩士論文（朱

希真詞韻研究）。

一九八八年　七月十一日與陳伯元師等共同發起成立中華民國聲韻學學會。

八月十七日與曹逢甫、洪惟仁、董忠司等共同發起台灣語文學會，並當選第一屆副會長。

十月廿五～廿六日獲邀出席由韓國國立國語研究院主辦「關於東洋三國語文政策的國際學術會議」，爲唯一台灣代表。宣讀論文：「台灣現行外來語的問題」（由孟柱億先生口譯爲韓文）。

一九八九年　三月，出席香港大學主辦「章太炎、黃季剛國際學術研討會」發表〈黃季剛先生之字源、詞源學初探〉一文。

八月，獲王安電腦公司中國學術研究中心1989-1990年漢學研究獎助，研究計畫爲「章太炎《文始》的詞源理論述評」。

一九九○年　六月十一～十二日出席香港浸會大學主辦「海峽兩岸中國聲韻學學術研討會」。

六月廿三～廿四日赴中央研究院活動中心出席民進黨主政七縣市「本土語言教育問題」第一次學術研討會。發表論文：「閩南語書面語的漢字學規範」。

一九九一年　三月《古代漢語詞源研究論衡》出版。

八月升任教授。

一九九三年　五月廿九共同發起中國訓詁學會。

七月十六～十七日出席香港珠海大學主辦「羅香林教授逝世十週年紀念學術研討會」，發表論文：「閩客方言的共同詞彙及其歷史層次試探」。

八月獲國科會卅一屆科技人員海外進修獎助，赴法國高等社會科學院研究一年，主題爲「法國漢學研究」。

一九九四年　十二月出席「第一屆臺灣本土文化學術研討會」（台師大人文教育中心主辦）發表論文：「閩南語書面語使用漢字的類型分析」。

一九九五年　三月國文系與文學院共同主辦「第一屆臺灣語言國際研討會」，任總幹事。

五月台灣師大國文系與中央研院、中華民國聲韻學學會合辦「第四屆國際暨第十三屆全國聲韻學研討會」，主題爲重紐問題。任總幹事。

一九九六年　八月在本校華語文教學研究所開「現代漢語詞彙學」課程。

一九九七年　二月赴泉州華僑大學出席第五屆閩方言國際學術研討會。

一九九八年　五月獲頒教育部八十六年度獎勵漢語方言研究著作獎，閩南語之語彙詞書或書寫問題研究佳作獎。

獲本校八十七學年度服務二十年優良教師表揚。

一九九九年　三月受邀爲師大人文教育研究中心《台灣文化事典》編輯委員，負責語言相關詞目。

二〇〇〇年　七月當選中華民國聲韻學學會理事長。

八月起第一次休假研究進修，協助台北市鄉土母語師資培訓。

二〇〇二年　二月與國文系莊萬壽、許俊雅教授共同擬定申請「台灣文化及語言文學研究所」計劃書，由國文系提出申請。七月獲教育部同意設置。並由莊教授擔任籌備處主任。

四月十二～十三日主持第二十屆全國聲韻學研討會於成功大學，並舉行中華民國聲韻學學會二十週年回顧展。

八月出席「第十屆中國現代化學術研討會」于昆明，

發表論文：「海峽兩岸新詞語的互動問題」。

二〇〇三年　八月臺灣文化及語言文學研究所立。莊萬壽教授任所長，本人擔任本所支援教師，開設本所語言組課程。

二〇〇四年　三月十九日家慈郭太夫人仙逝，享壽八十四。

七月莊教授榮退，本人由國文系轉任臺文所專任教授，並兼任所長。

二〇〇五年　五月廿七日因連續任職滿三十年，獲得行政院頒給一等服務獎章。

二〇〇六年　五月起，擔任台灣語文學會理事長。

七月，受教育部顧問室聘爲臺灣文史語言系所評鑑計畫評鑑委員，聘期至民國九十五年十二月卅一日止。

八月，台文所申請成立「在職進修碩士學位專班 — 臺灣研究及母語教師班」，獲准成立，首屆招收兩組共三十名在職教師。

十月十二日師大臺文所接受教育部九五學年度「臺灣文史語言系所評鑑」訪評。

二〇〇七年　七月，三年任滿，辭兼臺文所所長。

七月十四～十五日出席本校臺灣師大國文系主辦第十屆國際暨第二十五屆全國聲韻學學術研討會，並發表論文：「漢語音韻學史的幾個基本問題」。

八月一日起第二次休假研究一年，研究項目：(一) 臺灣閩南語漢字學、(二) 國際臺灣研究的現況與展望。

十月赴美國加州大學聖塔巴拉巴分校出席「二〇〇七年臺灣全球化的國際展望」並發表論文。

二〇〇八年　元月十～十三日赴廣東湛江師院參加第十屆國際閩方言研討會，宣讀論文：「論臺灣閩南諺語的斷代方式與創新模式」。

二〇〇九年	七月三日赴巴黎出席第十七屆國際中國語言學年會並發表論文：「臺灣閩南語歌仔冊題材類型之語言風格分析」
二〇一〇年	四月三日當選國立斗六中學第八屆傑出校友，於母校 64 周年校慶暨校友大會上接受表揚。
	五月二十日赴哈佛大學出席第十八屆國際中國語言學年會，並發表論文：「臺灣閩南語歌仔冊八七水災歌的有無句」。
二〇一一年	六月七日赴南開大學出席第十九屆國際中國語言學年會，並發表論文：「臺灣閩、客語傳統歌謠的語言比較」。
	七月十～十六日赴龍岩、連城、漳州、廈門四地調查福建閩客歌謠。
	十一月五～六日出席中央研究院語言學研究所第十二屆閩語國際研討會，發表論文：「從三百首漳州童謠分析閩南語音系之基本韻母」。
	十一月十一～十五日應日本大東文化大學大學院外國語學研究科中國言語文化學專攻主辦之「第二回國際ツンポジウム」「中國言語文化研究の新展望」會議，講演：「臺灣華語教學之現狀」。
二〇一二年	一月卅一日，屆齡退休。二月一日起任臺師大臺灣語文系兼任教授。
	六月上旬，《厲揭齋學思集》正式出版。
	六月七日～十五日，出席在美國舊金山大學舉辦的「北美漢語語言學會第二十四屆年會」發表論文：「再探漢語音韻學史上幾個基本問題」。